Guerra como
prestação de serviços

Rolf Uesseler

Guerra como prestação de serviços

A destruição da democracia pelas empresas militares privadas

Tradução
Marco Casanova

Estação Liberdade

Título original: *Krieg als Dienstleistung. Private Militärfirmen zerstören die Demokratie*
Copyright © Christoph Links Verlag–LinksDruck GmbH, 2006
© Editora Estação Liberdade, 2008, para esta tradução

Preparação	Katia Gouveia Vitale e Huendel Viana
Revisão de texto	Fabiano Calixto e Leandro Rodrigues
Composição	Johannes Christian Bergmann / Estação Liberdade
Capa	Estação Liberdade, sobre foto de Thomas Dworzak/ Magnum Photos
Editores	Angel Bojadsen e Edilberto F. Verza

CIP-BRASIL – CATALOGAÇÃO NA FONTE
Sindicato Nacional dos Editores de Livros, RJ

U25g
Uesseler, Rolf, 1943-
 Guerra como prestação de serviços: a destruição da democracia pelas empresas militares privadas / Rolf Uesseler ; tradução Marco Casanova. – São Paulo : Estação Liberdade, 2008.
 il.

 Tradução de: Krieg als Dienstleistung. Private Militärfirmen zerstören die Demokratie
  Inclui bibliografia e índice
  ISBN 978-85-7448-151-7

 1. Serviços de segurança privada. 2. Tropas mercenárias. 3. Forças paramilitares. 4. Democracia. I. Título.

08-5272.   CDD: 363.289
                                        CDU: 355.2

Todos os direitos reservados à

Editora Estação Liberdade Ltda.
Rua Dona Elisa, 116 | 01155-030 | São Paulo-SP
Tel.: (11) 3661 2881 | Fax: (11) 3825 4239
www.estacaoliberdade.com.br

SUMÁRIO

NOTA DOS EDITORES — 9
OBSERVAÇÃO PRÉVIA — 11

PARTE 1
A GUERRA COMO NEGÓCIO

Os "novos mercenários" – Em ação pelo mundo todo — 17

Empresas militares privadas – O novo ramo de prestação de serviços — 37

Os clientes – "Estados fortes", donos de conglomerados e rebeldes — 67

Mercados globais da violência – Empresas militares em ação: quatro estudos de caso — 97

PARTE 2
GLOBALIZAÇÃO E "NOVAS GUERRAS"

História da economia privada da guerra – Um esboço — 125

O fim da guerra fria – A prestação de serviços militares em novo contexto — 149

O clientelismo e as economias informais – O desenvolvimento de novas necessidades de segurança — 171

PARTE 3

CONSEQÜÊNCIAS PERIGOSAS

Cooperação militante – Economia e empresas militares privadas	191
Fora de controle – Privatização do uso da força nos países ocidentais	209
Segurança ilusória – liquidação nacional dos "Estados frágeis"	233
Organizações de ajuda humanitária – À sombra dos militares	253

PARTE 4

CONTROLE DE CONFLITOS SEM EMPRESAS MILITARES PRIVADAS?

Mercado da força ou monopólio do uso da força	269
Prevenção de crises e manutenção da paz	287
OBSERVAÇÕES FINAIS	303

APÊNDICES

Bibliografia complementar	313
Índice de siglas	319
Empresas militares privadas na Internet	323

NOTA DOS EDITORES

Em alguns momentos, poderá o leitor estranhar a ênfase que este *Guerra como prestação de serviços* dá à discussão que o presente mapeamento das atividades das empresas militares privadas gerou na Alemanha, país de origem e atuação profissional do autor, e onde o tema foi amplamente discutido. Como coloca o autor Rolf Uesseler, a questão se aplica da mesma forma às outras democracias européias e, a rigor, prevalece no mundo todo. Mantivemos portanto inalteradas as passagens em que o autor se debruçou especificamente sobre o caso alemão.

Nos capítulos da obra que vertem mais diretamente sobre o deslocamento para empresas privadas do monopólio do uso de força por parte do Estado em suas atribuições legais, quisemos diferenciar na tradução do termo alemão *Gewalt*, quando se fala do potencial não necessariamente exercido de violência, optando pelo termo mais neutro de "uso de força", em contraposição a "violência", termo carregado de conotação negativa *a priori*.

Para Peter Glotz
Em lembrança de um amigo

OBSERVAÇÃO PRÉVIA

Empresas militares privadas e "novos mercenários" são fenômenos pouco conhecidos. As pessoas têm ouvido algo sobre o assunto, mas não sabem por que por serem alemães tais fenômenos deveriam lhes interessar. Por que deveríamos nos sentir afetados quando norte-americanos e ingleses colocam em ação soldados privados no Afeganistão?

É possível que a situação se altere se as pessoas chegarem a saber que cidadãos alemães também estão atirando no Iraque como mercenários a serviço de empresas norte-americanas; que companhias alemãs alistam também soldados privados; que o exército privatizou parte de suas tarefas; que dúzias de empresas militares estrangeiras trabalham ativamente em solo alemão; que os "novos mercenários" podem cometer delitos graves sem precisar temer uma condenação. Como isso é possível? Há brechas na lei? E se a resposta for positiva, por que a política não entra em ação?

O que são essas empresas militares privadas, de onde vêm, quem lhes dá as incumbências? Em meio a pesquisas, nós nos deparamos com *sites* bem configurados e constatamos, espantados, que os líderes desse ramo estão cotizados na bolsa e que os valores de seus títulos se elevaram rapidamente às alturas, enquanto todas as outras ações despencaram depois do 11 de Setembro de 2001. Muitas recebem seus contratos de instituições governamentais, por exemplo, do Departamento de Defesa norte-americano ou do Ministério da Defesa Britânico. No entanto, não se fica sabendo oficialmente de lado algum quais contratos específicos são fechados. Tampouco se consegue deduzir isso dos documentos contábeis das empresas. E as respostas às perguntas enviadas à direção das empresas sempre terminam com a mesma frase: "Desculpe, mas não podemos dar informações por razões contratuais." Mesmo as solicitações parlamentares de informações ficam no vazio. Em poucas palavras: quanto mais fundo se escava, mais obscuro se torna o todo. Apesar das cotizações na bolsa e dos contratos governamentais, o ramo militar privado é um campo cercado de mistérios.

Assim, a situação — no que concerne a documentos e papéis oficiais — é extremamente frágil. Para saber de algo, depende-se de métodos indiretos, de observadores e informantes dos mais diversos âmbitos, de colegas e, acima de tudo, de sorte. Mais difícil do que encontrar informações é confirmá-las. Os fatos, neste livro, foram reunidos por muitas pessoas no mundo todo; eu mesmo contribuí com uma parte. Precisei abdicar da descrição de alguns acontecimentos porque, nesse intervalo, as fontes — não apenas no Iraque — "desapareceram"; outras não puderam ser aqui inseridas porque ainda não são suficientemente "seguras".

Nos presentes relatos eu me concentrei sobretudo, no campo da segurança externa, ou seja, no complexo de segurança militar. Para a caracterização dos empreendimentos ativos nesse campo, que está ligado ao ramo da nova prestação de serviços, escolhi o conceito de "empresas militares privadas", um conceito usual no universo lingüístico inglês, enquanto na Alemanha se emprega, na maioria das vezes, a designação "empresas de segurança". Não toquei senão tangencialmente em questões de segurança interna, com as quais se ocupam igualmente esses prestadores de serviço, só tratando delas quando era necessário para a compreensão.

Todos nós dependemos de segurança. Não é à toa que colocá-la à disposição está entre as tarefas centrais de um estado democrático de direito. Entregar a segurança — tanto externa quanto interna — ao cálculo econômico-privado e à busca por lucro pelas empresas militares particulares parece problemático em termos de direito constitucional. Mas não apenas isso: se essas empresas escapam ao controle do Estado — tal como é o caso atualmente —, esse fato representa uma clara ameaça à democracia.

Roma, janeiro de 2006.
Rolf Uesseler

Parte 1

A GUERRA COMO NEGÓCIO

OS "NOVOS MERCENÁRIOS" — EM AÇÃO PELO MUNDO TODO

> *O que é não pode ser verdadeiro.*
> Ernst Bloch

Nos palcos e nas regiões em guerra deste mundo, o cronista se depara cada vez menos com membros de exércitos regulares. O que contribui para isso é o rápido crescimento do número de soldados privados. Muito raramente se tem clareza acerca de para quem eles lutam, quem os paga e quem os mandou para lá. Ninguém sabe dizer corretamente se e por quem eles são responsáveis. E ninguém quer responder também, de maneira inequívoca, de onde eles receberam o seu aparato de guerra que se encontra no mais moderno estágio tecnológico — tanques, helicópteros de combate, granadas, mísseis.

Antigamente, eles eram chamados de mercenários. Hoje, são empregados de empresas que possuem nomes fictícios como Blue Sky, Genric, Logicon ou Pistris, e não se suporia que, por detrás delas, se escondem empresas de guerra privadas. Em sua grande maioria, esses soldados privados não fazem parte de nenhuma força-tarefa nacional. Ao vermos um combatente croata, paquistanês, colombiano, irlandês ou ucraniano, não conseguiremos constatar nem pela vestimenta nem pelo passaporte se de fato se trata de um membro de um exército regular, de um mercenário, de um rebelde ou de um terrorista.

Onde outrora ex-soldados procuravam aventura e felicidade ou antigos membros da Legião Estrangeira se vendiam livremente para conduzir guerras em nome de clientes invisíveis, hoje temos à disposição empregados militarmente bem formados de empresas militares privadas. Mas tais empresas não empregam apenas pessoas que entendem do ofício militar. *Managers* perspicazes são tão procurados quanto traficantes de armas argutos, engenheiros especializados em armamento, especialistas em computação, tradutores, pilotos experientes e pessoas que conhecem profundamente logística ou transmissão via satélite. A imagem cinematográfica de Rambo só continua dominando a cena de maneira bem parcial. Hoje reina a mentalidade de trabalho. O ofício da guerra e todas as atividades que estão em conexão com conflitos armados transformaram-se em prestações de serviço normais. O que conta para quem encomenda a missão é a execução profissional e o sucesso; o que interessa aos executores é o pagamento. Cinco exemplos podem dar concretude plástica para que percebamos o quão brilhante é o espectro dos "novos mercenários".

Morte de um especialista antiterror

Fabrizio Quattrocchi, nascido em 1968, vivia com os pais, um irmão e a noiva em Gênova. Ele concluiu o serviço militar com uma formação especial. Depois de diversas "aventuras" e muitos empregos, entrou com alguns amigos para a Ibsa, uma empresa de segurança com sede igualmente na capital liguriana. Um de seus amigos era Paolo Simeone, que tinha um histórico similar ao de Fabrizio Quattrocchi. Aos 18 anos, Simeone entrou para a unidade especial "São Marco" do exército italiano. Transcorrido o seu serviço militar, ele se comprometeu por cinco anos com a Legião Estrangeira, com a qual ficou alocado, entre outros lugares, em Djibuti e na Somália. Em 1997, ele se encontrava em Angola, num comando de busca de minas terrestres; em 1999, no Kosovo, e no ano seguinte mais uma vez na África. Quando o presidente Bush declarou, em 1º de maio de 2003, o fim da guerra do Iraque e anunciou a "fase de reconstrução", Paolo Simeone já tinha estabelecido contatos estreitos com os serviços civis e militares dos Estados Unidos, por intermédio da embaixada americana em Roma, entre outros meios. Entrementes, depois dos ataques terroristas de 11 de Setembro de 2001, Quattrocchi passou por uma formação na "luta contra o terror" com um grupo de alemães, canadenses e voluntários de outras nações em um acampamento secreto nas Filipinas. Antes de Paolo Simeone aparecer subitamente no Iraque em 2003, ele fundou a DTS Security, com sede em Nevada, a fim de ter um endereço comercial respeitável para contratos americanos. Em novembro do mesmo ano, procurou seu amigo (ver quadro a seguir) e "colegas" como Salvatore Stefio, Umberto Cupertino e Maurizio Agliana, que possuíam currículos semelhantes.

No domingo de Páscoa de 2004, todos, inclusive Simeone, foram seqüestrados pela "Falange Verde de Maomé", entre Bagdá e Faluja. A rede de televisão árabe Al Jazeera veiculou, um dia depois da Páscoa, um vídeo com os prisioneiros e as exigências dos seqüestradores. Estes demandavam, entre outras coisas, a retirada das tropas italianas do Iraque e um pedido de desculpas formal do primeiro-ministro pelo envio de mercenários ao seu país. Os meios de comunicação italianos bradaram aos quatro ventos, o Parlamento realizou debates em longas reuniões especiais e o presidente do país tomou a palavra. Inclusive o papa entrou no circuito e pediu a liberação dos quatro prisioneiros. Depois de uma consulta ao presidente Bush e contra a vontade da oposição de esquerda, o chefe de governo Berlusconi decidiu-se pelo endurecimento e recusou qualquer negociação.

Cerca de 24 horas depois, Fabrizio Quattrocchi foi encontrado morto com um tiro na cabeça. A execução foi gravada em vídeo. Na verdade, a imagem não foi transmitida pela rede Al Jazeera, mas, em compensação, podia ser acessada por qualquer interessado via internet. Interessada estava, antes de tudo, a promotoria de Roma — não apenas por causa do assassinato, mas também porque este levantou a suspeita de que os quatro mercenários tinham infringido o artigo 288 do Código Penal italiano. Segundo esse artigo, eles não poderiam estar de maneira alguma no Iraque, uma vez que é proibido lutar num país estrangeiro em favor deste sem a autorização expressa do governo italiano.

Meses mais tarde, depois de duras negociações, Salvatore Stefio, Umberto Cupertino e Maurizio Agliana foram libertados. O corpo de Quattrocchi, que os "pós-fascistas" do governo chegaram até mesmo a estilizar como um mártir, foi enterrado em uma cerimônia pública. As investigações dos promotores não deram em nada, apesar — ou justamente por isso — de haver, evidentemente, muito mais "mercenários italianos" em atividade no Iraque, sem que eles fossem oficialmente conhecidos. A única coisa que ficou clara nessa situação é que a política italiana não estava — nem está, até hoje — de modo algum interessada em esclarecer por via judicial o *status* legalmente dúbio dos soldados privados. Nesse ponto, porém, a Itália não está sozinha; a maioria dos países (inclusive a Alemanha) fecha os olhos e os ouvidos para esse problema.

Piloto de guerra em diversos continentes

Nos últimos anos, milhares de "novos mercenários" foram mortos e dezenas de milhares foram feridos. No entanto, raramente eles aparecem nas manchetes de jornais e é ainda mais raro seus nomes se tornarem conhecidos. Na maioria das vezes, mesmo seus parentes não conhecem seu paradeiro e que missão estão cumprindo. Não é apenas por razões de segurança que os soldados privados querem permanecer anônimos (e se escondem, com freqüência, atrás de um ou mais codinomes); os próprios empregadores e responsáveis pela concessão das missões o desejam

Recrutamento de um soldado privado

O trabalho possui as seguintes características:
Nós protegemos o pessoal de uma firma multinacional americana que trabalha na reconstrução da burocracia no Iraque; somos considerados BG/CP (bodyguard/close protection).

Equipamento

Armas: todos os empregados são armados com uma pistola bereta 92 S ou Glock 17 com 4 pentes ou com submetralhadoras HK MP5 A3 com 6 pentes.

Coms: Motorola 380

Colete à prova de balas (facultativo)

Pagamento

6.000 dólares por mês

O pagamento acontece até o dia 10 de cada mês em dinheiro e no local.

Você receberá o texto exato do contrato assim que sua viagem for marcada.

Custos, alojamento e viagem por nossa conta.

Seguro de vida e de acidentes: por enquanto, precisam ser estabelecidos por você, mas nós estamos em vias de fechar um seguro com uma firma americana ou inglesa.

Falaremos sobre outros contratos relativos a tarefas mais difíceis, nas quais você seguramente será utilizado (proteção pessoal para políticos e executivos americanos).

Neste caso, o pagamento chega a 8.000/9.000 dólares e ficaríamos em uma casa. (...)

IMPORTANTE: o serviço exige extrema discrição, ou seja, pistolas e sumetralhadoras não podem ficar à mostra. (...)
Infelizmente, o mercado daqui não fornece tal equipamento. Nós solicitaríamos, portanto, que você adiantasse os materiais; a loja de armas em São Luca ou a loja em Xangai podem lhe dar orientações. TODOS ESSES GASTOS SERÃO RESSARCIDOS DEPOIS DA APRESENTAÇÃO DA NOTA FISCAL, ASSIM COMO OS CUSTOS DE VIAGEM:

Viagem

Passagem simples para Amã, Jordânia.

Nós buscamos você no hotel: Hotel Paradise Suit (não custa mais de 50 dólares para comer e dormir). Por volta de 1 hora

> da manhã, um táxi contratado por nós lhe pegará e levará até a fronteira, onde um de nossos encarregados o apanhará para trazê-lo para Bagdá (nós cuidaremos para que você tenha uma pistola durante esse trecho).
> Amã — Fronteira: 5 horas.
> Fronteira — Bagdá: 7 horas.
>
> (Fragmento de uma carta de Paolo Simeone a Fabrício Quattrocchi, impressa em vários jornais italianos, dentre eles o *Unita* de 14 de abril de 2004)

ou até mesmo o exigem, pois quem é identificado se torna um alvo fácil para represálias do inimigo e fica freqüentemente "queimado" para o próximo trabalho.

Dos soldados privados que fazem uso das armas sempre que a situação o exige, temos, somente no Iraque, algo em torno de 30 mil. Com isso, depois dos americanos, os "novos mercenários" reúnem o segundo maior "contingente" e possuem, em termos numéricos, muito mais homens do que todas as outras tropas da coalizão. Mas eles não estão em atividade apenas na Mesopotâmia. No Afeganistão, por exemplo, funcionários da empresa americana DynCorp fazem a proteção do presidente Karsai, enquanto outras empresas tomam conta dos prédios do governo e da infra-estrutura; no sudoeste da Ásia e na América do Sul, eles lutam em diversos cenários contra rebeldes, cartéis de drogas e senhores de guerra; em países africanos, eles fazem a segurança dos campos de petróleo e de diamantes. Eles estiveram em atividade em mais de 160 Estados nos últimos anos e a demanda por seus serviços não está diminuindo.

Tão diversos quanto os seus campos de atividades são os homens (e cada vez mais mulheres) que trabalham como "novos mercenários" no mundo. Wladimir P., por exemplo, nascido em 1962, é um experiente piloto ucraniano. Ele consegue pilotar tudo aquilo que se mantém no ar — desde Cessna bimotores, passando por helicópteros, aviões militares de transporte, até

O presidente do Afeganistão, Hamid Karsai, é protegido em todas as suas aparições públicas por guarda-costas da empresa privada norte-americana DynCorp (à esquerda, ao lado da bandeira); aqui numa cerimônia das eleições presidenciais em Cabul, no dia 6 de outubro de 2004.

bombardeiros e aviões de combate. Até a dissolução da União Soviética, ele era soldado profissional do Exército Vermelho. Depois, ficou desempregado. Por intermédio de amigos, conseguiu o seu primeiro engajamento na guerra entre a Eritréia e a Etiópia. Wladimir acha bem provável que ele deva a sua vida a um rápido entendimento. Bem cedo, ele e seus colegas pilotos souberam que nos aviões de guerra adversários também se encontravam "velhos camaradas" do antigo exército soviético. A partir desse momento, segundo ele, eles passaram a evitar acertar uns aos outros e se atacar mutuamente: combates aéreos não ocorreram mais até o fim de seu contrato nessa região da África.

A missão seguinte de Wladimir consistia em levar máquinas de transporte de diversos aeroportos da Europa Ocidental para o Mali e Burkina Faso, no oeste da África. Por relatos nos jornais, ele soube mais tarde que se tratava, com certeza, de remessas de armas destinadas à guerra civil em Serra Leoa e na Libéria. Wladimir supõe que a máfia russa tenha tramado os negócios, uma vez que os contratos com Burkina Faso foram assinados em Moscou. No entanto, ele não deseja saber ou revelar mais nada. Nos últimos dez anos, ele passou a maior parte do tempo na África. Por ora, está trabalhando numa empresa militar privada americana com sede na costa oeste dos Estados Unidos. Seu campo especial de trabalho: reconhecimento aéreo. O seu trabalho consiste em atividades de espionagem e coleta de informações sobre movimentos de grupos oposicionistas no norte da América do Sul. Os dados de vigilância fazem parte de um escudo de segurança que se estende sobre as companhias petrolíferas transnacionais ativas no local e que é apoiado financeiramente por diversos países ocidentais.

O homem que inventou as empresas militares privadas

O inventor da designação "empresas militares privadas" e um dos primeiros grandes empreendedores nesse novo ramo em crescimento é o britânico Tim Spicer. Em sua autobiografia intitulada *An Unorthodox Soldier — Peace and War and the Sandline Affair*, ele descreve inicialmente suas experiências como simples soldado nas fileiras dos "Scots Guards", sua formação nas unidades especiais britânicas SAS e na famosa academia militar Sandhurst. Como oficial, Tim Spicer foi enviado para a guerra civil na Irlanda do Norte, para o Chipre, para o exército britânico do Reno na Alemanha, para as ilhas Malvinas dos argentinos e, mais tarde, durante a guerra nos Bálcãs, para a Bósnia. Várias vezes condecorado, ele deixou o exército de Sua Majestade para, em 1995, aos 43 anos de idade, entrar na empresa de investimentos londrina Foreign and Colonial como diretor de marketing para o Oriente Médio. Nos doze meses que se seguiram à sua saída do exército, ele viajou de um lado para o outro de jatinho entre os Estados da península arábica e a capital inglesa, empresando ali muitas relações. Aproximadamente um ano depois, fundou sua primeira empresa de serviços militares, a Sandline International.

Uma das primeiras operações com as quais Spicer e sua Sandline ficaram conhecidos foi o "caso Papua Nova Guiné". O Estado insular situado ao norte da Austrália alcançou, em 1975, a sua independência. Em 1989, travou-se na ilha Bougainville, onde há muitas minas de cobre nas mãos de ingleses e australianos, uma batalha sangrenta entre o movimento em prol da independência Bra e as tropas do governo. A guerra, que durou nove anos, custou a vida de milhares de pessoas. Em 1997, o governo contratou os serviços da Sandline a fim de vencer os rebeldes, e assinou um contrato de três meses no valor de mais de 36 milhões de dólares. Em contrapartida, a empresa militar privada deveria colocar à disposição unidades de mercenários e armas, formar tropas especiais do exército regular e apoiá-las tanto militarmente quanto com técnicas de informação. O chefe de governo da época, Julius Chan, explicou que não havia nenhuma alternativa senão pedir ajuda ao "setor militar privado". A operação começou em fevereiro de 1997. No entanto, quando, por conta de uma indiscrição, se tomou conhecimento do contrato a Austrália, que tinha fortes interesses econômicos na ilha, interveio. O exército de Papua Nova Guiné também era contra o apoio da Sandline. Houve um golpe militar e os 48 mercenários (ingleses, sul-africanos e etíopes) foram presos, tendo suas armas confiscadas. Em seguida, apenas um mês depois de sua chegada, foram extraditados por conta de pressões políticas. Tim Spicer entrou na Justiça e ganhou: o novo governo de Papua Nova Guiné teve de pagar os 18 milhões de dólares que ainda faltavam à Sandline, uma vez que o contrato foi considerado "em conformidade com a lei".

O caso provocou enorme comoção internacional. De repente, passou a se falar de um novo mercenarismo que ainda era "fomentado de maneira estatal", visto que — como Spicer expôs em sua autobiografia — o governo inglês havia sido informado da operação. Em 1998, um escândalo político abalou novamente a Grã-Bretanha e quase obrigou o ministro das Relações Exteriores, Robin Cook, a renunciar. O estopim foi mais uma vez Tim Spicer e a sua Sandline que, apesar de um embargo de armas estabelecido pelas Nações Unidas, tinham conseguido contrabandear para Serra Leoa 30 toneladas de armas de fogo de origem búlgara em um Boeing 727 cargueiro, a fim de causar uma queda de governo em favor do ex-presidente Ahmed Kabbah, que vivia exilado em Londres. Spicer foi acusado, declarou-se inocente e apontou para o fato não apenas de ter avisado o seu governo, mas de o intuito declarado deste ter sido levar Kabbah uma vez mais ao poder.[1]

Os escândalos não arruinaram Spicer, pelo contrário, tornaram-no famoso. Ele fundou outras empresas, dentre elas a Trident Maritime. Essa empresa tornou-se conhecida porque em 2001, o Lloyd, o gigante do ramo de seguros, por conta dos riscos elevados da guerra civil, só aceitou continuar fazendo o seguro do governo do Sri Lanka contra danos causados na entrada e na saída de navios de carga se estes fizessem uso dos serviços da Trident. Depois de negociações que duraram três dias, o governo do Sri Lanka aceitou a "chantagem" em face da escalada das lutas com a guerrilha tâmil e da ameaça de um colapso de abastecimento. A empresa de Spicer foi contratada e a Trident assegurou e controlou o fluxo de mercadorias que iam e vinham da ilha do Oceano Índico, que logo depois foi mais uma vez declarada um paraíso seguro para férias. Spicer é

---

1. *Associated Press*, 30 out. 2003; Sanho Tree, citado segundo Sheila Mysirekar, "Krieger gegen Bezahlung" [Guerreiros pagos] In: *Deutschlandfunk*, 28 maio 2004.

também o presidente da empresa Aegis Defense Services, criada por ele, um dos empreendimentos mais significativos no ramo do serviço militar privado. No Iraque, por exemplo, a Aegis apresenta, com 293 milhões de dólares, um dos mais elevados volumes de encargos.

Um peculiar comerciante de armas

No novo universo bélico privado, os comerciantes de armas também ocupam uma posição importante. Sem a sua atividade, as guerras seriam muito difíceis de serem conduzidas. A indústria de armamentos foi privatizada bem cedo no Ocidente, mas, tanto quanto o comércio, foi submetida depois da Segunda Guerra Mundial a um rigoroso controle estatal. Isso permaneceu assim no papel. No entanto, a "privatização da guerra" levou, na prática, a uma mudança fundamental no âmbito do comércio de armas. Até dois terços dos armamentos leves necessários para os inumeráveis conflitos deste mundo, em cuja conta podem ser computadas cerca de 90% das mortes, são hoje distribuídos por comerciantes de armas privados à margem do controle estatal oficial. Na verdade, durante a guerra fria, também havia comerciantes ilegais de armas. Eles trabalhavam, em sua maioria, de maneira não oficial — como o armênio Adnan Kashoggi ou o alemão Ernst Werner Glatt —, porém atuavam com o conhecimento ou a permissão dos serviços secretos e em favor de seus interesses nacionais. Por exemplo, o que os Estados Unidos não podiam exportar ou importar oficialmente, eles despachavam por meio de Glatt e Kashoggi, entre outras pessoas.[2]

Hoje, as instituições estatais não são informadas, senão muito raramente, sobre onde e como empresas militares privadas

---

2. Cf. o *site* da empresa: www.icioregon.com.

e soldados privados suprem suas necessidades de metralhadoras, de pistolas automáticas ou de granadas. O mercado globalizado é gigantesco, assim como a oferta. Tal como num supermercado virtual, podemos escolher e adquirir os produtos desejados de acordo com critérios como qualidade, marca e preço. Redes inoficiais "metade legais, metade ilegais", que freqüentemente possuem ligações com a criminalidade organizada ou com as diversas máfias, cuidam para que haja um reabastecimento suficiente. Inclusive o modo de pagamento alterou-se. Tal como a Organização das Nações Unidas constatou em diversos estudos, hoje as armas são pagas, cada vez mais, com produtos naturais: drogas como ópio ou cocaína, madeiras tropicais como a palissandra e a teca, e riquezas do solo como a bauxita, o cobre ou diamantes brutos.

Uma pessoa que desempenha um significativo papel nas redes de distribuição de armas e representa, ao mesmo tempo, um tipo de mercenário totalmente diverso é Leonid Minin, um industrial israelita que nasceu em 1948 na Odessa soviética. Na noite de 5 de agosto de 2000, ele foi preso no subúrbio milanês de Cinisello Balsamo. A polícia local havia recebido uma pista de que no quarto 341 do Hotel Europa estava havendo uma "rumorosa festa regada a cocaína". Na delegacia, os defensores da ordem não sabiam muito bem o que fazer com aquele homem de aparência distinta e, ao que tudo indicava, extremamente rico. De posse do detido, apreenderam mais de 30 mil dólares em diversas moedas, 58 gramas de cocaína da mais alta qualidade e diamantes lapidados no valor de meio milhão de dólares. Ao ser indagado, Minin disse que a cocaína estava destinada ao seu uso pessoal: ele cheirava entre 30 e 40 gramas por dia e gastava com esse vício em torno de 1.500 dólares diariamente, algo que ele podia se permitir como homem abastado. Os diamantes haviam sido adquiridos recentemente por ele com o dinheiro que recebera pela venda de algumas cotas de sua empresa nas Ilhas Maurício. Como industrial, Minin possuía várias empresas em Gibraltar, Bolívia, China e Libéria, entre outros lugares. Ele havia acabado de chegar de Sófia, na Bulgária, onde fechara um importante negócio com madeiras tropicais liberianas. Apesar de os policiais se mostrarem satisfeitos com as informações do industrial sentado diante deles, eles não se dispuseram a libertá-lo imediatamente por meio do pagamento de fiança — a posse ilegal de drogas lhes parecia grave demais. O nome Leonid Minin, porém, não lhes dizia nada. Eles mantiveram preso o homem desconhecido durante o resto da noite e encaminharam a acusação por abuso de cocaína para as instâncias superiores.

O promotor responsável tampouco tinha ouvido falar, até então, do nome Minin. Foi apenas no momento em que a pasta chegou à Central de Polícia de Roma que todos ficaram perplexos com o fato de um dos homens mais procurados pela polícia italiana ter sido pego por acaso. Em Roma, as pessoas sabiam muito bem quem era Leonid Bluvshtein, o homem com passaportes israelita, russo, boliviano, grego e alemão; um homem que a Suíça e o Principado de Mônaco tinham declarado *persona non grata*; um homem sobre o qual existia um longo dossiê dos serviços de segurança francês e belga. O próprio Servizio Centrale Operativo tinha redigido um amplo relatório sobre Minin. Durante mais de doze meses foi realizada uma investigação extremamente complexa sobre ele para além das fronteiras italianas, a fim de revelá-lo como cabeça de uma associação criminosa com ligações estreitas com a máfia russa, e seu envolvimento no comércio ilegal de petróleo, na lavagem de dinheiro, assim como no comércio internacional de drogas. O ponto de partida dessa investigação foram transações não totalmente transparentes da empresa romana Galaxy Energy com produtos ligados ao petróleo. O proprietário da empresa: Leonid Minin.

No entanto, mesmo na Central, em Roma, não se conseguiu decifrar os muitos documentos na pasta que os policiais tinham confiscado em Cinisello Balsamo. Perante o promotor, Minin, que esperava na prisão pelo resultado de seu processo por tráfico de drogas, explicou que, no caso das cartas, faxes e contratos com a Libéria, dos catálogos de armas e dos orçamentos de custos, dos certificados "*end-user*" expedidos pela Costa do Marfim para transporte de armas, das listas de preços para armas, munição e outros bens de guerra, dos papéis sobre condições de entrega de muitos carregamentos marítimos de madeiras tropicais, etc., tratava-se, em sua maior parte, de fotocópias oriundas de revistas acessíveis a todos; uma parte teria sido deixada para ele num hotel por um amigo. "Poco credibile", pouco crível, foi o comentário lapidar do promotor. Por causa do tráfico de drogas, Minin foi condenado a dois anos de prisão. Enquanto isso, a polícia italiana tentou compreender o teor dos documentos com auxílio internacional e compor o quebra-cabeça. O que se delineou como imagem, depois de meses de trabalho, foi um quadro de horrores.

Sem poder me deter aqui nas complexas ações particulares e nas múltiplas ligações entrecruzadas, o que veio à tona nas investigações foi o seguinte[3]: Leonid Minin fornecera armas, ao menos para um dos lados envolvidos, nas guerras civis mais terríveis e nos conflitos étnicos mais sangrentos do final dos anos 1990 na Libéria e em Serra Leoa (a empresa Sandline, de Tim Spicer, municiara em Serra Leoa o outro lado). O principal aliado de Minin era o ditador da Libéria naquela época, Charles Taylor. Este, por sua vez, estava intimamente ligado, em termos políticos, ao líder da Frente Revolucionária Unida (FRU) e ao vice-presidente de Serra Leoa, Foday Sankoh. Tanto a ONU quanto a OUA (Organização para a Unidade Africana) tinham decretado um embargo de armas para os dois países, a fim de obrigar os partidos em guerra a sentar-se à mesa de negociações. Taylor e Sankoh não possuíam, na verdade, dinheiro para pagar

---

3. Cf. Steffen Leidel, "Trainer für den Krieg" In: *DW-World*, 9 abr. 2003.

armas caras, mas tinham, para tanto, acesso aos tesouros naturais de seus países. A RUF controlava os campos de diamantes em Serra Leoa e a Libéria possuía madeiras tropicais preciosas em profusão, madeiras desejadas sobretudo pela indústria de móveis na França, Alemanha e Itália. Minin obteve por seus serviços o direito de sondagem de diamantes, além de concessões de madeira. Na Libéria, ele fundou a empresa ETTE (Exotic Tropical Timber Enterprises), que ascendeu ao nível de maior exportadora do país. As madeiras eram transportadas por navio para Nice, Gênova e Ravenna. Os diamantes iam para Amsterdã passando por Israel. Além disso, seus negócios floresceram com a "Neftemafia", a máfia do petróleo de Odessa, assim como aconteceu com o comércio de cocaína por intermédio de suas empresas na Bolívia.

Com os lucros da venda de diamantes, madeira, petróleo e cocaína (que mesmo depois da dedução de comissões e ganhos chegava a muitas dezenas de milhões), ele pagou, por intermédio da Suíça e do Chipre, entre outros, as enormes compras de armas para os países do oeste da África. Ele recebia os armamentos sobretudo dos países que compunham antigamente o bloco do leste europeu, por exemplo, da Ucrânia por intermédio da empresa estatal Ukrspetseksport, ou da Bulgária, em cuja capital Sófia ele desenvolvia preferencialmente os seus negócios. Como Serra Leoa e Libéria tinham sido afetadas pelo embargo às armas estabelecido pelas Nações Unidas — além disso, havia ainda um embargo para os chamados "diamantes de sangue" e para as madeiras tropicais —, as armas não podiam ser entregues diretamente aos receptores. Com a mediação de diversas instituições políticas e com as comissões e subornos correspondentes, Minin fechou acordos com membros do governo dos países vizinhos Burkina Faso e Costa do Marfim. Por meio de uma empresa em Gibraltar, Minin despachou, juntamente com o ministro da defesa de Burkina Faso, as entregas de armas na capital Ouaugadougou, que foram imediatamente levadas de lá para bordo dos aviões de transporte e para as regiões em guerra. Os contratos com a Costa do Marfim foram firmados em Moscou; a sua embaixada na capital russa recebeu instruções diretas do chefe de governo daquela época, Robert Guei, para realizar as compras de armas. De Abidjan, os armamentos obtidos foram transportados para Monrovia.

Enquanto as guerras civis no continente africano bramiam sem trégua e Minin se encontrava em uma prisão italiana, os seus negócios continuavam funcionando. As tentativas da promotoria italiana de condená-lo, entre outras coisas, por comércio ilegal de armas e pela quebra de diversas determinações de embargo da ONU falharam, apesar do ônus concludente da prova. Como esses atos criminosos não caíam em sua jurisdição, o tribunal de cassação, o Supremo Tribunal Civil da Itália, ordenou, no dia 17 de setembro de 2002, a liberação de Leonid Minin da prisão. O "industrial israelita" tornou-se mais uma vez um homem livre. Não havia (e não há) nenhum motivo jurídico contra esse tipo de negócio no universo dos novos mercenários.

Como soldado a caminho de uma missão humanitária

Zlatan M. também é um "novo mercenário" — mas não pode haver nenhum contraste mais crasso do que entre ele e Leonid Minin. Zlatan é uma das pessoas mais inusitadas no novo *business* da prestação de serviços militares. Ele vive em uma casa confortável, mas de modo algum luxuosa, na costa dalmaciana. A pequena mansão, para a qual ele se retira nos períodos entre as suas operações, está entulhada até o teto com aparelhos eletrônicos. Ele recebe seus contratos por meio de endereços especialmente seguros na internet; também retira da rede grande parte do conhecimento mais abrangente sobre os detalhes úteis para o trabalho.

Quando o vemos, não acreditamos que ele só tenha nascido em 1978, na Bósnia. Ele nos dá antes a impressão de alguém com quase cinqüenta anos de idade que viu, experimentou e realizou muitas coisas. Ao falarmos sobre sua nacionalidade, ele insiste que é iugoslavo, apesar de já não existir esse país há algum tempo. Segundo ele, seus pais, avós, tios e tias são macedônios, croatas, sérvios, eslovenos, herzegovinenses, bósnios e kosovares com três religiões diferentes, e, por isso, ele é um "iugoslavo" nato. No contato com outras pessoas, Zlatan M. é reservado e calmo; mesmo numa convivência descontraída com amigos, ele é lacônico. Duas coisas, porém, fazem-no perder a calma e o deixam nervoso: a primeira são os ruídos de fogos de artifício que lembram bombas, e a outra são vocábulos ligados, de alguma maneira, aos Estados Unidos. Quando isso acontece, seus traços faciais e músculos se contraem e se vê o quanto ele precisa se empenhar para se controlar. Os dois sintomas são os efeitos de um trauma que ele sofreu quando jovem, ao vivenciar os ataques a bomba dos norte-americanos a Belgrado, na chamada Guerra dos Bálcãs. Apesar do tratamento psicológico, ele nunca se recuperou totalmente das vivências traumáticas daquela guerra. Não obstante, Zlatan se alistou mais tarde no serviço militar: como "terapia de choque para um pacifista", ele diz.

Como oficial da reserva, ele deixou o serviço e se candidatou para trabalhar em diversas empresas de segurança italianas. Sua tarefa consistia na vigilância de campos de golfe no inverno e de *campings* no verão. Então, chegou até Zlatan uma missão para a qual ele tinha se preparado em seu tempo livre e que ele mesmo tinha buscado: o acompanhamento de uma missão humanitária em uma região de conflito no centro da África. Ele acreditava que ali poderia ajudar a população civil molestada e martirizada por senhores de guerra, rebeldes, milícias e mercenários, lutando contra a guerra, contra toda guerra. O que ele vivenciou nessa missão e o que narra de maneira hesitante é o que podemos imaginar como o inferno: as piores orgias de morte; a chacina de doentes em hospitais; vilarejos entulhados de cadáveres de homens velhos, jovens mulheres e bebês com crânios esmagados, barrigas retalhadas e gargantas cortadas; fugitivos com pés e mãos cortados, orelhas e narizes arrancados. Sua obrigação era proteger de "genocidas" devastadores as pessoas que prestavam ajuda humanitária e que, colocando em jogo a própria vida, trabalhavam nas zonas de guerra em constante mutação: pessoas que — como ele diz — estavam aterrorizadas e desesperadas.

Zlatan não sabe dizer quantas incursões já fez pelos diversos países da África Central; ele nunca chegou a contá-las. Mas ele sabe muito sobre o pano de fundo dessas guerras, nas quais morreram mais de 4 milhões de pessoas, assim como sobre as causas que ele pesquisou minuciosamente com o auxílio de amigos em organizações não-governamentais. Naturalmente, como ele diz, o que está em questão aí são também terras para o plantio e para o pasto, água e poder, honra tribal e conflitos étnicos. É fácil para os meios de comunicação utilizarem esses argumentos de maneira elucidativa. No entanto, tal como acontece por toda parte em conflitos armados, o que está em jogo é muito mais do que água e "limpezas étnicas". De acordo com ele, os países ricos, que observavam no Conselho de Segurança da ONU como os negros se massacravam mutuamente, estariam interessados antes de tudo naquilo que se encontra sob a terra pela qual as tribos brigavam: nas quantidades descomunais de petróleo, ouro e diamantes, nas jazidas abundantes de cobalto, nas grandes reservas de ferro, prata, manganês, zinco, tungstênio, cádmio, urânio, enxofre, berílio ou coltan (columbita-tantalita). Por isso, de acordo com Zlatan, foram enviados, para uma região do tamanho da Europa Ocidental, pouco mais de 6 mil soldados das forças da ONU, enquanto para a "democratização" do Iraque foram enviados cerca de 200 mil. Um dos muitos exemplos seria o comércio internacional, em parte ilegal, de coltan, que em sua maior parte acontece por intermédio do serviço secreto de Ruanda, em Kigali. Em razão de sua resistência extrema ao calor, esse metal duplo é hoje uma das matérias-primas mais cobiçadas no mundo ocidental. Ele é usado tanto na indústria atômica quanto no endurecimento de cápsulas espaciais, aviões a jato e foguetes; mas é antes de tudo a indústria de bens de consumo que necessita dele. Sem coltan não haveria celulares, câmeras de vídeo, *chips* de computador ou *video games* de última geração. Depois de suas experiências durante anos no coração da África, Zlatan está convicto de que as sangrentas confrontações por lá não são, senão na superfície, "guerras tribais". Na verdade, é em função dos interesses de grandes potências que pequenos países dessa região entram em luta pela hegemonia política, guerras nas quais, segundo a avaliação de Zlatan, "todos os grandes deste mundo estavam envolvidos". Em última instância, o que está em jogo é uma batalha voltada para a distribuição de influência das companhias transnacionais e dos recursos econômicos desses países.

Ele não vê nenhuma contradição entre a sua profissão como soldado privado e o seu posicionamento pacifista. Afinal, quem auxiliaria a população civil, que é quem mais sofre com tais conflitos armados, se não houvesse, por exemplo, organizações como Médicos sem Fronteira, Cruz Vermelha, Ajuda contra a Fome no Mundo ou Obras de Ajuda à Infância? E quem protegeria essas pessoas envolvidas com ajuda humanitária dos ataques de senhores de guerra, milícias tribais ou soldados incendiários e saqueadores? Se a comunidade pública internacional não pode ou não quer assumir essa defesa, soldados privados como ele precisam fazê-lo. Esta é a sua firme convicção. Visto sob essa perspectiva, Zlatan M. representa um dilema personificado dos conflitos hoje globalizados, assim como do novo mercenarismo.

EMPRESAS MILITARES PRIVADAS —
O NOVO RAMO DE PRESTAÇÃO DE SERVIÇOS

*Há pessoas que acreditam que tudo aquilo que
se faz com uma cara séria é razoável.*
Georg Christoph Lichtenberg

Andy Melville tem 24 anos. O antigo soldado britânico é hoje chefe da empresa militar privada inglesa Erinys no Iraque. Lá, essa empresa obteve, entre outras coisas, um contrato de 50 milhões de dólares do Departamento de Defesa norte-americano para proteger unidades de engenharia e tropas técnicas. Em uma entrevista à rede de televisão americana PBS em 21 de abril de 2005, Melville explicou o seguinte: "O que fazemos é secreto. Não queremos que [...] descubram quem são nossos clientes, onde trabalhamos e como trabalhamos." Jason McIntosh, porta-voz da Science Application International Corporation (SAIC), uma empresa militar privada de San Diego, na Califórnia, expressou-se de maneira semelhante: "Nós tomamos cuidado para não falarmos sobre coisas das quais nossos clientes não querem que falemos. Esta é uma boa política de negócios."

Sanho Tree, do Washington Institute for Policy Studies, explicou em 2004:

> "Um dos pontos mais frustrantes na pesquisa sobre empreendimentos militares privados é o seguinte: eles desempenham funções estatais, recebem dinheiro dos contribuintes norte-americanos, pilotam aviões que pertencem ao governo norte-americano, utilizam bases da força aérea americana — fazem tudo o que

fazem em nome do povo americano, mas quando se requisitam informações deles, eles dizem: "Ó, não, nós somos uma empresa privada, não temos de falar com os senhores". [...] É impossível receber respostas.[1]

Essas três declarações já nos fazem pressentir a dificuldade que se apresenta quando se tenta descobrir quais são exatamente, afinal, os serviços dos quais as empresas militares privadas são encarregadas. Para além das negociatas secretas entre os envolvidos, o principal problema é de ordem jurídica, pois, na medida em que se trata de contratos privados no sentido jurídico do termo, não é permitido a terceiros, nem mesmo a parlamentares, fazer uma consulta. Assim, ao se ver diante da solicitação dos senadores americanos, o governo Bush não forneceu nenhuma lista completa nem no que diz respeito às empresas militares que tinham sido contratadas por ele, por exemplo, no Iraque, nem quanto a quais eram as missões que ele tinha adjudicado e com que conteúdos. Como em contratos abaixo de 50 milhões de dólares o governo não é obrigado a uma exposição transparente perante o parlamento, só se torna oficial o que se encontra acima de tal soma. Isso diz respeito apenas a uma parcela das missões, uma vez que é usual fragmentá-las em muitas missões inferiores, a fim de não alcançar as somas relativas às missões que impõem obrigatoriamente a prestação de contas.

Mesmo as auto-apresentações das empresas militares privadas na internet não fornecem qualquer detalhe. Quando visitamos os seus *sites* dispendiosamente desenhados, não encontramos, na maioria das vezes, senão conceitos bastante genéricos como "proteção pessoal e patrimonial", "análise de risco", "gerenciamento de crises", "formação e treinamento", "planejamento estratégico" ou "serviço aéreo". Em todos os

---

1. *Associated Press*, 30 out. 2003; Sanho Tree, citado por Sheila Mysirekar, "Guerreiros contra pagamento" In: *Deutschlandfunk*, 28 maio 2004.

casos, as respectivas imagens mostrando com freqüência homens bem armados em ação indicam que não estão sendo oferecidos aí serviços corriqueiros. Outras empresas são tão especializadas que um leigo não consegue imaginar quase nada com a respectiva oferta. Assim, a empresa SAIC, por exemplo, faz propaganda com expressões como "gerenciamento de guerra", "guerra eletrônica", "condução de guerra de informação", "sistemas de planejamento de missões", etc.

Em geral, pode-se dizer que as empresas militares privadas oferecem tudo em relação ao serviço que normalmente cabe como tarefa, no caso da segurança externa, às forças armadas nacionais, e que, no âmbito da segurança interna, é realizado pela polícia, pela alfândega, pela polícia de fronteiras e pelo serviço secreto interno, tudo, inclusive o equipamento pertinente. Os prestadores de serviços militares concentraram sua oferta basicamente a quatro âmbitos: segurança, formação, inteligência (leia-se: espionagem) e logística.

O amplo leque das ofertas de serviços

O campo da segurança é muito ramificado. Ele abrange a proteção de pessoas, objetos, documentos e instituições. No caso de políticos, executivos ou VIPs, por exemplo, as empresas militares privadas investigam o meio, preparam concepções de segurança e análises especiais de risco, e colocam à disposição uma proteção pessoal especialmente formada para cada caso. Para viagens aéreas, sob a forma de agentes aéreos, elas oferecem proteção aos passageiros e à tripulação, dão instruções às empresas aéreas para a redução dos riscos e analisam os potenciais de perigo no que concerne a ataques terroristas e atos de sabotagem. No campo do transporte nacional e internacional de bens, elas criam concepções de proteção contra extravio ou roubo. Contra a pirataria voltada para navios e cargas marítimas, oferecem especialistas. Elas protegem e vigiam transportes rodoviários de todo tipo. Oferecem pessoal e concepções de segurança para edifícios públicos e empresas privadas. Também estão entre as suas ofertas de serviço proteção contra seqüestros e libertação de reféns, combate à criminalidade organizada, à lavagem de dinheiro ou ao tráfico de pessoas, assim como defesa contra infiltração por meio de pessoas ou grupos com "orientações hostis", vigilância de embaixadas no exterior e segurança de hidroelétricas ou refinarias de petróleo.

Com freqüência, trata-se de um pacote de serviços. Assim, a empresa americana Trojan, por exemplo, oferece em seu *site* "segurança e proteção armada para todas as situações de crise em terra, no ar e no mar". Para o âmbito da "segurança marítima", sua análise de risco se mostra da seguinte forma: "As tendências internacionais são alarmantes. Hoje, os terroristas que operam no mar estão mais bem equipados do que os piratas tradicionais, que usavam facas, espadas, revólveres ou pistolas. Grupos atuais utilizam metralhadoras, bazucas antitanque sem recuo, barcos com radar e barcos de alta velocidade." Contra tal ameaça, a Trojan oferece, entre outras coisas: orientação de segurança, defesa contra pirataria, antiterrorismo marítimo, operações anticontrabando, equipes de busca submarina, estratégias para o combate a drogas, escolta armada de navios e treinamento de segurança marítima para a tripulação.

Do mesmo modo, o campo de formação e treinamento abarca uma profusão de atividades, que incluem tanto a formação básica e os múltiplos cursos de aperfeiçoamento especializados para a polícia e para o exército no próprio país quanto serviços para países estrangeiros. Por exemplo, aquilo que soldados alemães normalmente aprendem no exército ou que policiais aprendem nas academias de polícia ou nos quartéis, é oferecido de maneira privada pelas empresas militares. Esse aprendizado vai desde o manuseio de pistolas e metralhadoras, passando pelo domínio de tanques, até o treinamento de pilotos de avião. É a formação voltada para novos armamentos e para sistemas de armamentos recém-desenvolvidos que assumem um amplo espectro na oferta de serviços das empresas militares privadas — quer se trate de armas de solo eletronicamente articuladas ou de mísseis aéreos teleguiados. No campo militar, elas dão cobertura aos programas de formação das unidades especiais do exército, da marinha e da aeronáutica (para os Estados Unidos, por exemplo, essas unidades especiais são os *green berets*, os *seals*, os *delta forces*); no campo "civil", elas promovem a instrução de forças de proteção e segurança.

Os prestadores de serviços militares mantêm os seus próprios centros de treinamento e campos de formação, sobretudo para as formações especiais. A empresa americana International Charter Incorporated (ICI) possui, por exemplo, no nordeste do estado americano de Oregon, um centro de treinamento no qual são ensinados e praticados, entre outras coisas, "operações de condução de guerra não convencional" e "treinamentos de pára-quedismo em terrenos de difícil acesso".[2] A empresa francesa Secopex forma pessoal especialmente para a vigilância e segurança de regiões e instalações de extração de petróleo. Para tanto, ela mantém na Bielo-Rússia um campo de treinamento de 16 mil hectares com uma torre de petróleo, aviões, alojamentos e veículos de transporte, no qual os soldados se exercitam tanto na teoria quanto na prática em 1.500 situações de crise e emergência. Algumas empresas simulam ciladas e ataques armados a veículos de colonos realizados por guerrilheiros ou rebeldes, outras se especializaram nas mais diversas técnicas de luta de corpo a corpo na guerra antiterror. Outro domínio das empresas militares privadas é a instrução nas mais modernas técnicas de guerra com o auxílio de simuladores. A empresa Cubic, com sede na Califórnia, conhecida por seus "centros de simulação de guerra",

---

2. Cf. o *site* da empresa: www.icioregon.com.

nos quais soldados podem exercitar combates em condições realistas, construiu um centro no campo de treinamento de tropas em Hohenfels, junto a Nuremberg.³

A maioria das empresas militares privadas que oferecem formação e instrução se comporta, em geral, de maneira "neutra" na resolução de suas missões — quer no Uzbequistão ou no Peru, no Sri Lanka ou na Nigéria. Isso significa que elas se mantêm de fora dos acontecimentos de guerra atuais e só atuam no pano de fundo como "eminências pardas". Algumas, porém, não controlam apenas à distância, mas também no lugar de realização das ações de combate, se e como os "seus protegidos" colocam em ação as capacidades adquiridas sob a sua instrução.⁴ Diferentemente dos soldados à moda antiga, não são mais os próprios soldados privados que atiram, mas eles deixam que atirem. Tal processo é facilitado pelo entrelaçamento eletrônico, que teve nesse ínterim um avanço tão amplo que os "novos mercenários" têm diante de si, na tela do computador, o "campo de batalha automatizado" e, muito longe do acontecimento da guerra propriamente dito, são informados em tempo real sobre as ações de guerra. Desse modo, eles podem intervir na batalha, empreender eventuais correções de curso e passá-las como ordens para o *front*.

Paralelamente às academias e escolas superiores militares públicas, as empresas militares criaram universidades privadas nas quais formam pessoal de comando para a área de segurança, tanto militar quanto civil. Na Alemanha, por exemplo, são oferecidos pela Dukes School — uma escola superior privada em Freiburg, em ligação com a UBSA, uma filial alemã da Paladin Risk — cursos para "oficiais de proteção" (Professional

---

3. Cf. Steffen Leidel, "Treinadores para a guerra" In: *DW-World*, 9 abr. 2003.

4. Diversos exemplos em Esther Schrader, "US Companies Hired to Train Foreign Armies" In: *Los Angeles Times*, 14 abr. 2002.

Protection Officer) e "gerenciadores de risco". A formação prática ocorre em campos de treinamento na Inglaterra, em Israel, nos Estados Unidos e na França.

Outro ponto forte na oferta de serviço das empresas militares privadas é o campo da inteligência, que abrange as atividades de informação e espionagem. Em conseqüência da revolução eletrônica, foram desenvolvidas técnicas para o fornecimento e a análise de informações que muitas vezes só são dominadas e oferecidas por essas empresas.[5] De acordo com cálculos não oficiais, a metade da verba de 40 bilhões de dólares para os serviços secretos norte-americanos tem sido destinada agora para empresas militares privadas.[6] Essa verba diz respeito, por um lado, a todo o setor de interceptação e escuta de sinais que possuem uma base eletromagnética — sejam eles terrestres ou enviados por satélites. A esse campo pertencem também as redes telefônicas móveis e estacionárias, as transmissões por radiotelefonia, radar e rádio, assim como por laser ou luz visível (sinais de luz). Por outro lado, ela concerne a todo o setor de captação de dados e informações "em imagem", seja de natureza fotográfica, eletrônica, infravermelha ou ultravioleta, tal como elas podem ser interceptadas e retransmitidas por terra ou mar, do espaço aéreo ou do espaço sideral. O processamento desses dados em notícias e a análise dessa informação com vistas a necessidades do serviço secreto constituem uma grande parte da oferta de serviços das empresas militares. Elas também oferecem, contudo, a aquisição de informações com apoio de pessoal por meio de investigadores camuflados. Tais ofertas referem-se ao campo militar bem como ao civil, ou seja, as empresas colocam seus conhecimentos à disposição na mesma medida a instituições públicas ou privadas. Por exemplo,

---

5. Cf. J. Chaffin, "US Turns to Private Sector for Spies" In: *Financial Times*, 17 maio 2004.

6. Cf. *Corporate Watch*, 7 mar. 2005 (www.corpwatch.org).

a empresa britânica AKE Limited faz propaganda em seu *site* na internet de um amplo "aconselhamento de risco" em tempo real no campo da inteligência. O pacote abrange, entre outras coisas, "aconselhamento" pessoal ou telefônico "à disposição" por meio de analistas de inteligência, estudos PML (Probably Minimal Lost) sobre perdas por guerra e terrorismo, planejamento de cenários por meio de analistas de serviço secreto e especialistas em riscos de segurança, assim como modelos de risco feitos sob medida para o cliente, a fim de propiciar o planejamento estratégico.

Isso significa que o cliente pode contratar um serviço secreto privado 24 horas por dia à disposição para suas necessidades, que o orienta, vigia, protege, analisa os seus perigos e riscos, desenvolve contra-estratégias, etc. O fato de tais ofertas serem apreciadas por pessoal especializado é o que mostra o exemplo da polícia federal americana, o FBI. Este permitiu que a empresa militar privada DynCorp montasse sua nova rede de computadores Trilogy.[7]

No que diz respeito à logística, as ofertas das empresas privadas se tornaram quase inumeráveis: elas vão desde diferentes tipos de papel higiênico até os mais diversos modelos de veículos de transporte. Pode-se escolher entre diferentes qualidades de *catering* (desde a comida simples até o jantar de gala), vários serviços de limpeza (de roupas e de edifícios) e diversos tipos de acomodação (desde a barraca até a casa com piscina). No âmbito da pavimentação e da construção de pontes, elas oferecem tudo aquilo que se mostra oportuno aos militares. Elas constroem bases de tráfego aéreo e campos de pouso e decolagem; estabelecem bases e centrais de comando. Nada do que é necessário para as tropas nos tempos de guerra e de paz é deixado de lado. Elas garantem o reabastecimento suficiente de armas e munições, assim como cuidam para que haja bastante

---

7. Leidel, "Treinadores para a guerra".

combustível à disposição. Elas mantêm e atendem instalações complexas de reabastecimento — por exemplo, para aviões que precisam ser abastecidos no ar —, possuem serviços próprios de contêineres e empresas de expedição ou contratam esses serviços por encomenda no sistema de *leasing*. Elas oferecem armazenamentos especiais, assim como serviços de entrega postal ou centrais para serviços telefônicos e tráfego de telecomunicações. Quando desejado, mesmo nas partes mais remotas do mundo, elas constroem residências para os militares, fazem instalações elétricas ou perfuram poços para o abastecimento de água. As empresas militares privadas têm agido no momento de uma maneira tão bem-sucedida que alcançaram, nos países anglo-saxões, quase uma posição de monopólio nesse campo. O sistema militar público transferiu para elas quase tudo aquilo que pertence ao âmbito da logística — desde a administração de instalações até uniformes, do reabastecimento até a alimentação.

No leque da prestação de serviços, uma parte enorme é constituída pela manutenção, independentemente do fato de se tratar de veículos pesados, transportadores, tanques, helicópteros de guerra ou um tipo qualquer de aviões. O pessoal de manutenção para os mais modernos bombardeiros e caças, que foram colocados no mercado pelos gigantes da indústria de armamento e comprados pelas forças armadas, é empregado hoje, em grande parte, pelas empresas privadas. Na maioria das vezes, mesmo os dispositivos militares eletrônicos e os sistemas de armas que se baseiam em tecnologias de informação só podem receber manutenção (e cada vez mais só podem ser mesmo manejados) por seus funcionários. Sistemas de mísseis em rede, assim como aviões de espionagem não tripulados, estão entre tais dispositivos. Por exemplo, a empresa militar privada Fluor faz propaganda, em seu *site*, de missões que foram executadas com sucesso. De acordo com essas informações, ela construiu uma base no quadro do programa de defesa intercontinental de mísseis dos Estados Unidos no Alasca e na ilha aleuta Shemia, erigiu o sistema múltiplo de armas Milcon em conformidade com as exigências do grau mais elevado de segurança e, além disso, introduziu um sistema antiterrorismo. Ela também estabeleceu um sistema de alarme eletrônico extremamente sensível e um sistema de proteção arquitetônico anti-sísmico que assegura a instalação contra terremotos.

Realizações práticas

Esta rápida visão panorâmica do leque de ofertas oriundas da prestação de serviços, que são oferecidas pelo mercado livre, permite que imaginemos o quão amplamente avançaram as empresas militares privadas no outrora "território soberano" do Estado. De que maneira as atividades oferecidas são realizadas em particular é algo que se conhece pouco, e, em face de sua importância, pouco demais. São apenas fragmentos que se tornam públicos. E, na maioria das vezes, isso só acontece quando algum escândalo vem à luz. Na maior parte dos casos, depende-se de métodos indiretos para compor, a partir das muitas pedrinhas visíveis do mosaico, uma imagem compreensível.

Em setembro de 2004, o instituto público de pesquisa British American Security Information Council (BASIC) publicou um estudo do qual se pode depreender que só no Iraque 68 empresas militares privadas foram oficialmente engajadas sob os mais diversos contratos e para as mais diferentes missões (de acordo com avaliações não oficiais, esse número passa de cem).[8] Segundo esse estudo, a empresa AirScan, por exemplo, realiza a "vigilância noturna dos poços e da infra-estrutura petrolífera

---

8. A BASIC reuniu o material sobre missões e contratos de diversas fontes. Uma grande parte das informações repousa sobre pesquisas da Associação de Jornalistas Investigativos (ICIJ); sua exatidão não foi contestada pelo poder público nem nos Estados Unidos nem na Grã-Bretanha.

com câmeras especiais". A Erinys é responsável em terra pelos oleodutos e instalações de extração. A Blackwater encarregou-se, dentre outras coisas, da proteção do antigo chefe provisório do governo, Paul Bremer, e colocou à sua disposição "equipes móveis de segurança". O ISI Group assume a proteção das pessoas na "zona verde", no bairro governamental de Bagdá, e a vigilância de alguns prédios estatais. A Cochise, assim como a OS&S, têm a missão de proteger VIPs, e cabe à Centurion Risk "preparar espiritual e praticamente" pessoas de organizações internacionais e humanitárias, tanto quanto representantes da mídia, "para situações de risco". A Triple Canopy foi contratada para a proteção armada a comboios e para o acompanhamento armado de transportes. A pedido, a Titan e a WWLR colocam intérpretes à disposição e assumem tarefas de tradução, assim como treinamentos lingüísticos. As empresas CACI International e MZM enviaram ao Iraque "pessoas com formação lingüística" que também são utilizadas para "interrogatórios, depoimentos e operações psicológicas". Cabe à Vinell reconstruir e treinar o novo exército iraquiano, e à DynCorp reorganizar e ministrar cursos para a polícia. A Ronco é responsável pelo "desarmamento, desmobilização e reintegração de soldados" do antigo exército iraquiano. A pedido, a Group 4 Securicor (G4S) coloca à disposição o mais diverso pessoal de vigilância (proteção de pessoas, objetos e edifícios, assim como agentes aéreos). À Combat Support cabe tanto dar apoio ao exército americano em ações de confronto quanto auxiliar as unidades rápidas de combate. A ManTech mantém uma forte base de telecomunicações com 44 pessoas em Bagdá para o apoio às forças armadas americanas. A Kellogg, Brown & Root (KBR) é responsável pelo campo da logística no Iraque e emprega, para tanto, por volta de 50 mil pessoas, desde pedreiros até mecânicos de veículos, de engenheiros eletrônicos a cozinheiros; a maior parte dessas pessoas vem de países do Terceiro Mundo, com uma parcela desproporcional de filipinos.

Escândalo por conta das torturas na prisão de Abu Ghraib

No dia 28 de abril de 2004, a rede de televisão americana CBS transmitiu imagens que provocaram indignação no mundo todo. Elas provinham do bloco de celas 1-A da prisão iraquiana de Abu Ghraib, nas proximidades de Bagdá. Numa dessas imagens vê-se um prisioneiro iraquiano com a cabeça coberta por um saco, de pé em uma caixa com rações alimentares. Em seus braços estendidos estão pendurados cabos que conduzem para cima. Seus algozes o ameaçavam dizendo que, tão logo ele caísse de sua posição, seria morto por descargas elétricas. Outra foto mostra uma policial militar que puxa por uma corrente um preso iraquiano nu de quatro, como um cachorro. Numa terceira imagem há homens nus amontoados formando uma pirâmide. Na frente deles, soldados americanos posam para fotos rindo alegremente, com o polegar estendido para cima em sinal de triunfo.

Pouco depois, no início de maio, a opinião pública pôde ler outras particularidades sobre o escândalo envolvendo tortura em Abu Ghraib no *New Yorker*. O jornal fez citações detalhadas oriundas do "Taguba-Report", um relatório de 53 páginas elaborado para fins internos, que descreve as condições na prisão de Bagdá. No bloco de celas 1-A, prisioneiros iraquianos deveriam ser interrogados por especialistas norte-americanos. Na verdade, era oficialmente proibido aos interrogadores infligir diretamente sofrimentos aos presos, mas eles podiam quebrar sua resistência com "desconfortos moderados" (*moderate discomfort*). O que se tinha em vista com tais desconfortos era provocar medo, vergonha, desorientação, esgotamento psíquico e físico.

Logo a indignação pública se concentrou na soldado fotografada Lynndie England ("aquela com a coleira de cachorro") e, em menor escala, em seus colegas Charles Garner e Ivan Frederick, que também podiam ser vistos nas fotos. O testemunho de Frederick — "nossos diversos modos de quebrar suas resistências (dos detentos) foram bastante eficazes" — foi citado mais uma vez. Assim como três outros policiais militares, esses três foram a julgamento e acabaram condenados a vários anos de prisão.

Praticamente desconhecido, porém, permaneceu Steve Stefanowicz, igualmente citado no *Taguba-Report* e que tinha dado as ordens

> aos reservistas sob o seu comando, tais como England, Garner e Frederick. "Preparem para eles uma noite terrível!", "Amoleçam eles para nós" — este era o teor de algumas de suas ordens. Mais tarde, ele os elogiou pelo "excelente trabalho" que Frederick e os outros teriam realizado: "Agora, podemos filtrá-los muito mais facilmente." E nesse momento veio à tona um segundo escândalo, que certamente foi menos percebido, pois Stefanowicz não pertencia à escala militar de comando, mas era um especialista em interrogatórios da empresa militar privada CACI International, com sede em Arlington, na Virgínia. Além dele, aparece um segundo civil no relatório de averiguação, que não é denominado explicitamente: um funcionário da Titan Corporation de San Diego, na Califórnia. Torin Nelson, que também tinha sido enviado para Abu Ghraib pela CACI, mas que nesse ínterim deixara a empresa, disse em uma entrevista a Pratap Catterjee, o redator-chefe da Watch Corp, feita em março de 2005, que quase a metade dos trinta especialistas em interrogatórios naquela prisão era composta por funcionários das duas empresas militares privadas.
>
> O que eles estavam fazendo lá? Supostamente, tinham sido contratados para serviços de tradução. No entanto, é possível depreender dos depoimentos diante do tribunal que foram Stefanowicz e seus colegas das empresas militares que ordenaram a England, Garner, Frederick e aos outros policiais militares as humilhações e os métodos de tortura, que eles fizeram fotografar e que finalmente rodaram o mundo como imagens escandalosas.

As empresas militares privadas não estão em atividade apenas no Iraque, mas em quase todos os países da península arábica. Na Arábia Saudita, por exemplo, algumas empresas americanas cobrem quase todo o campo que normalmente fica sob a competência dos militares ou da polícia nacional. Desse campo fazem parte, entre outras coisas, o combate ao terror, o planejamento estratégico e tático, a orientação de segurança, a formação militar, a aquisição de informações, as atividades ligadas ao serviço de informações e ao serviço secreto, a condução de guerra psicológica e a logística militar; a empresa Vinnell treina e orienta a guarda nacional e faz a segurança de "instalações estrategicamente sensíveis"; a Booz Allen dirige e conduz a academia militar; a SAIC dá apoio, em todos os aspectos e de acordo com as necessidades, aos sistemas de guerra naval e aéreo; a O'Gara protege a família real e dá formação às forças de segurança na luta contra o terror; a Cable and Wireless é responsável pela formação das forças de segurança na luta antiterror e na condução de guerra no interior das cidades.[9]

Mas os prestadores de serviços militares privados não trabalham apenas no Oriente Médio: eles estão presentes nos cinco continentes. Em toda parte onde se extrai petróleo neste planeta, os "novos mercenários" fazem a segurança das instalações e dos oleodutos. Assim acontece com o Hart Group na Somália, com a DSC (ArmorGroup) na Colômbia, com a AirScan no Sudão ou com a Military Professional Resources Inc. (MPRI) na Guiné-Bissau. Elas já deram cursos de formação militar e policial em mais de 130 países e preparam diariamente, em outros tantos, concepções de segurança e análises de risco.

Tentativas de uma demarcação

Com freqüência, os cientistas tentam categorizar sistematicamente os novos campos de prestação de serviços. Não é raro ver como até mesmo as empresas apreciam ser designadas não como empresas militares privadas (EMPs), mas como empresas privadas de segurança (EPSs), uma vez que temem o surgimento de uma imagem negativa. Por isso, uma divisão usual distingue as empresas de segurança das empresas militares, atribuindo às prestações de serviço realizadas pelas primeiras um caráter "defensivo" ou "passivo", e às atividades das últimas

---

9. Cf. Francesco Vignarca: *Mercenari S. p. A.* Milão, 2004, p. 17 e segs.

um caráter "ofensivo" ou "ativo". Isso é fundamentado pelo fato de as EPSs protegerem sobretudo pessoas e bens, enquanto as EMPs estão ligadas preferencialmente a um contexto de guerra.

Outra classificação muito difundida orienta-se pelas "tipologias exponenciais" que são comuns aos militares: do mesmo modo como, em um triângulo, o espaço que vai se tornando cada vez mais estreito quando se sai da base para a ponta representa, por um lado, a distância entre a "retaguarda" e o "*front*", ele também simboliza, por outro lado, a força decrescente do pessoal. Assim, em exércitos supertecnologizados, a relação entre os soldados que se encontram imediatamente no primeiro *front* e o resto do pessoal militar é às vezes de 1:100, ou seja, são necessárias 100 pessoas — do cozinheiro aos analistas de risco — para que uma possa lutar com a arma na mão. Igualmente pequena — ainda que não nessa proporção diminuta — é a quantidade de empresas militares privadas que fornecem unidades diretas de combate ("empresas que apóiam militarmente no combate"). Nesse esquema, a segunda categoria, a das "empresas de aconselhamento militar", está alocada um pouco atrás do *front*. Elas cuidam da formação, passando pelo estabelecimento de estratégias e chegando até a organização de tudo, para que a entrada em ação de soldados combatentes seja possível. Ainda mais afastada do *front* encontra-se a terceira categoria: a das "empresas de fornecimento militar". Seus campos principais de atuação abarcam todo o espectro, desde a logística e o suprimento até o transporte.

Outros modelos destacam o critério dos campos de atividade ou estabelecem uma distinção caso o pessoal posto em ação esteja ou não armado em sua maioria. Todavia, independentemente de qual seja a classificação que se privilegie, todas as linhas de separação permanecem indistintas. Aquilo que é visto por uns como uma ação defensiva pode ser avaliado por outros como um ato ofensivo. Assim, a instrução sobre variantes táticas na condução da guerra em um espaço de formação possui conseqüências de peso maior que a de um soldado em ação. E a espionagem de dados sigilosos feita por uma empresa de segurança pode ser mais devastadora do que o suprimento de bases militares com papel higiênico por uma empresa militar. Os limites não se tornam mais agudos nem mesmo por meio de uma análise funcional. E isso se deve fundamentalmente ao fato de as atividades dessas empresas, com vistas ao estabelecimento de metas, poderem ser permutadas quase que de forma arbitrária. O que para alguns é uma proteção normal de um objeto, para outros é a defesa de uma finalidade estratégica em favor do adversário econômico ou militar. De resto, o próprio ramo fez de tudo para misturar as linhas de demarcação. Aqueles que se especializaram em segurança oferecem seus serviços tanto aos militares quanto à clientela civil. O mesmo vale para a formação e para o treinamento. Para as empresas militares privadas, saber se a proteção de um grupo da Cruz Vermelha em regiões de conflito é uma questão dos militares ou dos técnicos em segurança já se tornou há muito tempo um problema acadêmico. Ela procura muito mais saber como o risco admitido pode ser calculado e traduzido em custos para aquele que contrata o serviço. Saber se o combate ao terror ou a proteção contra atentados é um problema de segurança interna ou externa, ou seja, se eles devem estar sob a competência da polícia ou dos militares, é para elas um problema secundário — se é que isso é efetivamente um problema. A única coisa que despertou o interesse das empresas na década passada foi saber como o bem público "segurança", cuja garantia é responsabilidade do Estado como instituição, poderia ser privatizado.

Diante do fato de que os limites entre as EMPs e as EPSs se tornaram cada vez mais tênues nos últimos anos, o renomado Instituto de Estocolmo para a Pesquisa voltada para a Paz (SIPRI) chegou à conclusão de que não é mais possível uma diferenciação inequívoca entre esses dois tipos de empresas. Se preferirmos utilizar no presente livro a expressão "empresas militares privadas" é porque o foco de nossas considerações reside, antes de tudo, no campo da segurança externa.

Tamanho e instalações

As empresas militares privadas são localizadas, preferencialmente, nas sociedades industrializadas — onde tanto o *know-how* militar quanto o seu aparelhamento são dos mais elevados e onde existe a maior demanda; uma demanda que, com certeza, só muito raramente tem por finalidade a entrada em ação em solo pátrio. Seu pessoal convocável está presente em todo o mundo e avalia-se que chegue a 1,5 milhão de pessoas (some-se a isso ainda um número quase tão grande de mercenários, que estão ativos fora da estrutura das empresas militares privadas; mais da metade deles é composta por "crianças-soldados"). O movimento financeiro do ramo girava, em 2005, em torno de mais ou menos 200 bilhões de euros.[10] Com suas centrais, as empresas mais fortes em termos de movimento financeiro estão entre as 100 primeiras das sociedades anônimas extremamente bem avaliadas de seus respectivos países. O movimento financeiro apresentado pelas líderes de mercado está entre 1 e 6 bilhões de euros. Assim, a segunda maior empresa militar privada do mundo, a Group 4 Securicor (G4S), reconheceu para o ano de apuração de 2004 um movimento financeiro de 5 bilhões de euros. As receitas da maioria das prestadoras de serviços militares encontram-se na casa de 1 bilhão de euros.

---

10. Esta soma baseia-se em cálculos próprios. No período entre 1994 e 2001, foram entregues a empresas militares privadas missões que envolviam, no conjunto, 300 bilhões de dólares. No ano de 2001, as avaliações giram em torno de 100 a 120 bilhões de dólares. Depois disso, com a declaração de guerra dos Estados Unidos contra o terror mundo afora e com a guerra do Afeganistão e do Iraque, as despesas com as empresas militares privadas se elevaram extraordinariamente.

O tamanho das empresas militares privadas varia enormemente — de empresas com um único homem até grandes companhias com muitas dezenas de milhares de funcionários (a G4S declarou que a soma de seu pessoal chega mesmo a 360 mil). De maneira análoga, também são muitas as formas jurídicas: de sociedades individuais, passando por sociedades de responsabilidade limitada até sociedades anônimas. Nesse meio tempo, muitas das empresas militares de maior sucesso tornaram-se parte de gigantescas *holdings*, amplamente ramificadas. Assim, a Military Professional Resources Inc. (MPRI) pertence à maior companhia norte-americana de armamentos, a L-3 (Lockheed Martin), que, além de fabricar aparelhos para aviões de guerra de alta tecnologia, também produz o *flight decoder* ou caixa-preta para a aviação civil. A Vinnell, empresa que comercializa praticamente tudo que diz respeito a segurança, aparelhamento e formação militar, pertence a outro gigante da indústria de armamentos, a Northrop Grunman. A DynCorp, empresa cujo ponto forte no enorme leque da prestação de serviços reside na eletrônica, é parte da gigante do setor de computação Computer Sciences Corporation (CSC), que faz negócios lucrativos principalmente com o Pentágono e com o exército americano. A Kellogg, Brown & Root (KBR) foi anexada à Halliburton e é uma das maiores empresas de logística no campo militar em geral. Depois do período como secretário da Defesa do governo de George Bush pai, Richard Cheney dirigia a Halliburton, até ser chamado para se tornar vice-presidente de George W. Bush. Essas compras e fusões aconteceram sempre com vantagens para os dois lados. As companhias ampliaram seu leque de ofertas para o campo da prestação de serviços militares e dos serviços técnicos voltados para a segurança, que se tornou cada vez mais importante, enquanto as empresas militares privadas conquistaram acesso aos mercados de capital e de finanças tanto internos quanto externos. Ed Soyster, general americano da reserva e porta-voz da MPRI, expressou tal fato da seguinte forma: "Como a nossa central L-3 está cotada na bolsa, é bem provável que qualquer pessoa que invista em um ou outro fundo de pensão seja um investidor de nossa empresa militar."[11] O fato de as empresas militares e suas companhias terem rendido lucros tão grandes nas bolsas quanto outras empresas (as ações da L-3, por exemplo, em meio ao desânimo geral, subiram 64% entre abril de 2003 e abril de 2004) levou muitos fundos de pensão a entrar nesse mercado. Assim, os administradores de dois fundos de pensão californianos — CalPERS para funcionários públicos e CalSTRS para professores — investiram pesadamente nas empresas militares cotizadas na bolsa, a CACI International e a Titan Corporation. Os investidores (professores e funcionários) tiveram uma desagradável surpresa ao saberem, pelos meios de comunicação, que a CACI e a Titan estavam envolvidas nos escândalos das torturas na prisão iraquiana de Abu Ghraib e que seus fundos de pensão possuíam pacotes de ações das duas empresas. Aos danos morais aliou-se ainda o prejuízo econômico, uma vez que, depois de tomar conhecimento das ocorrências em Bagdá, a CACI e a Titan tiveram de absorver perdas em suas cotações da ordem de 16%.[12]

As empresas militares privadas assumem uma postura ofensiva na venda de sua filosofia e se fazem passar por missões de paz apoiadas pela ética política, por uma ação incansável em nome do fim de guerras e conflitos, por uma contribuição para o desenvolvimento de condições humanitárias. O resto do marketing é feito por um dos grupos lobistas mais influentes do mundo, a International Peace Operations Association (IPOA), na qual se reuniram os líderes do ramo.

---

11. Citado segundo Ken Silverstein, "Mercenary Inc.?" In: *Washington Business Forward*, 26 abr. 2001.
12. Cf. E. McCarthy, "Pension Funds Press CACI on Iraq Prison Role" In: *Washington Post*, 11 jun. 2004.

A empresa Blackwater tornou-se até mesmo porta-estandarte da liberdade e da paz com o lema "In support of FREEDOM and DEMOCRACY everywhere". Para se afastar da antiga imagem dos mercenários internacionalmente desprezados e destacar a diferença em relação ao "mercenário ilegal", a empresa garante que suas atividades teriam um caráter exclusivamente legal, que a observação dos direitos humanos seria seu mandamento supremo, que só se movimentariam no âmbito tanto de leis nacionais quanto internacionais, e só fechariam contratos com clientes reconhecidos em termos de direito internacional. No interior das empresas militares privadas, porém, impera a usual filosofia empreendedora: a subordinação à meta da empresa é o mandamento supremo, ou seja, a intensificação do volume de vendas, a ampliação do mercado e a diminuição dos custos, a fim de elevar os ganhos o máximo possível. No estilo de direção e no gerenciamento, elas se diferenciam essencialmente das antigas tropas de mercenários, mas quase nada em relação às empresas em outros ramos. O interior de seus escritórios assemelha-se ao interior dos escritórios do ramo *high tech*, se nos abstrairmos de alguns símbolos militares ou de imagens com cenas de batalhas. Eles configuram e dirigem suas empresas como sistemas complexos, controlam-nas segundo as teorias mais modernas de economia e marketing, confiam em um forte *lobby* na obtenção de contratos e sempre tomam decisões com vistas à valorização das cotações em bolsa.

Muitas das empresas militares privadas são hoje *global players*, isto é, trabalham para vários clientes e governos, distribuíram suas sedes por todo o globo e suas ações são realizadas em todos os continentes. Em relação a outras companhias do ramo de prestação de serviços que atuam de maneira global, tais como as seguradoras e os bancos, um número bastante significativo de empresas militares apresenta uma particularidade que se poderia definir com a expressão "empresas virtuais". Por diversas razões, elas ou a matriz de suas empresas se dividiram em três partes para poder contornar, quando necessário, as diferentes definições, regulamentações e taxas estabelecidas nacional e internacionalmente por lei. Elas mantêm a "sede social", que é ao mesmo tempo responsável pela aquisição de contratos lucrativos, na mais imediata proximidade dos centros políticos de decisões — na maioria das vezes na esfera das respectivas capitais ou mesmo diretamente em seu centro. Tanto por razões ligadas à "proximidade dos clientes" quanto por razões relativas a uma resolução eficiente de tarefas, suas "sedes operacionais" se estendem por todo o globo. Essas empresas estabelecem sua sede "jurídica" preferencialmente em países pequenos ou nos chamados "paraísos fiscais": por um lado, para economizar impostos e proteger suas contas dos olhares curiosos da fiscalização bancária e das procuradorias; por outro, por razões de responsabilização, a fim de poderem escapar com mais facilidade das exigências de recursos em termos de direito civil (por exemplo, em quebras de contrato); além disso, para estarem mais bem protegidas em casos de desrespeito ao direito penal — o que não raramente ocorre — ante a jurisdição de "estados de direito fortes", nos quais elas estão na maior parte das vezes "em casa" — o que é quase obrigatoriamente o caso, quando a jurisdição se encontra, por exemplo, nas ilhas Bismarck, no Pacífico; e, por fim, para poderem escapar rapidamente, quando necessário, da obrigação de prestar contas ou da intervenção jurídica, por meio de uma mudança rápida da "sede da empresa".

Para além dos contratos que fecham e do respectivo direito comercial, as empresas militares privadas não estão sob o domínio de nenhum vínculo. Diferentemente das instituições públicas, elas não precisam respeitar nenhum conceito de segurança — nem nacional nem aqueles que resultam dos compromissos de alianças — e não cumprem nenhuma missão pública legalmente determinada. Mesmo que às vezes afirmem algo diverso, elas só obedecem às leis do mercado, ou seja, à lei da oferta e da procura. Uma vez que se movimentam no mercado global e produzem para ele, as empresas podem subtrair-se a qualquer momento a medidas, restrições e regulamentações nacionais. Não porque menosprezem as leis ou as ordens, mas porque impostos significam, em última instância, custos para elas, que preferem aceitar uma oferta que não lhes tolha o campo de ação. Essa liberdade de ação no mercado mundial lhes possibilita desenvolver produtos para clientes específicos e soluções centradas no contratante. Seus serviços são, por assim dizer, "produtos descartáveis": uma vez usados, estão gastos; e o próximo cliente recebe outro produto "feito sob medida". É essa centralização no cliente que torna as empresas militares privadas tão atraentes para aqueles que contratam o serviço, pois se trata, na verdade, de soluções drásticas, mas rápidas e eficientes. E, com efeito, elas trabalham sob o seguinte lema: se o senhor tem um problema com rebeldes armados, com círculos de população insurgentes, com milícias estrangeiras em seu território, com ataques terroristas, com sindicalistas revoltosos, etc., preencha um cheque que nós resolvemos o resto de maneira rápida, não burocrática e para a sua mais plena satisfação. Ou com as palavras de Doug Brooks, presidente da IPOA: "Write a cheque and end a war". A qualidade da resolução dos problemas guia-se por aquilo que o cliente está disposto a pagar: quem pode se permitir algo desse gênero, como Estado, organização, companhia ou indivíduo, recebe um pacote luxuoso de segurança; quem não pode, tem que se satisfazer com uma versão magra e lacunar de proteção. Na verdade, empresas militares privadas estão ligadas às suas missões por acordos que estabelecem compromissos, mas elas podem rompê-los a qualquer momento — uma vez que gozam de liberdade contratual — caso o seu trabalho de proteção se mostre mais arriscado do que haviam suposto. Em casos duvidosos, elas podem sofrer uma multa contratual.

De acordo com a lógica econômica empresarial, o princípio supremo da ação comercial é o de que as receitas oriundas da venda de prestações de serviços não devem apenas superar as despesas, mas também render lucro (o maior alto possível). Desse modo, as empresas militares não procedem de maneira diversa da de todas as outras empresas comerciais privadas. Por conseguinte, sua ação está dirigida primeiramente para a diminuição de custos e para a maximização dos lucros; e, em todo caso, secundariamente, para alcançar um determinado padrão de qualidade em segurança. Inúmeros exemplos vindos de Kosovo, do Afeganistão ou do Iraque demonstram essa forma de procedimento: soldados regulares contam que o suprimento de gasolina era insuficiente, a comida precária e a limpeza de seus uniformes falha; recrutas se queixaram de má formação, o que levou, num caso, até mesmo à substituição de uma empresa privada por instrutores oficiais. Meios de comunicação americanos relataram durante semanas a existência de mercadorias e prestações de serviço superfaturadas. Assim, a KBR calculou para o Pentágono 2,27 dólares por um galão de gasolina, que custava 1 dólar nos postos do Iraque, 45 dólares por uma caixa de água mineral e 100 dólares por um saco de roupas; além disso, de acordo com comprovantes internos de contas no Pentágono, a mesma empresa computou 10 mil refeições a mais por dia.[13] Tais notícias tiveram por conseqüências o acúmulo, no Congresso, de questionamentos ao Departamento de Defesa e de muitas queixas do Tribunal de Contas sobre gastos elevados não justificados.

Estrutura de pessoal e de custos

Existem mais generais nos conselhos fiscais de algumas empresas militares privadas do que em serviço nos exércitos de suas respectivas pátrias; outras dispõem de mais analistas, especialistas

---
13. Cf. *The New Yorker*, 1 maio 2004; *The Boston Globe*, 20 jul. 2005.

em computação e postos de comunicações do que serviços secretos de países inteiros. O padrão em termos de conhecimento especializado e de habilidades especiais é tão alto que, segundo declarações oriundas dos próprios exércitos regulares, eles não conseguem mais alcançar, de modo algum, esse nível de qualidade e portanto dependem, precisamente por essa razão, dos serviços das empresas privadas. Isso é particularmente válido para potências militares pequenas ou medianas, mas também diz respeito mesmo aos grandes exércitos do mundo. Não faz muito tempo, oficiais do Pentágono confessaram: "Nós não estamos mais em condições atualmente de conduzir uma guerra sem as empresas militares privadas."[14]

O pessoal empregado na prestação de serviços apresenta um amplo espectro de aptidões. Na guerra do Afeganistão, eles lutaram com unidades paramilitares encobertas contra o regime talibã e pilotaram os Global Hawks, a mais recente aquisição da Força Aérea Americana em termos de aviões de vigilância; especialistas em interrogatório atuavam tanto na prisão de Guantánamo quanto no Iraque, e combatentes antiterror especialmente treinados atuaram nas Filipinas; na Rússia, eles fazem a segurança dos campos de petróleo; na Colômbia, combatem os cartéis de drogas — e isso para ficar apenas em alguns exemplos. Com a vinculação às empresas militares privadas, o que mudou para os soldados privados em relação aos antigos mercenários foi, antes de tudo, o seu *status*. Assim, na guerra civil angolana, nos anos de 1990, havia mais de 80 empresas prestadoras de serviços militares (para os dois lados) em atividade. As empresas haviam recrutado seu pessoal de toda parte do globo terrestre: reminiscentes dos Boinas Verdes, dos Estados Unidos, da Legião Estrangeira francesa, dos SAS (Special Air Service) britânicos, das tropas especiais sul-africanas, das unidades Gurkha do Nepal, etc. Apesar de não fazerem

---

14. Cf. Barry Yeoman, "Dirty Warriors" In: *Mother Jones* de nov./dez. 2004.

coisas muito diversas das que já tinham feito anteriormente, os mercenários e os "aventureiros" (não foram poucos os que passaram a trabalhar nas empresas militares privadas) belgas, ingleses, italianos, alemães e franceses avançaram e se tornaram empregados de empresas que lhes garantiam não apenas um salário fixo, mas também lhes asseguravam, por meio do fechamento de contratos obrigatórios com governos reconhecidos em termos de direito internacional público, que não seriam perseguidos pela justiça. Com base no *status* de empregados, as convenções e leis votadas pela ONU, pela OUA ou por países em particular para a proscrição e a ilegalidade dos mercenários se tornaram vazias. Portanto, quem hoje — assim ouvimos nos círculos dos soldados privados — é condenado segundo as leis nacionais ou internacionais como mercenário, deveria exigir de seu advogado o dinheiro de volta e aconselhar a este que procurasse uma nova profissão.

Há um paralelismo direto entre a composição policromática do pessoal engajado nas empresas militares e a diversidade de suas áreas de ação. Encontramos aí representantes de todos os grupos populares, nacionalidades e cores de pele, de todas as faixas etárias, membros de praticamente todas as camadas sociais, analfabetos e possuidores de diploma universitário. As empresas militares gostam de fazer propaganda do fato de só empregarem peritos extremamente especializados e com uma formação específica para cada campo de problemas, a fim de destacar que colocam em ação profissionais com qualificações acima do padrão dos órgãos de segurança pública. Esta, porém, não é senão uma meia verdade; a realidade é bem mais complexa. Com efeito, as empresas militares são conhecidas por seus excelentes especialistas, mas também por seu *dumping* salarial brutal. Como elas trabalham sobretudo vinculadas a missões, podem conduzir suas empresas com um núcleo de pessoal relativamente pequeno. De acordo com o tamanho e o movimento anual, esse núcleo oscila entre algumas dúzias e alguns milhares de empregados.

Mesmo quantias envolvendo centenas de milhões de dólares são obtidas com um quadro relativamente pequeno de pessoal técnico. Umas das maiores empresas militares privadas de todo o mundo, a inglesa ArmorGroup, tem menos de 8 mil empregados com contrato fixo. O trabalho principal é feito por colaboradores autônomos. Algumas prestadoras de serviço militares — como a DynCorp — chegam a fazer propaganda do fato de possuírem 50 mil *freelancers* em seu cadastro, pessoas que elas podem convocar a qualquer momento por todo o planeta. Os salários pagos variam entre 10 e 1.000 dólares por dia; por razões de flexibilidade, fora do quadro fixo, salários mensais quase nunca são estabelecidos. Colaboradores autônomos especializados, porém, gozam de *status* específico e têm direito, muitas vezes, a aposentadoria, tal como o quadro fixo de pessoal, ou são até mesmo transformados em co-acionistas. Isso levou muitos soldados profissionais a deixarem o serviço nacional a fim de fazer fortuna como soldados privados.

Para diminuir ao mesmo tempo os custos salariais, as empresas militares privadas recrutam a maior parte de seu pessoal em sua região de ação. A correlação entre força técnica especializada — por exemplo, um antigo segundo-sargento de uma unidade especial nos exércitos ocidentais — e forças de segurança nativas chega muito freqüentemente à casa de 20 para 1 ou mais. Como muitos ex-soldados ou ex-policiais em países do Terceiro Mundo estão desempregados, não é difícil para as empresas militares privadas encontrar mão-de-obra barata. Todavia, esse pessoal é, na maioria das vezes, mal preparado e malformado; com isso, em geral a qualidade de sua prestação de serviço cai. Em muitos casos, eles são designados pelos militares profissionais como completamente incapazes ou inúteis. Contudo, as empresas privadas recorrem ao pessoal local não apenas em função do *dumping* salarial. As barreiras lingüísticas inexistentes e o conhecimento dos hábitos da terra garantem uma penetração mais fácil nas estruturas sociais e na infra-estrutura das regiões em conflito nas quais as empresas realizam suas missões. É difícil, ou mesmo impossível, reconhecer num iraquiano se se trata de um empregado de uma empresa militar privada ou um membro dos grupos de resistência. O mesmo vale para agentes disfarçados na Colômbia ou para fornecedores de informações no Congo, e, com maior razão, para as unidades que lá combatem.

 O desemprego de milhões de soldados depois do fim da guerra fria presenteou o ramo da prestação de serviços militares com um mercado de trabalho com o qual o restante da economia não pode senão sonhar. Encontrar especialistas qualificados para todas as tarefas imagináveis não representa problema algum para as empresas militares privadas. Mesmo no que diz respeito a tarefas delicadas e ações arriscadas, elas encontram, a qualquer momento, pessoal disponível, e a preços e condições muito baixos. Encargos salariais elevados, salários tarifados, sindicatos, departamentos de segurança, funcionários de controle: o ramo não precisa se confrontar com nada disso. Desse modo, já denominamos alguns pontos que tornam a privatização de tarefas de segurança aparentemente menos dispendiosa para o Estado. O que constitui a diferença entre exércitos nacionais disponíveis em tempo integral e empresas militares privadas é a estrutura de custos completamente diversa.

 Isso diz respeito, por um lado, aos custos de pessoal. O que torna tão caros os soldados especializados em serviços de comunicação, logística e técnicas de armamentos oriundos da "velha escola" não é o seu conteúdo, mas o fato de o Estado precisar garimpá-los, a princípio dentre uma enorme massa de pessoal. E isso significa: o Estado precisa recrutar 100 mil homens, testar suas aptidões, prepará-los em cursos de formação mais ou menos longos, checar a validade de suas capacidades adquiridas nas mais diversas ações e pagar por tudo isso. Esses custos não existem para as empresas militares privadas; elas podem aproveitar as aptidões públicas prévias e adquirir o especialista já pronto por uma oferta lucrativa. Se as empresas militares privadas tivessem que ressarcir as formações prévias — ou ao menos uma parte delas — ao Estado, seu custo-benefício atual cairia de forma calamitosa. Alia-se a isso o fato de o Estado, ao contrário do ramo militar privado, não poder apenas mandar seus soldados para casa. Ele precisa continuar pagando seus salários mesmo se eles temporariamente não forem necessários. As coisas se dão de maneira diferente com os prestadores de serviços militares: eles podem calcular seu pessoal de acordo com a missão e pagar os muitos colaboradores autônomos por contratos temporários relativos a projetos específicos.

O segundo aspecto diz respeito aos custos fixos: não há despesas constantes de uma ordem de grandeza determinada nas empresas militares privadas se abstrairmos os custos com o núcleo de pessoal relativamente pequeno. Ao contrário do Estado, elas não precisam pagar nenhuma fortuna por novos armamentos, não precisam esperar por aviões, helicópteros e tanques, administrar bases de veículos, nem gastar nenhum tostão com a construção e a manutenção de alojamentos, campos de treinamento, aeroportos, etc. Elas deixam por conta do cliente arranjar as armas necessárias para cada ação e colocar a infra-estrutura à disposição, ou então compram as armas e constroem a infra-estrutura para que o cliente pague.

Como as empresas militares privadas são meras empresas de prestação de serviços, ainda que especiais, que estabelecem contratos regidos pelo direito civil com seus clientes no que se refere ao controle, elas só estão submetidas de fato ao direito empresarial, enquanto no "campo militar clássico" todos os processos precisam ser transparentes e publicamente controláveis. Este e outros dos chamados custos *overhead* se fazem presentes de forma significativa nos dispêndios estatais de maneira inessencial. Uma transparência que funciona e um controle efetivo do campo militar custam, na realidade, muito dinheiro ao cidadão, mas representam uma proteção efetiva contra o abuso desse poder e elevam, por isso, sua segurança — inclusive pessoal. Os empreendedores privados, em contrapartida, não têm quase nenhum custo *overhead*; eles só precisam conduzir regularmente suas contas e recear no máximo que se constate uma falsificação do balancete em caso de eventual auditoria. Eles só são responsáveis, em última instância, ante seus acionistas.

A estrutura de custos totalmente diversa nas forças militares públicas e nas empresas militares privadas deixa claro que a questão de saber se a privatização e a transferência das prestações de serviços são mais baratas para o Estado não pode ser respondida dessa forma. Em primeiro lugar porque se trata, na maioria das vezes, de duas realizações diferentes que, por isso mesmo, não podem ser comparadas entre si. Em segundo lugar, poucas vezes se oferece a mesma qualidade, razão pela qual as realizações não podem ser aferidas em uma comparação direta. Em terceiro lugar, os custos para o controle e a transparência não são contabilizados. Ou seja: se o Estado abdica do exame das empresas militares privadas — desde a entrega da missão até a apresentação das realizações acertadas em contrato —, ele economiza alguns funcionários. Não obstante, se ele exerce o mesmo controle que é prescrito por lei para as forças armadas públicas, a terceirização fica mais cara; entre outras coisas, porque não se está lidando com uma instituição, mas com uma dezena de empresas distintas.

Com base em muitas investigações empíricas, o Tribunal de Contas norte-americano (Government Accounting Office, GAO) chegou à conclusão de que, em função dos dados pouco confiáveis, não é possível checar realmente os custos e as economias. Além disso, suposições falsas quanto ao montante das despesas do Departamento de Defesa e o desleixo no cálculo dos custos para a implementação dos diversos programas voltados para a política de segurança não possibilitam a identificação da quantia precisa das economias. Uma síntese similar é feita por outro trabalho científico: "Estudos de amplo alcance comparam as ofertas de agentes privados e públicos, mas, com raras exceções, eles não acompanham a execução. Em outras palavras, eles avaliam as promessas de economia em vez dos resultados". Com base nessas e em outras descobertas, uma pesquisa alemã chegou ao seguinte resultado: "É espantoso ver como são estreitas as bases empíricas com as quais são tomadas decisões de largo espectro, que não possuem conseqüências apenas econômicas, mas que trazem consigo conseqüências significativas para o conjunto da sociedade."[15]

---

15. United States Government Accounting Office: GAO/NSIAD-00-107. Washington, 1997; Ann R. Markusen, The Case against Privatizing National Security" In: *Governance*, 16 (out. 2003) 4, pp. 471-501; Herbert Wulf: *Internationalisierung und Privatisierung von Krieg und Frieden* [Internacionalização e privatização de guerra e paz] Baden-Baden, p. 191.

OS CLIENTES — "ESTADOS FORTES", DONOS DE CONGLOMERADOS E REBELDES

Mors tua, vita mea.
Provérbio romano

O espectro dos clientes das prestadoras de serviço militares é extremamente heterogêneo. Se considerarmos esses clientes numa escala moral, seu espectro vai desde senhores de guerra e ditadores brutais, passando por grupos rebeldes e cartéis de drogas inescrupulosos, até Estados soberanos, renomadas empresas econômicas e organizações internacionais de direitos humanos.

Se os classificarmos segundo o volume de missões, os maiores clientes são hoje os chamados "Estados fortes", isto é, nações que já dispõem de um sistema de direito, controle e segurança desenvolvido e em funcionamento tanto interna quanto externamente. Tais países não estão apenas em condições de se defender com sucesso contra um perigo potencial vindo de inimigos externos, mas também podem resolver conflitos que emergem no interior da sociedade com meios pacíficos. Nesse ínterim, quem se tornou o segundo maior cliente foi a economia privada. Ao lado dos *global players*, empresas de porte médio agora também fazem uso dos serviços prestados pelas empresas militares privadas. O terceiro grupo é formado pelos Estados "fracos" e "decadentes", em especial aqueles oriundos das regiões de conflito. Designam-se como países "fracos" aqueles que não conseguem garantir internamente, senão de maneira insuficiente, a segurança do estado de direito ou defender suas fronteiras. Estados "decadentes" são caracterizados pelo fato de não conseguirem manter um, vários ou nenhum dos âmbitos de segurança internos e externos. Em quarto lugar, em termos de volume comercial, o grupo constitui-se de partidos em guerra civil, redes terroristas e movimentos de libertação. Um número cada vez maior de missões vem sendo encomendado por instituições e associações, tais como a ONU, a OUA ou a OTAN no quadro de missões de paz ou de "construção de nações". Juntamente com as inumeráveis organizações não-governamentais que assumem ou precisam assumir as tarefas cada vez maiores do Estado nas zonas de conflitos, elas representam o quinto grupo. Associações privadas e indivíduos civis que, com o auxílio de prestadores de serviço militares, desejam se sentir seguros contra seqüestro e violência armada, por exemplo, formam o menor grupo em termos de demanda.

Esses seis grupos distinguem-se enormemente tanto no que diz respeito às suas necessidades de prestações de serviço de segurança, quanto no que se refere aos interesses e motivos que se encontram por detrás das missões por elas conferidas ao ramo da prestação de serviço militar. Elas se aproveitam, assim, de uma maneira muito diversa das possibilidades abertas com as empresas militares privadas e com o seu amplo espectro de ofertas para a compra de segurança no mercado livre.

"Estados fortes": o exemplo dos Estados Unidos e da Alemanha

No que concerne aos "Estados fortes" que agem de maneira global, os Estados Unidos se mostram um exemplo particularmente apropriado para evidenciar a situação atual no setor da prestação de serviços militares. Lá estão alocadas algumas centenas de empresas militares privadas, o maior número em um único país. Elas recebem a maior parte de suas missões do Estado, em primeira linha do governo federal, em Washington, em especial do Departamento de Defesa. Já em seu primeiro período no cargo, o Secretário da Defesa dos Estados Unidos, Donald Rumsfeld, levou a termo aquilo que seus antecessores tinham iniciado e que seus pares nos países ocidentais já tinham colocado em prática de uma maneira ou de outra: "Tudo aquilo que pertence ao âmbito essencial do elemento militar precisa ser transferido."[1] Desde então, o debate político gira quase que apenas em torno da questão de saber onde esse âmbito essencial começa ou termina e como essa instrução para a ação precisa ser realizada da forma mais rápida e eficiente possível. De acordo com declarações de militares profissionais americanos, agora quase não há mais uma área no âmbito das tarefas das forças armadas que não tenha sido ocupada por fornecedores privados.[2] Mesmo em áreas delicadas, como reconhecimento e inteligência, as missões são entregues a empresas militares privadas. Os serviços secretos militares, e até mesmo a maior instituição de espionagem do mundo, a Agência Nacional de Segurança (NSA, na sigla em inglês), transferiram diversas tarefas — como uma parte do levantamento de dados, a construção de redes ou o gerenciamento de segurança — para a resolução dos prestadores de serviços privados.[3] Razões ligadas aos custos desempenharam, nesse caso, um papel importante; mas a revolução

---

1. Citado segundo US Department of Defense: Quadrennial Defense Review Report, 30 set. 2001.
2. Cf. Peter W. Singer: *Corporate Warriors*. Ithaka/Londres, 2003, p. 63 e segs. Eugene Smith, "The New Condottieri and U. S. Policy" In: *Parameters*, Inverno de 2002/03, p. 116 e segs.
3. Cf. esclarecimento à imprensa da NSA de 31 de julho de 2001; outras particularidades podem ser vistas na página da NSA na internet (www.nsa.gov). Uma parte da IT-tecnologia é fornecida para a NSA pela companhia de computação e de armamento CSC (DynCorp); cf. quanto a este ponto, entre outras coisas, Greg Guma, "Privatizing War" In: *Toward Freedom*, 7 jul. 2004.

eletrônico-informacional também contribuiu para que as instituições estatais, apesar dos esforços consideráveis em pesquisa e desenvolvimento, permanecessem, no campo das mais novas tecnologias, de maneira hesitante atrás da economia privada e precisassem contratar seus serviços. No início de novembro de 2005, a NSA declarou: "Hoje, a agência apóia-se cada vez mais nas soluções oriundas da economia privada."[4]

A diminuição do contingente militar americano em um terço e as reduções do orçamento de defesa nos anos 1990 causaram um grande quebra-cabeça no Pentágono. Antes de tudo, questionou-se sobre como a presença militar podia ser mantida em mais de cem países com meios drasticamente reduzidos. A única solução consistia na compra de capacidades que faltavam. Para dispensar soldados de tarefas não militares, o suprimento e a vigilância das bases norte-americanas foram transferidos para empresas militares privadas. Uma das primeiras empresas a desenvolver atividades nesse campo foi a companhia Halliburton. Seu antigo chefe, Richard Cheney, formulou a missão da seguinte maneira: "Nós, da Halliburton, somos os primeiros a saudar nossos soldados nas bases e os últimos a lhes dizer adeus."[5]

A terceirização tornou-se a fórmula mágica para os responsáveis pelo Departamento de Defesa. Com isso, acreditava-se ter encontrado um caminho para realizar, com um contingente menor, um número maior de tarefas e poder ir ao encontro das requisições crescentes. Competências que tinham sido estabelecidas pelo próprio campo militar foram transferidas para as empresas de prestação de serviços militares. Se essas empresas começaram, nos anos de 1990, com o aprovisionamento, o

---

4. Declaração da NSA: "Introduction to Business", 3 nov. 2005, em www.nsa.gov/business.

5. Citado segundo Tom Ricks/Greg Schneider, "Cheney's Firm Profited from Overused Army" In: *Washington Post*, 9 set. 2000.

abastecimento e o fornecimento de mantimentos, e com a preparação e a manutenção de infra-estruturas, logo se constatou o fato de que outros setores, que se estendiam desde a formação, passando pelo treinamento e até o serviço de informações, podiam ser delegados. Cobrir os custos para o ramo da prestação de serviços militares representava, contudo, um problema. Aqui, os responsáveis políticos no interior do governo norte-americano se mostraram particularmente inventivos. Abstraindo-se das maiores medidas voltadas para a criação das empresas militares privadas — a "Operation Enduring Freedom" e a "Operation Iraqi Freedom" (a guerra do Afeganistão e a guerra do Iraque, respectivamente) —, dois foram os caminhos trilhados: por um lado, distribuíram-se os custos militares também entre outros orçamentos (Interior, Desenvolvimento, Justiça, Bem-estar, Família, Meio Ambiente, etc.). Assim, por exemplo, membros do Congresso e os meios de comunicação de massa procuraram, em vão, por um contrato com o Pentágono referente à contratação de especialistas em interrogatórios da empresa CACI, que estava envolvida no escândalo da tortura na prisão iraquiana de Abu Ghraib. A empresa estava na lista de pagamentos do Departamento de Segurança Interna, com o qual havia firmado um contrato milionário para a disponibilização de "tradutores".

Por outro lado, criaram-se "programas especiais" encaminhados ao Congresso para aprovação e ampliou-se os programas existentes. Quando se anunciou, depois do 11 de Setembro de 2001, a "guerra contra o terror" global, as medidas tomadas até então voltaram a receber uma injeção financeira. Citando D. B. Des Roches, um porta-voz do Pentágono, os meios de comunicação americanos divulgaram que essa guerra representava "um programa de plena atividade para as empresas militares privadas".[6] Por isso, para os círculos atuando

---

6. Z. B. Schrader, *US Companies Hired to Train Foreign Armies*.

nas bolsas, não causou espanto algum o fato de as ações das respectivas empresas terem rapidamente subido depois do ataque terrorista ao World Trade Center, enquanto todos os outros papéis caíram até o fundo do poço e até hoje ainda não se recuperaram totalmente. Com a ajuda dos prestadores de serviços militares, os Estados Unidos conseguiram assegurar e ampliar militarmente os seus interesses geopolíticos, apesar de dispor de um contingente menor de tropas. Depois do 11 de Setembro, os Estados Unidos erigiram pontos de apoio militar em 38 novos países e estão, por meio deles, presentes em mais de 130 países com aproximadamente 500 mil soldados.[7] Assim, ao sul da Rússia, por exemplo, foi construída uma rede de bases militares que vai da Ucrânia e da Geórgia até o Quirguistão e o Cazaquistão na fronteira chinesa ao leste, uma região também chamada de "cinturão do petróleo" em função de suas ricas fontes de energia. Isso aconteceu, antes de tudo, para assegurar militarmente os interesses e os investimentos das companhias petrolíferas americanas. Desse modo, existem bilhões de dólares jogados nos dutos de petróleo BTC, que vão de Baku, no Azerbaijão, passam por Tiflis, na Geórgia, e seguem até o porto de Ceyhan, no mar Negro turco. A Exxon Mobil, Total ou Conoco investiram bilhões no Cazaquistão, entre outras coisas, na exploração do campo de petróleo de Cashagan.[8] Empresas militares privadas, como a DynCorp e a Vinnell, foram engajadas para instrução, formação e treinamento das forças armadas naqueles países. As missões voltadas para a

---

7. James Conachy, "Private Military Companies Contributing as Much as 20 Percent of the Total US-led Occupation" In: *World Socialist Website*, 3 maio 2004.

8. Uma visão panorâmica sobre o "cinturão do petróleo" com suas posições de extração, seus dutos e pontos de apoio militar é encontrada no *site* de Lutz Klevermann na internet (www.newgreatgame.com) e em seu livro *The New Great Game: Blood and Oil in Central Asia* (Nova York/Londres 2003); cf. também Heather Timmons, "Kazakhstan: Oil Majors Agree to Develop Field" In: *The New York Times*, 26 fev. 2004.

instauração de bases militares, assim como para a vigilância das instalações e para o abastecimento foram, da mesma maneira, transferidas pelo Pentágono para empresas privadas. Com isso, a KBR recebeu um contrato de mais de 22 milhões de dólares para "abastecer" o campo de "Stronghold Freedom" em Khanabad, no Uzbequistão; à Fluor foi destinada, no ano de 2003, uma "missão de desenvolvimento" no Cazaquistão, da ordem de 2,6 bilhões de dólares.[9]

Um dos programas especiais mais conhecidos no contexto do qual as empresas militares privadas passaram a receber missões desde 1996 é o IMET (International Military Education and Training).[10] No governo de George W. Bush, aumentou-se enormemente as dotações financeiras destinadas a ele. Esse programa de educação, formação e treinamento dirige-se exclusivamente a "universitários" estrangeiros que — até onde é possível — devem ser formados para se tornarem oficiais. No ano de 2003, o orçamento chegou à cifra de 80 milhões de dólares e os cursos foram estendidos a 133 países.

A tarefa primordial dos programas FMF e FMS (Foreign Military Financing e Foreign Military Sales) é possibilitar que militares estrangeiros adquiram nos Estados Unidos armas, serviços militares e treinamentos complementares à sua formação com o auxílio de um financiamento impulsionador. Em termos práticos, eles significam uma subvenção encoberta à indústria de armamentos americana, que se vale dos compradores estrangeiros

---

9. Pratap Chatterjee, "Halliburton Makes a Killing on Irak War" In: *Special CorpWatch*, 20 mar. 2003; "Special investigation Division of US Senate e US House of Representatives: Joint report 'Contractors Overseeing Contractors'", 18 maio 2004 (www.reform.house.gov/min).

10. No que concerne a este e aos programas de formação militar que serão em seguida mencionados, cf. as publicações do Ministério das Relações Exteriores dos Estados Unidos (Bureau of Political-Military Affairs: Foreign Military Training and DoD Engagement Activities of Interest: Joint Report to Congress, no *site* www.fas.org/asmp/campains/training/FMTR2002, mar. 2002).

para pagar a formação de seus militares nos novos sistemas de armamentos e também para fazer a manutenção desses sistemas por meio de verbas oriundas de fundos. Nas grandes companhias de armamentos, são as empresas militares privadas a elas associadas — como a MPRI, da Lockheed Martin, ou a Vinell, da Northrop Grunman — que realizam tais trabalhos. No ano fiscal de 2001, foram colocados à disposição, só no programa FMS, mais de 381 milhões de dólares para formação e treinamento.

Sob a rubrica "Assistência Antiterror" — um programa estabelecido como "apoio à campanha global contra o terrorismo por meio da disponibilização de armamento e treinamento para parceiros em coalizões" —, todo um conjunto de medidas é realizado. Essas medidas estão dirigidas sobretudo para países do sul e do sudeste da Ásia, assim como para o Oriente Médio, onde foram erigidos centros regionais no quadro do "Regional Defense Counter-Terrorism Fellowship Program", a fim de ensinar e coordenar estratégias antiterror. Dessa maneira, as restrições do Congresso norte-americano (ligadas a países nos quais violações dos direitos humanos por parte de seus militares puderam ser comprovadas) ao treinamento militar das forças armadas paquistanesas e indonésias puderam ser contornadas. Além disso, a cobertura financeira para as empresas militares privadas que realizaram a formação também estava assegurada.

O Plano Colômbia, ativo desde 1999, é um programa que obtém verbas de diversos fundos governamentais. Até o momento, com 7,5 bilhões de dólares[11], a Colômbia, um dos maiores fornecedores de petróleo dos Estados Unidos, deve ser estabilizada e se tornar um "parceiro confiável". Para evitar uma intervenção aberta no país assolado pela guerra civil, o Parlamento em Washington restringiu o envio de militares dos Estados Unidos a 500 soldados, mas não fixou nenhum limite para o pessoal de empresas militares privadas (no que diz respeito a cidadãos americanos),

---

11. Singer, *Corporate Warriors*, p. 206.

das quais atualmente mais de 30 trabalham no país andino. Além disso, o governo de Bogotá é apoiado por eficientes programas de informação, formação e treinamento de sua força militar e policial, programas cuja execução se encontra amplamente sob o controle das empresas militares privadas. Ao lado do Departamento de Defesa e do Departamento de Estado, as instituições estatais de auxílio ao desenvolvimento USAID (Agência Norte-americana para o desenvolvimento Internacional) e o fundo War on Drugs participam financeiramente do Plano Colômbia. Dessa forma, uma parte dos soldados privados trabalha oficialmente como "ajudantes de desenvolvimento" e como "combatentes na guerra contra as drogas". De fato, porém, é pelas empresas militares privadas que eles são postos em ação, mesmo na luta contra as unidades de guerrilha das FARC (Forças Armadas Revolucionárias da Colômbia) ou do ELN (Exército de Libertação Nacional). Em face dessa concentração, o jornalista colombiano Hernando Ospina concluiu: "Em nenhum lugar, exceto no Iraque, os Estados Unidos da América conduzem uma política de mercenários tão multifacetada quanto na Colômbia."[12]

O Fundo Africano (Africa Regional Fund) tem por tarefa assegurar militarmente os interesses americanos no "continente negro", rico em matérias-primas. Contingenciamento, formação, consultoria e treinamento dos militares vêm sendo executados pelas empresas militares privadas, juntamente com a Special Operations Force (SOF), em um número cada vez maior de países. Mais de 10 mil soldados no Senegal, em Uganda, Ruanda, Guiné Equatorial, Malauí, Gana, Mali e Costa do Marfim já fizeram os cursos dos programas de auxílio militar[13] (oficialmente

---

12. Hernando Ospina: "Risco de surgimento de uma mania. A lição colombiana" In: *Le Monde diplomatique*, nov. 2004, p. 21.

13. No segundo governo Clinton, o programa de auxílio se chamava ACRI (African Crisis Response Initiative). Com Bush, ele foi ampliado como ACOTA (African Contingencies Operations Training and Assistance Program).

para se preparar para missões de paz); devem segui-los outros países no oeste, leste e sul da África, tais como Guiné, Quênia, Tanzânia e Botsuana. Em Gana, por exemplo, os cursos foram ministrados apenas por empresas privadas. Participaram, entre outras empresas, a MPRI, a PA&E, a SAIC, a DFI, a MSS e a Logicon.

Existe ainda uma série de outros programas por meio dos quais as empresas militares privadas são pagas. Mencionaremos aqui apenas o JCET (Joint Combined Exchange and Training), um programa de intercâmbio militar no qual tropas especiais de países estrangeiros são formadas de acordo com as mais novas técnicas norte-americanas de combate, o CINC (Combat Commander-in-Chief), uma espécie de "fundo de combate a inimigos secretos do Estado", para comandantes regionais, que podem usar as verbas à vontade, e o "CIA Training Program", que é concebido para operações militares encobertas ou semi-encobertas. Todos esses programas prescindem da fiscalização do Congresso norte-americano, e não existe a obrigação de fornecimento de informações ao público. Conduzidos pelas empresas militares privadas, eles oferecem ao governo dos Estados Unidos, além disso, a vantagem de este não precisar aparecer como instituição estatal; em caso de questionamento, o governo pode atribuir a culpa por uma missão encoberta fracassada a uma empresa privada.

Os Estados Unidos e a Grã-Bretanha preferem, na maioria das vezes, uma terceirização direta, uma vez que as próprias instituições governamentais fecham contratos com as empresas militares privadas. Muitos países europeus, entre eles a França e a Holanda, tomam um caminho indireto. Eles também perseguem a meta de conquistar um campo maior de ação para atuações políticas fora de seus próprios limites, um campo passível de ser assegurado militarmente. Tendo em vista essa finalidade, as forças armadas nacionais são decompostas e recompostas em grupos centrados (tropas de comando e de

Empresas militares privadas como a CACI fazem propaganda de seus serviços com a foto intimidadora de Osama bin Laden; temos aqui o cartaz de um seminário antiterror realizado em setembro de 2004, no qual foram apresentadas novas tecnologias de segurança para portos, aeroportos e estações de trem.

combate), assim como todas as outras tarefas militares são colocadas nas mãos de prestadores de serviços. Além disso, serviços especiais e realizações dispendiosas, que só são necessários em casos excepcionais, também são confiados às empresas militares privadas. Para concretizar suas metas, esses países fundam empreendimentos públicos legais por meio dos quais transferem a guarda de tarefas soberanas para a economia privada. Com essa parceria público-privada (PPP), encontrou-se uma estratégia de financiamento que abre ao Executivo a possibilidade de atribuir missões independentemente das amarras do orçamento anual previsto pelo parlamento (na maioria das vezes, para os ministérios responsáveis pelo sistema militar e pela polícia). Na verdade, tal procedimento permite um acesso rápido a novas tecnologias, armamentos ou serviços imediatamente necessários, mas significa — de maneira similar ao que acontece com o *leasing* ou com pagamentos a prazo — uma dilatação do pagamento para o futuro, a ser quitado pelas próximas gerações.

Na Alemanha, o Ministério da Defesa confiou a privatização à Sociedade para Desenvolvimento, Criação e Funcionamento Ltda. (g.e.b.b.), uma empresa com sede em Colônia, que iniciou suas atividades em 22 de agosto de 2000.[14] Como meta, está previamente estabelecido em contrato, para aquela que seja em 100% filial do Ministério de Defesa, "a maior desoneração possível do exército alemão de todas as tarefas que não sejam tarefas militares essenciais" — uma missão que, em seu teor, está na linha do chefe do Pentágono, Rumsfeld. Segundo cálculos do próprio exército alemão, de uma cifra que gira em torno de 24,4 bilhões de euros do orçamento de defesa no ano de 2004, cerca de 10,5 bilhões ou 43% do total dizem respeito a tarefas não-militares. No quadro da modernização das forças armadas, a g.e.b.b. busca, segundo suas próprias informações, a realização de serviços por meio da pessoa civil, a criação de novos campos de investimento e a acentuada diminuição tanto dos custos operacionais quanto do capital aplicado. Nesse contexto, ela testa as "tarefas não-militares" ao procurar determinar até que ponto "uma privatização é factível, economicamente viável e dotada de sentido". Dedica-se uma atenção particular às parcerias público-privadas, que "devem se intensificar". A g.e.b.b. desempenha aí o papel de mediadora entre o exército alemão e a economia. Os campos centrais de modernização apontam para a estrutura de pessoal e de guarnição da administração territorial de defesa, a organização dos âmbitos de vestimenta, contingentes de veículos e abastecimento, assim como o equipamento e cabeamento de todos os setores "não-militares" com modernas tecnologias de informação.

---

14. Cf. quanto ao que se segue o *site* do exército federal alemão (www.bundeswehr.de) — palavra-chave g.e.b.b. (www.gebb.de), do qual citações inteiras a seguir foram retiradas.

As primeiras medidas a serem tomadas foram a privatização do sistema de transporte e do setor de vestuário e a sua respectiva entrega, no verão de 2002, à então recém-fundada Fuhrpark Service GmbH (fornecedora de serviços de veículos equipados e manutenção) — a g.e.b.b. é a principal acionista dessa empresa, com 75,1%; a Companhia Ferroviária Alemã (Deutsche Bahn) possui 24,9% do total — e à Sociedade para o Vestuário (Bekleidungsgesellschaft) — o parceiro majoritário, com 74,9%, é o consórcio privado Lion Apparel und Hellmann Logistics; a g.e.b.b. detém 25,1%. A privatização das cozinhas do exército alemão deve ser empreendida pela companhia Dussmann. No dia 3 de maio de 2005, foram entregues à empresa 14 cozinhas de tropas na região de Munique. As 51 cozinhas restantes continuam sendo conduzidas pelo exército alemão, por assim dizer, em concorrência com essa empresa, de maneira "própria e otimizada". No ano de 2007, segundo uma lista de critérios estabelecidos, será então decidido "qual dos dois é o melhor".

A finalidade declarada de "transferir o apoio operativo ao exército alemão nas tarefas de serviços [...] para parceiros privados" deve ser alcançada mediante outros projetos. Encontram-se com esse *status* de projeto os âmbitos da formação, logística e técnica de informação. Assim, a formação em veículos, submarinos e aviões de guerra e a formação a distância estão sendo pesquisadas para se saber até que ponto meios de cooperação com a economia privada são possíveis. Um modelo cooperativo de sociedade já foi desenvolvido para a força aérea pela g.e.b.b.; esse modelo abarca a execução da formação e do aperfeiçoamento de pessoal técnico em aviação das forças armadas alemãs no local da atual Escola Técnica da Força Aérea 1, em Kaufbeuren. De acordo com informações da g.e.b.b., a "execução bem-sucedida desse projeto piloto" teria "um efeito sinalizador para o conjunto da formação". No âmbito da logística, que envolve um volume de aproximadamente 3 bilhões de euros, progrediu-se menos e as coisas ainda se encontram na fase de testes. Segundo declarações da g.e.b.b. à imprensa em de 25 de outubro de 2005, "em um âmbito parcial, trabalha-se atualmente com um volume de 800 milhões de euros num conceito de reorganização". A g.e.b.b. está consciente de que uma otimização só pode acontecer com uma transparência razoável em toda a cadeia de abastecimento, desde a direção até o controle de todo o fluxo de material, serviços e informações. Como a própria empresa constatou, essa transparência certamente "nem está dada hoje nem será dada num futuro próximo, uma vez que ela depende, no Ocidente, da introdução exitosa de SASPF" (ou seja, de tecnologias e programas de informação). Na esfera das técnicas de informação (TI), é a companhia de computação e armamento norte-americana CSC (a casa-mãe da DynCorp) que vem trabalhando até o momento (desde 1998). Para a reorganização e modernização nesse setor (Projeto Hércules), está previsto que as forças armadas alemãs fundarão uma Sociedade-TI com um parceiro industrial, sendo que a participação majoritária deve caber ao segundo. O procedimento de adjudicação para o Projeto-TI Hércules está atualmente em curso (situação em novembro de 2005) e um consórcio liderado pela Siemens vem sendo favorecido.

Para o transporte de pessoal em ações externas no Afeganistão, por exemplo, tanto o exército alemão quanto de outros países europeus membros da OTAN vêm recorrendo, no âmbito da missão "Enduring Freedom", a companhias de transporte aéreo privadas, na maioria das vezes ucranianas. À parte isso, as forças armadas alemãs — e até onde se sabe o governo federal alemão também — não contrata nenhuma empresa militar privada para a realização de tarefas públicas ligadas à segurança. Os soldados, contudo, dependem em suas missões (sobretudo nos Bálcãs e no Afeganistão, onde se encontram os maiores contingentes de tropas alemãs) da colaboração de prestadores de serviços militares, uma vez que os Estados Unidos e a Grã-Bretanha transferiram, em grande parte, suas tarefas nesses países para essas empresas. Ali, eles chegam inclusive a se deparar com antigos soldados do exército alemão que se alistaram nas empresas militares privadas (em sua maioria anglo-saxônicas). Mas eles também podem encontrar soldados privados de uma empresa alemã como a Baltic Safety Network ou a Delphos, de Lübeck, que, entre outras coisas, formam assistentes de segurança aérea para o aeroporto de Pristina, no Kosovo, ou guarda-costas para o Iraque.

No geral, pode-se dizer que os "Estados fortes" (sobretudo os países anglo-saxões) fundamentam externamente a adjudicação de missões e a transferência de competências a elas associadas para as empresas militares privadas com o intuito de elevar os próprios padrões de segurança e de poupar dinheiro; em primeira linha, contudo, o que está em questão para eles é voltar a elevar as capacidades militares. Eles substituem gradativamente os soldados que foram dispensados no início dos anos 1990, com a diminuição de pessoal nas forças armadas, pelo pessoal oriundo das empresas militares privadas, ou recorrem, em caso de necessidade, ao serviço dessas empresas. Os Estados Unidos não apenas compensaram, nesse ínterim, a redução de 2,1 milhões para 1,5 milhão de soldados, como também ultrapassaram a situação anterior com o emprego de quase 1 milhão de soldados privados.[15]

Os interesses da economia privada

A economia privada reconheceu bem cedo as vantagens de instituições públicas ou internacionais não precisarem se preocupar, inicialmente, com a proteção de seus bens, podendo requisitar tal proteção às empresas privadas. Assim, no início dos anos 1990, a multinacional de diamantes De Beers incumbiu a

---

15. Cf. Greg Guma, "Outsourcing Defense" In: *Toward Freedom*, 6/2004.

empresa militar privada Executive Outcomes de realizar para ela operações secretas relativas a jazidas de diamante no sul da África, em especial no Botswana e na Namíbia.

Entrementes, os empreendimentos econômicos já se transformaram no segundo maior cliente dos prestadores de serviços militares e são responsáveis pelo engajamento dos "novos mercenários" em tarefas realizadas mesmo nas partes mais distantes do planeta. Na escolha dos métodos e dos meios mais apropriados para a realização de seus interesses econômicos e de segurança, a economia privada deu, inicialmente em larga escala, carta branca às empresas militares privadas. Todavia, o emprego da violência e o desrespeito aos princípios humanitários foram tão numerosos e, em parte, tão estrondosos que provocaram protestos dos meios de comunicação. Os relatos de organizações ligadas aos direitos humanos, como a Human Rights Watch ou a Anistia Internacional, de sindicatos, da OIT (Organização Internacional do Trabalho), das Nações Unidas ou da International Labor Rights Fund, sobre as práticas ilegais das empresas militares privadas que agiam por encomenda ou com a conivência das empresas logo encheram prateleiras. Nesses relatos foram listados inúmeros casos de assassinatos e intimidações, violações e raptos, privação de liberdade e terror psicológico. A crítica incessante a esse tipo de colaboração entre empreendimentos econômicos e empresas militares privadas conduziu, por fim, à reunião de algumas companhias transnacionais do mundo todo em julho de 2000 sob o guarda-chuva das Nações Unidas no Global Compact, a fim de estabelecer regras gerais de comportamento.

Até o momento, ainda não se pôde constatar se essa declaração de intenções feita por alguns dos *global players* melhorou o comportamento da economia. A falta de tal constatação talvez se deva ao fato de o problema da relação entre empreendimentos econômicos e empresas militares não ter sido tratado concretamente pelo Global Compact. Sem prever medidas de sanção para determinados casos, as declarações de auto-restrição via de regra não geram conseqüências. Soma-se a isso o fato de as companhias transnacionais — diferentemente das organizações não-governamentais — não terem nenhum receio de que os limites entre o agir econômico, político, humanitário e militar sejam eliminados com a colaboração das empresas militares privadas. Reflexões desse tipo não foram, ao menos até o momento, expostas em público por seus representantes. Organizações não-governamentais que investigam se as companhias transnacionais e outros empreendimentos econômicos mantêm as normas estabelecidas pelas Nações Unidas em 2003 para os direitos do homem e do trabalho[16] chegaram a resultados negativos, em parte desoladores.[17] Por isso, a organização não-governamental Earthrights exige: "O que precisamos não são asseguramentos verbais por parte da economia privada. Em vez de autocomprometimentos, precisamos de leis para que as empresas tornem públicas e transparentes as suas ações no âmbito dos direitos humanos, das condições de trabalho e da proteção ao meio ambiente."[18]

No que diz respeito aos índices das bolsas e aos proprietários das carteiras de investimento, contudo, em certas circunstâncias pode ser contraproducente para as empresas transformar em objeto de debates públicos os pontos de vista

---

16. Cf. documento das Nações Unidas "Norms on the Responsabilities of Transnational Corporations and other Business Enterprises with Regard to Human Rights", aprovado em 13 de agosto de 2003 (UN Doc. E/CN. 4/Sub.2/2003).

17. Cf. quanto a este ponto os inúmeros relatos do "Centre Europe – Tiers Monde" (www.cetim.ch), "Global Labour Inspector Network – GLIN" na Dinamarca (www.labour-inspection.org), "The National Labor Committee" nos Estados Unidos da América (www.nlcnet.org), "European Initiative on Monitoring and Verification" de cinco países europeus — Inglaterra, França, Holanda, Suécia e Suíça (www.somo.nl) ou "Asia Monitor Resource Center – Asia Labour Home" em Hongkong (www.amrc.org.hk).

18. Cf. www.earthrights.org/news/codeconduct.

sobre segurança e risco das atividades empreendedoras, visto que até o momento a economia privada não tornou público, de maneira mais ampla, o "imposto de segurança" por ela mesma elevado, que se movimentou até 2001 entre 2% e 8%. Os gastos que as empresas apresentam como despesas com segurança em seus orçamentos correntes chegam a essa percentagem. De 2001 até agora, os novos custos com segurança, originados em função da "guerra contra o terror", estenderam-se por todos os âmbitos das empresas e o "imposto de segurança" foi sobretaxado, ficando entre 3% e 15%.[19] Consumidores podem constatar, por exemplo, em viagens aéreas, que às vezes pagam mais por taxas e impostos aeroportuários do que pelo preço do transporte propriamente dito. Sobretudo o setor econômico primário, ou seja, a indústria agrária e de matéria-prima, apresenta despesas desproporcionalmente elevadas com segurança, sendo que o montante sempre varia de acordo com o risco na região. Nesse caso, chama a atenção o fato de as regiões com os mais elevados índices de risco também serem, segundo estatísticas, as regiões nas quais são obtidos os maiores lucros.[20] Os custos emergentes com segurança — que ultrapassam em alguns setores até mesmo os custos com pessoal — não são, contudo, sustentados apenas pelas empresas, mas são em sua maior parte redistribuídos. Companhias que têm atividades no negócio petrolífero, por exemplo, apresentam suas contas repassando parte das despesas aos países que concederam as concessões. Outra parte é cobrada do contribuinte, uma vez que o Estado cofinancia direta e indiretamente, de múltiplas

---

19. Os dados percentuais têm por base cálculos próprios, que foram empreendidos nos últimos seis anos com um programa de computador expressamente desenvolvido chamado EUDOS. Cf. Singer, *Corporate Warriors*, p. 81, e Peter W. Singer: "Peacekeepers Inc." In: *Policy Review*, jun. 2003.
20. Cf. o artigo "Risk Returns: Doing Business in Chaotic and Violent Countries" (*The Economist*, 20 out. 1999) e "Risky Returns" (*The Economist*, 18 maio 2000).

formas, os serviços de segurança para empresas que estão no exterior. Os consumidores arcam com grande parte dos custos, visto que as empresas os repassam para os preços da gasolina e do óleo diesel. O resto é assumido pelas próprias empresas e deduzido de seus impostos.

Um problema específico na colaboração entre os empreendimentos econômicos e as empresas militares privadas é representado pelas chamadas "zonas de processamento de exportação" ou ZPE ou pelas "indústrias maquiladoras". Essas zonas, que vêm se estendendo rapidamente sobre o globo, mostram-se como regiões industriais que chegam quase a se situar em âmbitos de segurança extraterritoriais. No quadro de uma rede de produção global descentralizada, os pólos de produção estabelecidos terminam o processamento de mercadorias semiprontas, que são importadas sem impostos e exportadas como produtos prontos para todo o mundo. Em 2005 havia mais de 3 mil zonas de processamento de exportação, espalhadas por 116 países, nas quais trabalhavam por volta de 50 milhões de pessoas. Um terço desses trabalhadores estava em países latino-americanos. Nessas zonas econômicas especiais, não são apenas empresas de médio porte que produzem, mas quase todas as companhias mundiais, como a Nike ou a Phillips, além de companhias alemãs como a BMW ou a Mercedes, a Karstadt ou a Tchibo.[21]

Os países em que se situam essas ZPE oferecem às empresas que produzem um mercado de trabalho totalmente desregulamentado, infra-estrutura gratuita e uma enorme isenção de impostos. No interior das "regiões industriais" delimitadas de maneira local, os respectivos países transferiram todas as

---

21. No que diz respeito a este tema, ver: "Maquiladoras at a Glance" (*CorpWatch*, jun. 1999), diversos artigos do Comitê Solidariedade-Maquiladora (www.maquilasolidarity.org) e do US Solidarity Center (www.solidaritycenter.org), uma organização próxima à união sindical americana AFL-CIO.

competências soberanas para a economia privada; somente a segurança externa é assegurada pelo Estado. Os órgãos de segurança estatais são reduzidos ao papel de uma empresa de vigilância. O que acontece internamente é controlado e ditado de maneira quase exclusiva pelas empresas que lá produzem — muitas vezes em colaboração com as empresas militares privadas. Sob as condições desse "domínio arbitrário", todos os direitos de proteção à propriedade intelectual, tal como normalmente previstos pelo direito do trabalho, penal e direito constitucional, caem por terra para os que são empregados numa relação de dependência. As reclamações mais comuns referem-se a contratos de trabalho não cumpridos, salários não pagos, condições e locais de trabalho perigosos e nocivos à saúde, demissões injustificadas e assédio sexual às mulheres. Os salários extremamente baixos (na maioria dos casos abaixo de 50 centavos de dólar por hora) representam, por vezes, a única fonte de renda para a população, que vive fora da "zona de soberania da economia privada". Não obstante, há cada vez mais conflitos com os empregadores e suas empresas militares privadas. "Não gostamos de sindicatos e não os queremos conosco." Tal declaração, do diretor geral da empresa de roupas Vogue, pode ser considerada como o princípio das empresas nas zonas de produção para exportação.[22] Assim, por exemplo, a empresa Black & Decker proibiu seus funcionários de se organizarem em sindicatos. Trabalhadores de cinco países apresentaram queixa contra o gigante do comércio varejista Wal-Mart na Corte Suprema da Califórnia por causa do não-pagamento de salário mínimo e pelo desrespeito aos horários de trabalho (sete dias ou 90 horas por semana e 365 dias de trabalho por ano).[23] De modo semelhante, os livros infantis da Disney são

---

22. Cf. entrevista com Dennis Coutu (*Vogue*). In: *Toronto Star*, 12 mar. 2000.
23. *Comite Fronterizo de Obreras*, 19 set. 2005 (www.cfomaquiladoras.org); *International Labor Rights Fund*, 13 set. 2005 (www.labor-rights.org).

produzidos por jovens trabalhadoras chinesas por um salário semanal de 25 dólares, em ambientes nocivos à saúde, com até 14 horas de trabalho por dia, sete dias por semana. "Sangue, suor e lágrimas" marcam, de acordo com relatos de diversas organizações não-governamentais, as mais inimagináveis condições de trabalho e de vida.[24] Nas "indústrias maquiladoras", fica particularmente claro por que a economia privada requisita os serviços das empresas militares privadas. Com o seu apoio, elas podem perseguir suas metas econômicas e, em caso de necessidade, impor-se ante a resistência dos empregados; e isso sem precisar assumir compromissos com seu pessoal.

Estados "frágeis" com lacunas de segurança

Estados "frágeis" e "decadentes" normalmente contratam empresas militares privadas, a fim de compensar suas falhas e preencher as lacunas de seus aparatos de segurança. No que concerne à indústria de exportação e ao capital estrangeiro investido nesses estados, não é raro que eles sejam impelidos a isso pelos países ricos. Nesses países, que em sua maioria se encontram no Terceiro Mundo, a fragilidade e a falta de estruturas apropriadas remontam, em larga escala, à herança colonial e à herança da guerra fria. A falta de procedimentos relativos ao estado de direito, de transparência e de obrigação de prestar contas ante a opinião pública contribuiu para o surgimento da corrupção, para o prejuízo das camadas mais fracas, para o nepotismo, para a insegurança jurídica, etc. e fez com que os potenciais de conflitos subissem continuamente. Em "situações de emergência", ou seja, quando os conflitos ameaçam se transformar em confrontos armados, toda a fragilidade da segurança se torna clara. Nesse momento, pede-se a rápida

---

24. Cf. as campanhas no endereço www.laborrights.org.

ajuda dos "Estados fortes", e empresas militares privadas são chamadas para eliminar o problema. Na verdade, com o apoio dessas empresas golpes de Estado são por vezes impedidos, regimes corruptos são mantidos no poder, derramamentos de sangue em maior escala são evitados. No entanto, os conflitos permanecem e continuam crescendo sob a superfície, antes de irromperem mais uma vez.

O continente africano é repleto de exemplos desse tipo. Dos inúmeros confrontos armados e das muitas empresas militares privadas envolvidas nesses conflitos, mencionamos apenas alguns, quem e quais empresas foram contratadas diretamente pelo governo para formar suas próprias tropas ou para apoiá-las militarmente: em Ruanda trabalhou a Ronco; em Uganda, a Defense Systems Ltd. (DSL) e a Saracen; na República Democrática do Congo, a Iris e a Safanet; na Libéria, a MPRI; em Angola, a Omega, a Stabilco e a MPRI; em Serra Leoa, a Executive Outcomes, a Sandline, a PA&E e a ICI; em Moçambique, a Ronco; e no Botswana, no Lesoto, na Etiópia, na Zâmbia e na Namíbia, foi a Executive Outcomes que desenvolveu, mais uma vez, suas atividades. No entanto, em nenhum caso se conseguiu, através de meios militares, alcançar uma solução duradoura de paz para os conflitos. Ao contrário, quando os "Estados frágeis", por falta de forças e estruturas próprias de segurança, colocam em ação empresas militares privadas com o intuito de perseguir seus interesses próprios — que com freqüência não podem ser dissociados dos interesses da indústria ligada à matéria-prima nos países ricos —, eles se tornam ainda mais fracos. E, na verdade, de três maneiras: primeiramente, desperta-se uma impressão de segurança que na verdade não existe, a não ser por um curto período. Em segundo lugar, trata-se de uma segurança militar que está distribuída de maneira desigual pela sociedade e que protege, na melhor das hipóteses, instituições estatais — inclusive camadas de liderança política. "No continente africano (ao sul do Saara), a segurança voltada para o cidadão é uma grandeza amplamente desconhecida."[25] Em terceiro lugar, os órgãos de segurança estatais são espoliados, subtraídos de sua legitimação, e sua função é transferida para instituições estrangeiras ("neocolonialismo importado"). Daí sai o campo de toda solução futura de conflitos internos, porque falta a autoridade estatal genericamente reconhecida que possa vir à tona como mediadora entre os partidos. Em todos os casos, mesmo nas melhores situações, quem mais sofre com os confrontos armados é a população civil. E quase sempre se deixa de considerar aspectos humanitários na solução dos conflitos, desrespeitando-se os direitos humanos. A ação das empresas militares privadas não serve aos interesses dos Estados "mais fracos" ou "decadentes", mas apenas a interesses particulares no interior desses países — quer se trate aí de elites políticas ou de grupos de pressão econômicos, que tiram vantagens da economia de guerra.

Grupos rebeldes e movimentos de libertação

Os interesses de agentes não estatais ligados ao uso da força — tais como grupos rebeldes, senhores de guerra, movimentos de libertação, etc. — estão voltados para o abastecimento de armas, o treinamento militar contínuo, o aconselhamento tático e o apoio de uma moderna tecnologia de guerra, especialmente no âmbito informacional. Por causa da "boa fama", muitas vezes são apenas as empresas militares menores que estão dispostas a aceitar oficialmente missões dadas por tais grupos. Todavia, se interesses mais poderosos estão em jogo, empresas grandes e renomadas entram no negócio. Nesse caso, pode-se chegar até mesmo à situação de todos os partidos envolvidos na luta

---

25. Doug Brooks, "Private Military Service Providers. Africas Welcome Pariahs" In: *Noveaux Mondes*, 10/2002, p. 71.

se valerem do auxílio dos prestadores de serviço militar. Assim, na República Democrática do Congo, soldados privados procuraram apoiar o governo de Mobuto com o respaldo da França, enquanto empresas militares privadas e rebeldes, com o apoio dos Estados Unidos, tentavam provocar uma revolução, o que, por fim, acabaram conseguindo.[26] Foi o começo de uma das lutas mais sangrentas daquele continente, um conflito designado por alguns comentadores como a primeira guerra mundial da África.

Nos relatórios anuais de Enrique Ballesteros, especialista a serviço da Comissão de Direitos Humanos das Nações Unidas para o combate aos mercenários, acentua-se reiteradamente que, no mercado mundial desregulado e aberto, as empresas militares privadas desempenham um papel cada vez maior na mediação de compras de armas e nas prestações de serviços de guerra.[27] Nessas atividades, na maioria das vezes, elas mesmas não aparecem, mas entregam as missões a subempresas que, com freqüência, pertencem a elas mesmas. Em "missões particularmente árduas", essas atividades, por sua vez, são distribuídas pelas subempresas entre empresas menores, de modo que não se consegue definir, por fim, quem é realmente o responsável pelo fornecimento das armas às tropas da guerrilha ou à rede terrorista. Por isso, raramente se torna público qual missão foi confiada, a qual empresa militar, de qual grupo rebelde ou de qual senhor de guerra. Desse modo, foram uma exceção as descobertas de que na guerra civil angolana os rebeldes da UNITA receberam apoio da Executive Outcomes; de que os rebeldes no Congo, em torno de seu chefe Kabila, trabalharam com a consultoria e tiveram o suprimento de armas fornecido pela Omega; e de

---

26. Cf. quanto ao complexo conjunto Zaire/República Democrática do Congo, as exposições de Gabriella Pagliani ("Il mestiere della guerra", pp. 121-150) e de Karen Pech ("The Hand of War: Mercenaries in the Former Zaire 1996-97" In: Musah/Fayemi: *Mercenaries*, pp. 117-154).

27. Cf. Relatório das Nações Unidas UN Doc. /CN. 4/ 1999-2003.

que os insurgentes da Frente Revolucionária Unida (FRU), em Serra Leoa, receberam armas de empresas israelenses.

Organizações internacionais no dilema da segurança

As necessidades e os interesses no quinto grupo — organizações internacionais, regionais e humanitárias — são muito diversos. Até aqui, foi somente em casos excepcionais que as Nações Unidas incumbiram missões ao ramo da prestação de serviços militares privados. Há naturalmente algo em comum com a reputação e a credibilidade dessa instituição, que muitos gostariam de ver como um governo mundial: que ela se retraia de forma extrema no emprego de empresas militares privadas. Depois de décadas de lutas, a ONU conseguiu votar, em 1979, uma convenção contra "a propaganda, a entrada em ação, o financiamento e a formação de mercenários", outorgando-a em 2001. Designou-se até mesmo um "relator especial para o caso de mercenarismo", a fim de observar a manutenção da proibição e o desenvolvimento no continente. Incumbir empresas militares privadas de tarefas da ONU teria significado legitimar o moderno mercenarismo pela porta de trás: uma evidente contradição.

Não obstante, quando as Nações Unidas aparecem sozinhas como o único cliente (a exemplo das missões de paz no Timor Leste ou na Somália), há muitas razões para tanto. A crítica às missões de paz feitas pelo lado político e pelo setor público tem se tornado cada vez mais ruidosa, sobretudo desde que a IPOA, como uma organização lobista poderosa das empresas militares privadas, entrou agressivamente na discussão. Ela acusa a ONU, entre outras coisas, de ser incapaz de executar missões de paz e de desperdiçar verbas.[28] "Com 750 milhões de dólares,

---

28. Cf. Stephen Fidler/Thomas Catan, "Private Military Companies Porsue the Peace Dividend" In: *Financial Times*, 24 jun. 2003.

em contrapartida, as empresas militares privadas põem fim em todos os conflitos na África", declarou no início de 2003 o presidente da IPOA, Doug Brooks.[29] Além disso, as contribuições dos países-membros da ONU têm experimentado um fluxo cada vez mais escasso, de modo que as Nações Unidas quase não estão mais em condições de cumprir suas tarefas. Nesta situação, as ofertas das empresas militares privadas encontram os ouvidos abertos para as propostas de execução das missões de paz com até um décimo dos custos empregados até o momento. Isso acontece particularmente quando a imprensa internacional lista, ao mesmo tempo, o número de casos em que a ONU fracassou com suas missões nos últimos anos e quantas vidas poderiam ter sido poupadas se as "tropas de paz" não fossem tão ineficientes. Em uma consideração crítica, poderiam ainda se acrescentar à lista de falhas inúmeros outros pontos. No entanto, o que faltou até aqui foi uma análise dos erros que denominasse como e por que se chegou a essa situação. Para poder introduzir uma virada positiva, não é suficiente apresentar uma solução *ad-hoc* com as empresas militares privadas — mesmo que uma intervenção militar seja, à primeira vista e em muitos casos, urgente e possa parecer lógica —, pois os acontecimentos na Somália, no Afeganistão e recentemente no Iraque mostraram que a ação das empresas militares privadas não significa de maneira alguma uma garantia de sucesso. A ONU encontra-se, portanto, diante de um dilema: por um lado, cresce a necessidade de ações dos capacetes azuis (no Sudão, no Haiti, no Burandi, na Birmânia e em outros lugares); por outro lado, nenhum dos "Estados fortes" está disposto a colocar pessoal qualificado e a assumir o financiamento. Nessa situação, a ONU se restringe a deixar que suas suborganizações, como o Unicef, a UNDP, o World Food Program ou o Alto Comissariado para os Refugiados em

---

29. Citação de acordo com Joshua Kurlantzick, "Outsourcing the Dirty Work" In: *American Prospect*, 5 jan. 2003.

regiões intensamente de risco, sejam aconselhadas e protegidas por empresas militares privadas, como, por exemplo, a britânica Defense Systems Ltd. (DSL), uma das "principais mandatárias das organizações humanitárias ligadas às Nações Unidas, para proteger o pessoal e as instalações dessas organizações".[30]

As organizações e as associações transnacionais como a OUA e a OTAN encontram-se em uma situação totalmente diversa. Em geral, elas não possuem dificuldades financeiras ou de legitimação para conceder diretamente, ou por meio de seus países-membros, missões às empresas militares privadas — a OUA, por exemplo, no oeste e no sul da África, a OTAN por meio dos Estados Unidos e da Grã-Bretanha nos Bálcãs e no Afeganistão. Eles não vêem razão alguma para não inserir os soldados privados em suas estratégias, ao menos como tropas auxiliares, apesar de a transferência de competências estatais de segurança para agentes privados do uso da força não apenas legitimar tais agentes, mas, com o reconhecimento do exercício privado da violência, também ferir as bases do monopólio estatal do uso da força.

Em contrapartida, a maioria das organizações não-governamentais só contrata empresas militares privadas de forma muito contrafeita, isso quando não recusa estritamente sua "proteção". As razões para tanto são de natureza extremamente multifacetada. O Comitê Internacional da Cruz Vermelha (CICV), por exemplo, tem reservas porque, com isso, os limites entre ação humanitária, ação política e ação militar são apagados.[31] Em alguns casos, contudo, as organizações não-governamentais são obrigadas a requisitar os serviços das empresas privadas, pois, caso contrário — como no Iraque —, não conseguiriam a permissão

---

30. Damian Lilly, "The Privatization of Peacekeeping. Prospects and Realities" In: *United Nations Institute for Disarmament Research: Disarmament Forum*, mar. 2000.
31. Foi isso que disse Claude Voillat, do CICV, em entrevista à *Deutsche Welle* de abr. 2003.

de operar nas regiões de conflito. Em outros casos, elas aceitam o ônus de contratar prestadores de serviços militares para poder dar prosseguimento aos seus trabalhos e sem ter que deixar o país. Apesar de sua postura crítica, depois que em algumas regiões de confrontos armados o número de mortes de ajudantes humanitários foi maior do que o de soldados, cada vez mais os "novos mercenários" têm sido postos em ação pelas organizações de ajuda humanitária.[32] Por isso, na Somália, a Cruz Vermelha já trabalhou sob a proteção armada de uma empresa militar privada, do mesmo modo que no Congo, no Afeganistão e no Iraque; a Medico International contratou vigilância para os seus edifícios em Angola; a DSL, empresa que nasceu da ArmorGroup, acompanhou, armada, inúmeras organizações humanitárias em muitos países em guerra. Renomados institutos de pesquisa e de orientação política, como o Centre for International Studies, em Toronto, ou o londrino Overseas Development Institute, passaram a recomendar às organizações não-governamentais que levassem em consideração "a privatização da segurança para fins humanitários".[33] A IPOA, que acolheu agradecidamente tal recomendação, tem feito propaganda por todo o mundo em favor da ação de empresas militares privadas. Em uma entrevista, seu presidente, Doug Brooks, expressou-se da seguinte maneira:

> "Centenas de milhares de civis morrem todos os anos em guerras que poderiam ser interrompidas se tropas de paz confiáveis do Ocidente fossem colocadas em ação. As empresas privadas estão prontas para fazer frente a essa necessidade e, de fato, de maneira

---

[32] Assim, nos anos 1990, morreram em todo o mundo mais ajudantes da Cruz Vermelha do que soldados americanos em suas ações; cf. Singer, "Peacekeepers Inc."

[33] Koenraad van Brabant, "Operational Security Management in Violent Environments" In: *Good Practice Review*, Londres, 8/2000; cf. Dieter Reinhardt, "Privatisierung der Sicherheit" [Privatização da segurança] In: *Entwicklungspolitik* 16-17/2003.

mais transparente, mais responsável e mais profissional do que as tropas das Nações Unidas. Quem denomina de 'mercenários' as empresas privadas e seus trabalhadores, pessoas que arriscam suas vidas para pôr um fim em tais guerras e para proteger civis, está mal informado e não tem sentimentos."[34]

Como já se abriram as primeiras brechas na postura negativa das organizações internacionais e humanitárias, e as vozes daqueles que fazem advertências têm se tornado mais raras, espera-se que o ramo da prestação de serviços militares receba cada vez mais missões vindas desse âmbito.

Indivíduos civis em busca de segurança

Associações privadas e indivíduos civis constituem, em termos de volume, a menor clientela das empresas militares privadas, apesar da grande expansão deste mercado. Os conflitos sociais não resolvidos tanto nos países pobres quanto em muitos países ricos levam a um crescente esfacelamento da sociedade, que também se torna notório em termos territoriais. Muitas razões, e não apenas gargalos financeiros, levam a uma distribuição desigual das realizações estatais de segurança. A conseqüência disso é a variação da qualidade de segurança de área para área, freqüentemente mais reforçada em zonas industriais do que no campo, o que reflete a desigual distribuição de riqueza da sociedade. Nesse caso, os âmbitos da economia privada (estruturas de produção, fábricas) e os espaços semipúblicos, como aeroportos, estações de trem ou *shopping centers*, que são gerenciados por empresas de parceria público-privada, registram o maior padrão de segurança.[35]

---

34. Entrevista conduzida por Steffen Leidel na *Deutsche Welle*, 6 jun. 2003.
35. Cf. Volker Eick, "Policing for Profit" In: Dario Azzelini/Boris Kanzleiter (Org.): *Das Unternehmen Krieg. Paramilitärs, Warlords und Privatarmeen als*

Nos países ocidentais, um clima de ameaça difusa cresceu, sobretudo depois dos ataques de 11 de Setembro de 2001, o que levou grupos sociais e indivíduos civis abastados a uma necessidade ainda maior de segurança e a uma demanda crescente por proteção profissional. Análises específicas de risco mostram-se agora como um componente fixo nos serviços requisitados às empresas militares privadas, tais como a ArmorGroup, a Rubicon ou a Steele Foundation, a fim de que elas acompanhem pessoas em regiões abaladas por crises ou protejam filhos de diplomatas de seqüestros. E cada vez mais indivíduos civis solicitam sua ajuda: quando a solicitação é apresentada, grupos de especialistas analisam a segurança no âmbito da moradia e no local de trabalho do cliente, fazem uma radiografia de todos os movimentos cotidianos (correio, visitantes, controle de acesso ao apartamento, veículos) em relação a riscos, desenvolvendo, a partir daí, planos para crises e emergências. Em seu *site*, a empresa militar privada Paladin Risk dá um exemplo de seu modo de ação:

> Um gerente de uma empresa do oeste da Europa construiu relações de negócio no leste europeu. Uma máfia local passou a exigir dinheiro para protegê-lo. As autoridades foram acionadas. O gerente e sua família foram, em seguida, maciçamente ameaçados. A polícia "não pôde" intervir porque ainda não tinha acontecido nada... O usual. O gerente, porém, não tinha nenhuma escolha e precisava continuar conduzindo seus negócios. Ele e sua família foram protegidos pela empresa Paladin e "trasladados": mudaram-se de qualquer modo. A Paladin, contudo, coordenou as coisas de tal forma que ninguém conseguiu descobrir para onde eles foram transferidos. Criou-se para a família um ambiente protegido, muito seguro, no qual ela pode viver hoje tranqüilamente. As chantagens contra a pessoa em questão cessaram.

Akteure der neuen Kriegsordnung [O empreendimento guerra. Paramilitares, Senhores de guerra e exércitos privados como agentes da nova ordem bélica] Berlim, 2003, pp. 201-215.

MERCADOS GLOBAIS DA VIOLÊNCIA —
EMPRESAS MILITARES EM AÇÃO: QUATRO
ESTUDOS DE CASO

> *Travel the world, enjoy the adventure,*
> *meet interesting people, and kill them.*
> Soldiers of Fortune[1]

No palco internacional, os conflitos armados se transformaram. Primeiramente, não são mais os Estados que fazem guerra uns contra os outros: os confrontos violentos transferiram-se para um plano mais baixo. Eles são denominados pelos especialistas de "novas guerras" ou "*low-intensity-conflicts*".[2] Mesmo as guerras conduzidas por Estados "fortes" (como no Afeganistão e no Iraque) têm mais um caráter de ação policial ou punitiva do que de uma "guerra clássica". Por um lado, conflitos atuais são cada vez mais desnacionalizados, e, por outro, mais e mais internacionalizados. Na esteira dessa transformação, formou-se

---

1. Em inglês no original: "Viaje o mundo, aventure-se, conheça pessoas interessantes e mate-as." [N.T.]

2. Entre eles estão sociólogos e cientistas políticos como Mary Kaldor, Peter Lock e Herfried Münkler ou os militares profissionais chineses Qiao Liang e Wang Xiangsui. "Novas guerras", que ganharam contornos cada vez mais claros depois do fim do conflito Leste-Oeste, são — segundo Herfried Münkler, que difundiu este conceito na Alemanha — caracterizadas pelo fato de a histórica função de regulamentação dos Estados, que não são mais os únicos donos do monopólio da guerra, ter sido gradualmente esvaziada. Além disso, o estabelecimento de limites distintos entre civis e combatentes, entre uma vida economicamente ativa e o emprego aberto da força, foi aos poucos rompido e soterrado.

um mercado para o uso da força militar que assumiu dimensões mundiais; o emprego de violência armada tornou-se um negócio global. Progressivamente, agentes transnacionais da violência, redes terroristas, por exemplo, determinam, com agentes privados, tais como senhores de guerra e comerciantes de armas, a extensão de confrontos armados locais, nacionais ou internacionais. Nesse cenário, as empresas militares privadas também desempenham um papel crescente. Com base nas atividades de quatro dessas empresas, procuraremos mostrar alguns aspectos que evidenciam isso.

A Military Professional Resources Inc. (MPRI)

A MPRI — nascida da Lockheed Martin, a maior companhia de armamentos do mundo, que mantém as melhores relações com o Pentágono — recebeu do governo norte-americano sua primeira missão interna em 1996: tratava-se de um projeto piloto que previa a formação de oficiais da reserva em quinze academias militares. Depois de um período de testes coroado de êxito, a empresa logo assumiu a formação em duzentas academias. Hoje, o programa ROTC (Reserve Officer Training Corps) está completamente nas mãos das empresas privadas. Ao lado dos oficiais da reserva, a MPRI forma a Civil Air Patrol (o braço civil da força aérea norte-americana), mantém cursos para pessoas com formação adiantada em Fort Sill, Fort Knox e Fort Lee e coordena a Escola de Administração do exército norte-americano em Fort Leavenworth. Na verdade, com a permissão do exército, seus funcionários se apresentam de uniforme diante dos cadetes, mas a próxima geração de oficiais norte-americanos adquirirá conhecimentos e capacidades exclusivamente de professores oriundos das empresas militares privadas.

Depois que o Pentágono implementou, no final dos anos 1990, a substituição de oficiais profissionais no exterior por instrutores e conselheiros privados, a MPRI recebeu suas primeiras missões fora dos limites do país. Em Taiwan e na Suécia, a empresa ministrou cursos sobre teorias ligadas às técnicas de guerra que poderiam ser deduzidas da primeira guerra do Golfo. Na Nigéria, ela assumiu o processo de formação de tropas que deveriam ser colocadas em ação nas missões de paz. Além da MPRI, mais de uma dúzia de empresas militares privadas — tais como Vinnell, Trojan Securities, Pistris, DynCorp, SOC-SMG, Olive Security, Meyer & Associates — pipocaram em todo o mundo, a fim de elevar exércitos de outros países ao estágio mais moderno dos americanos na condução da guerra.

A oferta de formação e aconselhamento por parte das empresas militares privadas não se resume apenas aos exercícios de caserna e às exposições teórico-organizatórias. Entre outras coisas, elas mostram a militares aliados como lidar com foguetes terra-ar ou com armas antitanque, treinam com eles técnicas de combate próximo e a condução de guerra psicológica, reorganizam e modelam as forças armadas, ensinam-lhes a desenvolver novas estratégias e deixam que eles pratiquem técnicas atuais de guerra em simuladores situados em centros computacionais. Além disso, elas os familiarizam com as mais novas armas norte-americanas, o que, na maioria das vezes, leva em seguida a encomendas à indústria de armamentos dos EUA. Isso não foi um aspecto sem relevância no momento em que o complexo militar industrial procurou impelir a privatização. Alguns especialistas, como Elke Krahmann, chegam inclusive a acreditar que a possibilidade de a indústria de armamentos realizar um *marketing* para os seus produtos por intermédio das empresas militares privadas foi a razão mais importante para a terceirização.[3]

---

3. Elke Krahmann, *The Privatization of Security Governance: Developments, Problems, Solutions*. Colônia, 2003 (Atas de trabalho da Política Internacional e Política Externa, AIPA 1/2003).

Embora tenha oferecido ao ramo de prestação de serviços militares um programa de ocupação quase plena com o surgimento da "guerra contra o terror", o ramo se encaminhou para novos campos de atuação. As próprias empresas saíram à procura de outros setores de risco para os interesses americanos. Com a ajuda de grupos de lobistas que podiam se apoiar ora nas companhias de petróleo ora em outras indústrias de matéria-prima, ou ainda em governos estrangeiros ou em movimentos rebeldes bem-intencionados no Ocidente, elas começaram a exercer pressão sobre o seu governo para que fossem implementados programas de formação e de aconselhamento militar nos países por elas indicados. Na maioria dos casos — como no Plano Colômbia ou nos programas de ajuda militar ACRI ou ACOTA —, elas foram bem-sucedidas. A administração norte-americana acolheu esses "estímulos" e cuidou da segurança financeira indispensável para a sua realização por meio de programas especiais e de outros títulos orçamentários.

Além disso, a MPRI é um exemplo do fato de "instrutores e conselheiros militares" definirem "hoje o evento de guerra na mesma medida — ou em grau mais elevado — que as próprias tropas combatentes".[4] Antes de o Pentágono incumbir a empresa com a formação de oficiais americanos da reserva, a MPRI já tinha conquistado "fama" mundial na guerra dos Bálcãs. A declaração de independência das repúblicas que formavam a Iugoslávia, ou seja, a Eslovênia, a Croácia e a Bósnia, tinha levado à irrupção de confrontos armados com o governo central em Belgrado. Sobretudo por causa das contínuas atrocidades que foram cometidas por todos os lados, a ONU editou, em 1991, uma proibição referente a outras ações de guerra, assim como um embargo à antiga região iugoslava. Esse embargo não proibia

---

4. Juan C. Zarate, "The Emergence of a New Dog of War: Private International Security Companies, International Law and The New World Order" In: *Stanford Journal of International Law*, 34/1998, pp. 75-156.

apenas o fornecimento de armas às facções envolvidas na guerra, mas também a formação e o aconselhamento militares. A Croácia e a Bósnia voltaram-se para o Ocidente a fim de solicitar ajuda, sobretudo dos Estados Unidos. Apesar de os dois países terem sido transformados em "parceiros da paz" pelos países-membros da OTAN, não foi possível uma intervenção direta ou oficial a seu favor sem ferir a resolução das Nações Unidas. Em meados de 1994, depois de longas negociações, o secretário de Estado norte-americano deu sinal verde ao governo croata para fechar um contrato com empresas militares privadas. A escolha recaiu sobre a MPRI, e o volume da missão foi da ordem de 75 milhões de dólares. Em poucos meses, a empresa militar privada formou uma tropa dotada de grande força combatente com membros da criminalidade organizada croata, grupos paramilitares, milícias irregulares, policiais e alguns soldados (que, como exército croata, tinha sofrido antes uma derrota aniquiladora diante das forças armadas sérvias). Um grupo de liderança militar foi organizado e familiarizado com as mais novas formas e métodos de condução de guerra no Ocidente. Na ilha adriática de Brioni, em dez encontros entre os diretores da MPRI e os líderes do exército croata, novamente se discutiu em detalhe a ofensiva planejada contra as tropas sérvias na Krajina. Cinco dias depois do último encontro, começou, em 3 de agosto — enquanto uma delegação do governo croata negociava em Genebra com os sérvios da Krajina —, a "Operação Tempestade". Em ações-relâmpago, os sistemas de controle do lado sérvio foram eliminados, suas centrais de comando foram colocadas fora de combate e, com unidades de tropas colocadas maciçamente em ação, a "República Sérvia da Krajina" foi em poucos dias dominada. No momento em que aconteciam os combates, no dia 4 de agosto de 1995, o secretário de Defesa dos Estados Unidos, Perry, expressou compreensão pelo procedimento croata, e o ministro das Relações Exteriores da Alemanha, Kinkel, apontou para o fato de a Krajina pertencer à Croácia. As conseqüências da "vitória-relâmpago" foram devastadoras: pela primeira vez foram empreendidas "limpezas étnicas" em larga escala, vilarejos inteiros foram bombardeados e queimados, centenas de civis foram brutalmente assassinados e mais de 100 mil pessoas tiveram de fugir.

Na verdade, a MPRI contesta ter se envolvido pessoalmente na "Operação Tempestade", mas todos os especialistas militares estão de acordo quanto ao fato de que sem a ação conjunta e o apoio das empresas militares privadas tal operação, "como que saída do manual da OTAN", não poderia ter sido realizada.[5] Apenas três meses mais tarde, o resto da Iugoslávia aceitou o fato consumado e assinou com a Croácia e com a Bósnia o acordo de paz de Dayton. Até o último minuto, o presidente bósnio condicionou sua assinatura à garantia de que a MPRI receberia a missão de formar o exército de seu país. A empresa, que já tinha experimentado o sucesso na Croácia, recebeu um suplemento da ordem de 400 milhões de dólares. A soma para o "país irmão muçulmano nos Bálcãs" foi levantada, com intermediação dos Estados Unidos, pela Arábia Saudita, Kuwait, Brunei, Emirados Árabes Unidos e Malásia e entregue ao Departamento de Estado dos Estados Unidos para que ficasse, a qualquer momento, à disposição das empresas militares.[6] O engajamento lucrativo da MPRI nos Bálcãs prosseguiu na Macedônia, mas sofreu um retrocesso em 1999, quando se tornou público que ela apoiava os insurrectos do ELK (Exército de Libertação do Kosovo). A empresa continua realizando até hoje suas atividades de formação e aconselhamento na Croácia e na Bósnia.

Em seguida, a MPRI transferiu o foco de suas atividades para a África. Em muitos países, sobretudo naqueles ricos em matéria-prima e em petróleo, com os quais os Estados Unidos,

---

5. Cf. Singer, *Corporate Warriors*, p. 125 e segs.

6. Cf. ibidem, p. 128.

quando muito, só travaram um parco contato — como a Guiné Equatorial (o "Kuwait da África") ou Angola —, a empresa se engajou militarmente segundo o modelo testado nos Bálcãs. Ela projetou para tais governos novos planos de defesa, construiu a guarda costeira armada, formou exércitos dotados de um grande poder combativo, assegurou "a vigilância nos palácios" e assumiu a formação e o treinamento das unidades policiais. Em abril de 2000, por exemplo, a empresa começou a "elevar a um padrão profissional" o exército da Nigéria com um contrato da ordem de 7 milhões de dólares.[7] Todo o continente transformou-se num campo de formação; a MPRI desenvolveu, para 120 presidentes africanos, chefes de governo e líderes partidários, conceitos de segurança e executou programas de treinamento. No quadro do programa ACOTA, formou os exércitos do Benin, da Etiópia, de Gana, do Quênia, de Mali, do Malauí e do Senegal. Na África do Sul, trabalha em estreita colaboração com o Ministério da Defesa. A empresa também entrou no Plano Colômbia: foi ela mesma que analisou as estruturas necessárias, assim como os aspectos militares e de segurança do programa. Em Taiwan, ela treinou o exército; na Coréia do Sul, apoiou as tropas norte-americanas lá estacionadas; na Indonésia, treinou a marinha e projetou, com auxílio de programas de simulação no computador, "estratégias de segurança marítima".[8]

Com a guerra dos Estados Unidos no Afeganistão e no Iraque, uma grande parte de seu engajamento foi transferida para aquela região. No Afeganistão, a MPRI desenvolveu, entre outras coisas, o plano de segurança nacional e apresentou sugestões sobre qual deveria ser o formato do futuro sistema de defesa. No Kuwait, ela ensinou aos soldados norte-americanos

---

7. Cf. Jason Sherman, "Arms Length" In: *Armed Forces Journal International*, set. 2000; Leslie Wayne, "Americas For-Profit Secret Army" In: *The New York Times*, 13 out. 2002.

8. Cf. o *site* da empresa: www.mpri.com.

como eles poderiam se deslocar em comboios pelas rotas de abastecimento no Iraque da forma mais segura possível, ou como o pessoal poderia se proteger contra emboscadas, minas terrestres, bombas nas ruas, ataques com explosivos ou acidentes de trânsito provocados por insurrectos. O governo provisório das potências da coalizão (CPA) foi apoiado desde o princípio técnica e pessoalmente pela MPRI a pedido do Pentágono. Além disso, ela se engajou na construção do novo exército iraquiano e em sua formação, assim como na organização de novas tropas policiais iraquianas. Os contratos para esses trabalhos foram de muitos bilhões de dólares.

Segundo a opinião de diretores de outras empresas militares privadas — e, ironicamente, observadores críticos oriundos das organizações não-governamentais concordam com esta visão —, a MPRI realizou o melhor trabalho possível com a redação do "Field Manual 100-21". Ela recebeu, do setor de comando responsável pela formação e pela normatização do exército americano (TRADOC), com sede em Fort Monroe, na Virgínia, a missão de estabelecer as diretrizes para os contratos entre o Estado americano e as empresas militares privadas.[9] Daí surgiu um rol de procedimentos para instituições governamentais que versa sobre como se deve agir quanto ao engajamento ou à concessão de contratos às empresas militares privadas "como recurso adicional para o apoio da plena capacidade de ação (das forças armadas americanas) em operações militares". A obra foi respaldada pelo Pentágono e publicada oficialmente pelo governo no dia 3 de janeiro de 2003 — pouco antes de os Estados Unidos entrarem no Iraque com seus aliados. Desde então, os prestadores de serviços militares recebem suas missões e sua remuneração segundo as regras elaboradas pela MPRI.

---

9. Para outras informações, ver o *site* da TRADOC: www.tradoc.army.mil.

A Kellogg, Brown & Root (KBR)

Ao lado do armamento e do pessoal, a logística, o abastecimento e a vigilância representam os maiores setores de despesas para a manutenção das forças armadas. Trata-se de somas bilionárias lançadas correntemente no livro-caixa. A transferência dessa esfera para o ramo militar privado presenteou este último com um ganho de centenas de milhões de dólares.

Uma das empresas líderes de mercado nesta área é a Kellogg, Brown & Root (KBR), nascida da Halliburton, que empregou, segundo suas próprias informações, mais de 60 mil trabalhadores em 43 países em 2005. Nos últimos anos, a empresa recebeu encomendas militares do Pentágono. Por exemplo, no ano fiscal de 2003, a empresa apresentou receitas de 3,9 bilhões de dólares relativas a serviços prestados no Afeganistão e no Iraque. Para 2005, assinou um contrato para abastecimento, equipamento e vigilância da ordem de 13 bilhões. Uma quantia que, em valores correntes, é duas vezes maior do que custou a primeira guerra do Golfo e corresponde ao que os Estados Unidos gastaram em todas as suas guerras desde a sua independência até a Primeira Guerra Mundial. Alia-se a isso o fato de o governo inglês também ter transferido toda a sua logística relacionada ao Iraque para a KBR.

De maneira similar à que se deu com a MPRI, a ascensão da KBR como empresa militar privada especializada em logística também começou com a guerra nos Bálcãs. A KBR recebeu sua primeira missão, que passou de 6,3 milhões de dólares, em 1994. Ela ficou responsável pelo "abastecimento" (sem que este fosse especificado mais detalhadamente) do ponto de apoio aéreo no aeroporto italiano de Aviano, do qual partiam os vôos de vigilância para a Iugoslávia.[10] Um ano mais tarde,

---

10. Cf. o relatório correspondente do Tribunal de Contas norte-americano (United States Government Accounting Office: Contingency Operations. Opportunities to Improve the Logistics/Civil Augmentation Program, fev. 1997).

20 mil soldados norte-americanos foram transferidos para os Bálcãs, no quadro das tropas IFOR, lideradas pela OTAN, para a manutenção da paz. A logística foi assumida pela KBR, que recebeu, para tanto, 546 milhões de dólares, até então a maior quantia na história do ramo. Até 1999 seguiram-se contratos derivados da ordem de milhões de dólares para serviços na Croácia e na Bósnia.

A empresa registrou outro salto de qualidade com a irrupção da guerra do Kosovo, em março de 1999. Nem as organizações de ajuda humanitária, nem a Cruz Vermelha, nem a OTAN estavam preparadas para as enormes correntes de refugiados do Kosovo albanês em direção à Macedônia e à Albânia. O aspecto logístico do problema foi transferido pelos Estados Unidos para a KBR. A empresa militar obteve um contrato de cinco anos com um valor de quase 1 bilhão de dólares (180 milhões por ano) que, depois de apenas um ano, já tinha sido consumido por causa de "acontecimentos imprevistos". As verbas receberam um aporte extra, pois logo ficou claro que toda a guerra do Kosovo, com suas ações humanitárias e com o asseguramento da paz em curso desde junho de 1999 por parte dos Estados Unidos, dependia de uma empresa militar privada: sem a sua ajuda, nenhum ataque a alvos militares e civis podia ser estabelecido pelo ar, nenhuma tropa KFOR podia estacionar na região em crise, nenhum campo de refugiados podia ser construído e abastecido. A KBR forneceu, somente para os soldados norte-americanos, mais de 1 bilhão de refeições quentes, mais de 200 bilhões de litros de água, mais de 1 bilhão de litros de gasolina e se desfez de quase 90 mil metros cúbicos de lixo. Os serviços abarcavam o sistema de construção, transporte e engenharia, a vigilância de edifícios e equipamentos, a construção de estradas, o fornecimento de eletricidade, água, gasolina e alimentos, a limpeza de roupas e a entrega de correspondências. Em quase todos os âmbitos, o exército americano dependia 100% dos serviços da empresa texana.[11] Sem a KBR, os soldados não podiam nem comer nem dormir, não tinham veículos e tampouco gasolina, não possuíam armas ou munição. Por isso, não é nenhum exagero dizer que tanto a missão dos Estados Unidos no Kosovo quanto o seu sucesso dependiam das aptidões e capacidades de uma empresa militar privada. Mas não era apenas o sucesso da missão que dependia da KBR, mas também a distribuição da assistência. A empresa definiu as circunstâncias de vida dos refugiados sempre de acordo com quem lhe pagava: assim, alguns refugiados receberam acampamentos cinco estrelas porque o dinheiro vinha dos xeques do petróleo; outros tiveram de se contentar com barracas precárias porque as verbas humanitárias vinham dos países pobres.[12]

Segundo muitos observadores, a "obra-prima" da KBR no âmbito da missão no Kosovo foi realizada com a construção do Camp Bondsteel. Trata-se menos de um campo militar do que de uma pequena cidade que, cercada pelas montanhas, fica em terras acidentadas, na proximidade do vilarejo de Ferizaj, no sudeste do Kosovo. O terreno possui 360 mil metros quadrados e é preciso percorrer quase onze quilômetros para dar uma volta nessa cidade e ver todas as nove torres de vigilância de madeira. A cidade é dividida em "North Town" e "South Town", porque no meio do acampamento corre o duto de petróleo AMBO (Albanian-Macedonian-Bulgarian-Oil). Esse duto é gerenciado por um consórcio americano que, desde 1994, tem pressionado o governo dos Estados Unidos para a realização do projeto. Em 27 de dezembro de 2004, esse consórcio declarou, em Sófia, que o duto começou a funcionar

---

11. Para mais detalhes ver. Donald T. Wynn, "Managing the Logistic-Support. Contract in the Balkans Theater" In: *Engineer*, jun. 2000, e Karen Gullo, "Peacekeeping Helped Cheney Company" In: *Associated Press*, 28 ago. 2000.

12. Cf. Krahmann, *The Privatization of Security Governance*, p. 10 (lá se encontra também uma bibliografia que permite seguir adiante no assunto).

com êxito. Há 250 habitações revestidas de madeira no estilo do sudeste asiático (com terraço circundante e seis quartos espaçosos com banheiro) na cidade, que é cortada por ruas pavimentadas. Dois excelentes restaurantes com grande variedade de escolha encontram-se à disposição dos soldados alocados na região, além de um Burger King, uma Anthony's Pizza e um café. Além disso, há um serviço 24 horas para pratos frios e bebidas. Dois *shopping centers* oferecem desde alimentos, passando pelos mais novos DVDs e roupas, até *souvenirs*, com tudo aquilo que pode tornar mais agradável a estadia. Para o tempo livre e o descanso há um ginásio de vôlei e basquete, assim como uma ampla academia; pode-se jogar bilhar, boliche, tênis de mesa ou inúmeros *videogames*. Existem também salas com computadores conectados à internet e salas de televisão com videotecas, além de um auditório para vídeo e teleconferências. Como tudo em Camp Bondsteel existe em duplicidade, também há duas igrejas: uma para a "North Town" e outra para a "South Town". Somente a prisão, o hospital e o Laura Bush Education Center — nomeado em homenagem à esposa do presidente norte-americano George W. Bush, onde se pode, entre outras coisas, fazer cursos de língua albanesa, sérvia ou alemã — possuem uma unidade. O que não há no Camp Bondsteel são bebidas alcoólicas; no entanto, cerveja sem álcool é permitida.[13]

Contudo, a história de sucesso da KBR foi com certeza denegrida, pois a empresa já apareceu muitas vezes nas manchetes dos jornais por causa de manipulações de balanços, contratos dúbios (tudo indica que o vice-presidente Cheney arranjou

---

13. Pode-se fazer um passeio virtual pelo campo no seguinte *site*: http://www.tffalcon.hqusareur.army.mil/. O que também não há no Camp Bondsteel é um campo secreto de prisioneiros para suspeitos de terrorismo "segundo o modelo de Guantánamo". Esta é uma crítica do comissário para Direitos Humanos do Conselho da Europa, Alvaro Gil-Robles, que visitou o campo em 2002. Um porta-voz das forças armadas americanas rejeitou essa crítica; cf. *Frankfurter Allgemeine Zeitung*, 28 nov. 2005.

missões para a sua antiga empresa à revelia de licitações públicas, ganhando milhões com isso), contas superfaturadas contra o Pentágono, verbas recebidas apesar de os serviços não terem sido realizados, etc. O diretor do renomado World Policy Institute, William D. Hartung, acha que a KBR, juntamente com sua companhia matriz Halliburton, é quem mais lucra com a "guerra contra o terror" e que clientela atingiu, com a KBR, patamares nunca atingidos desde 2001. Ele apresentou, no início de 2004, uma análise da condução dos negócios num livro com o provocante título *Wie viel verdienst Du am Krieg, Papa? Ein schneller und schmutziger Leitfaden des Kriegsgewinnlertums in der Bush-Administration* [Quanto é que você ganha com a guerra, papai? Um guia rápido e sujo sobre o lucro com a guerra na administração Bush]. Muitos meios de comunicação americanos são hoje da opinião de que a "avidez" e uma estranha concepção da relação custo-benefício se tornaram marcas registradas da empresa prestadora de serviços militares KBR. Tais acusações são comprovadas por testemunhas de alto escalão oriundas do próprio exército: Bunnatine Greenhouse, por exemplo, foi o mais alto oficial de controle de contas do "Corps of Engineers" do exército americano e responsável pela auditoria dos contratos do Pentágono com as empresas militares privadas antes de tal verificação tornar conhecidas as negociatas da KBR e de a comissão ser destituída. Outro testemunho é dado por Marie de Young, funcionária da própria empresa. A especialista em logística foi enviada para o Kuwait, onde se encontrava o quartel-general da KBR para o Iraque, a fim de empreender conferências internas de livros-caixas e de contratos. Com base em suas investigações, não foram apenas descobertas contas superfaturadas contra o Pentágono, mas também se evidenciou que diretores da KBR exigiam de suas subsidiárias propinas da ordem de milhões, que eram em seguida depositadas em contas bancárias na Suíça; a empresa computou 73 milhões de dólares por ano em custos com acomodações nos mais luxuosos hotéis do Kuwait para seus funcionários de diretoria; a KBR importou dezenas das mais caras limusines — entre elas BMW e Mercedes — para empreender "viagens de inspeção" pelo Iraque, mas não providenciou a compra de filtros de ar de 7 dólares para os caminhões de transporte, que permaneceram, então, sem poder ser utilizados no deserto iraquiano. Esse e outros testemunhos formaram a base das investigações que o deputado democrata Henry A. Waxman realizou e que se tornaram conhecidos da opinião pública, percorrendo, em seguida, os meios de comunicação de todo o mundo.[14]

A Executive Outcomes (EO)

Em muitos aspectos, a Executive Outcomes foi uma empresa pioneira que lançou moda no ramo da prestação de serviços militares. Por um lado, foi uma das primeiras empresas militares privadas: fundada em 1990, na África do Sul, seria registrada oficialmente dois anos mais tarde em Johanesburgo e em Londres. Por outro lado, a EO era, na verdade, um exército privado pequeno, mas completo e autônomo. Ela era completa, uma vez que reproduzia toda a cadeia de realizações militares, desde unidades combatentes e experiência militar estratégica (formação e aconselhamento) até logística. Além disso, era autônoma, porque dispunha de armamento, de um sistema de reconhecimento, de um serviço de espionagem, de bases de abastecimento e de um sistema de transporte próprios. Seu pessoal fixo era composto por 2 mil soldados extremamente especializados (infantaria,

---

14. Cf. os diversos relatórios — entre 26 de março de 2003 e 18 de outubro de 2005 surgiram sessenta peças — de Henry A. Waxman, tais como "Halliburton's Questioned and Unsupported Costs in Irak Exceed $ 1.4 Billion" de 27 de julho de 2005 no endereço www.democrats.reform.house.gov/investigations ou o texto abrangente de Michael Shnayerson, "The Spoils of War" In: *Vanity Fair*, abr. 2005.

artilharia e aviação militar), que recebiam um soldo médio de 3 mil dólares (pilotos recebiam até 7.500 dólares). No seu "contingente de veículos" estavam presentes blindados BMP 2 e veículos de transporte anfíbio do tipo BTR 60. A força aérea própria consistia de sete helicópteros de guerra, oito aviões dos tipos MiG 23 (caças de interceptação multifuncionais), MiG 27 (caças bombardeiros) e SU 25 (aviões de combate contra alvos em solo e apoio aéreo), que provinham, na maioria dos casos, dos arsenais da antiga União Soviética. No seio do império empresarial da Executive Outcomes, a AES era responsável pela contra-espionagem, e a Saracen, pelo comércio de armas; a El Vikingo cuidava dos sistemas de informação, e a ASC, da comunicação por telefone, rádio e satélite. A Ibis Air e a Capricorn Air eram as duas linhas aéreas do grupo de empresas e realizavam transportes de tropas e vôos de reconhecimento.[15]

Quem contratava os serviços da Executive Outcomes levava um pequeno exército extremamente experiente, barato e eficiente. Logo depois de suas primeiras ações no sul da África, difundiu-se rapidamente a fama de que os exércitos nacionais nos países do Terceiro Mundo não teriam mais a mínima chance contra essa empresa militar privada equipada com as mais modernas armas e com alta tecnologia. Outras intervenções bem-sucedidas em Moçambique, Malauí e Zâmbia mostraram que os adversários da EO não estavam mais lidando com uma tropa de mercenários no estilo antigo. No curso de sua existência oficial, durante quase dez anos a empresa tomou parte em quase todos os conflitos do continente africano: do Botsuana, no sul, passando por Madagascar, República Democrática do Congo (ex-Zaire), Quênia, Uganda, Congo e Serra Leoa, até a Argélia, no norte.

---

15. Cf. Pagliani: *Il mestiere della guerra*, pp. 57-67, 182-189; Herb Howe, "Private Security Forces and African Stability: The Case of Executive Outcomes". In: *Journal of Modern African Studies*, 36 (jun. 1998) 2, pp. 307-331.

Por muito tempo, os analistas atribuíram — e em parte continuam fazendo isso até hoje — os sucessos da empresa anglo-sul-africana apenas à sua eficiência militar e ao seu poder de fogo. Tão ou mais importantes eram, contudo, os interesses econômicos que se agruparam em torno da Executive Outcomes. Por um lado, a atenção dos proprietários da EO (os sul-africanos Eben Barlow e Nick van der Bergh, os ingleses Anthony Buckingham e Simon Mann) estava voltada para a indústria de minerais, e, por outro, para a indústria de energia. Foram construídos edifícios integrados para as empresas que se concentravam em torno dos dois âmbitos dominantes, "diamantes" e "petróleo". Empresas particulares foram subordinadas aos diversos níveis no processo de produção — desde a extração das riquezas naturais até o comércio de matérias-primas. As empresas do Branch Group eram responsáveis pelos minerais, e as do Heritage Group, pela energia. A ligação entre os dois grupos de empresas era estabelecida pela Branch-Heritage Group (BHg), com sede nas Bahamas. Para o campo militar e das técnicas de segurança, em cujo centro se encontrava a Executive Outcomes, foi formada uma *holding* com a Strategic Resource Corporation (SRC), também das Bahamas. Todo o complexo de empresas (ou seja, tanto a parte econômica quanto a parte militar) foi gerido e dirigido pela empresa Plaza 107 Ltd., denominada de acordo com o andar de escritórios alugado no edifício Plaza 107, situado no número 535 da Kings Road, no nobre bairro londrino de Chelsea.

Se considerarmos a abundância de intervenções da Executive Outcomes, não há praticamente nenhum modo de saber se a força motriz por trás de suas atividades era o aspecto militar ou o econômico. Alguns observadores vêem na "avidez" por diamantes, ouro e petróleo o principal motivo; outros atribuem os negócios da EO, em primeira linha, à sua "mentalidade mercenária", que procurava obter lucros com as riquezas do solo. A questão é difícil de ser esclarecida porque não há nenhum documento que permita saber se, por exemplo, as concessões de petróleo e as permissões para extrações de diamantes foram dadas às empresas do Branch-Heritage Group antes da irrupção dos conflitos nos respectivos países nos quais se encontram as matérias-primas ou antes de esses conflitos terem alcançado uma determinada intensidade, ou ainda se elas foram feitas depois da intervenção da EO nesses embates, quase que como pagamento pelos serviços das empresas militares privadas. Ao menos os proprietários Barlow e Buckingham nunca se pronunciaram sobre isso. O decisivo, nesse contexto, não é o que é causa e o que é efeito, porque o resultado permaneceria efetivamente o mesmo. Ou seja, quer as concessões tenham sido atribuídas por conta do fato de a EO ter intervindo, quer tenham sido dadas para que a EO interviesse, não há, em última instância, nenhuma diferença fundamental para os afetados nem para os beneficiários, sobretudo porque os casos particulares se mostram, na realidade, muito mais complexos. Na verdade, muitos países pagaram a intervenção da Executive Outcomes direta ou indiretamente com suas matérias-primas[16]; mas, na maioria das vezes, isso só aconteceu depois que os líderes desses Estados asseguraram a sua parte na espoliação das riquezas do solo por meio de ações em empresas da SRC ou da BHg. Tomemos apenas dois exemplos: Daniel Arap Moi, o antigo presidente do Quênia e sua família estavam ligados de múltiplas formas à EO; entre outras coisas, como sócios da empresa Ibis Air (SRC); em Uganda, o meio-irmão do antigo presidente, general Saleh, tinha uma parcela de 45% na Saracen Uganda e de 25% na Branch Energy Uganda (duas empresas da SRC e da BHg) e, com isso, ganhava diretamente com a exploração das reservas de ouro de seu país por meio dessas empresas — cabia à Branch Energy a exploração de ouro e à Saracen a segurança das minas.

---

16. A concessão de diamantes em Serra Leoa rendeu para a empresa algo em torno de 1 bilhão de dólares.

O império empresarial da Executive Outcomes (EO)

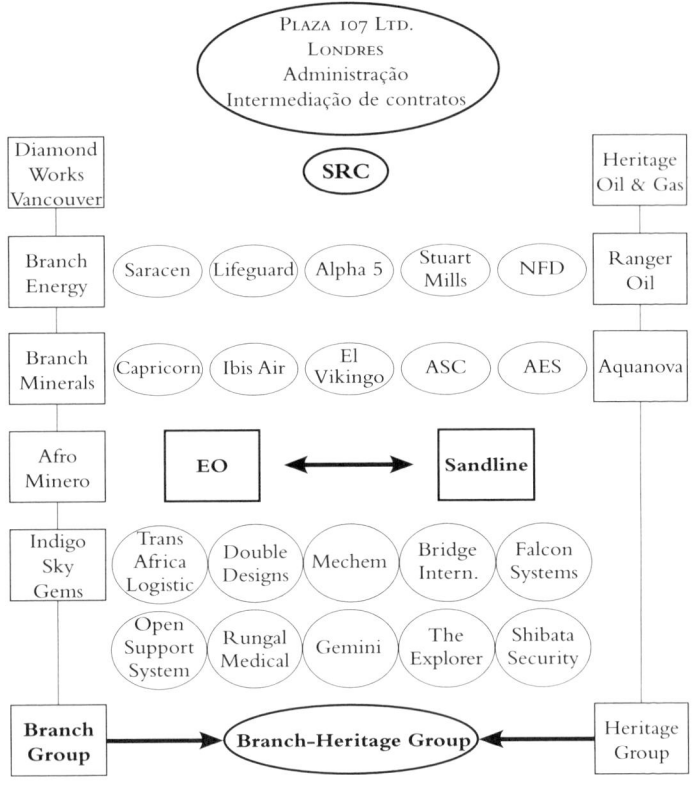

Plaza 107 Ltd.
Londres
Administração
Intermediação de contratos

SRC

Diamond Works Vancouver

Branch Energy — Saracen, Lifeguard, Alpha 5, Stuart Mills, NFD

Branch Minerals — Capricorn, Ibis Air, El Vikingo, ASC, AES

Afro Minero

EO ⟷ **Sandline**

Indigo Sky Gems — Trans Africa Logistic, Double Designs, Mechem, Bridge Intern., Falcon Systems

Open Support System, Rungal Medical, Gemini, The Explorer, Shibata Security

Heritage Oil & Gas — Ranger Oil, Aquanova

Branch Group → **Branch-Heritage Group** ← **Heritage Group**

Diamond Works Vancouver — comércio de diamantes
Branch Energy — extração de diamantes
Branch Minerals — extração de minerais
Afro Minero — extração de diamantes em Angola
Indigo Sky Gems — comércio de diamantes
SRC (Strategic Resources Corporation) — Controladora
Saracen — comércio de armas
Lifeguard — vigilância de instalações
Alpha 5 — serviço de segurança
Stuart Mills — serviço de segurança/desativação de minas
NFD — vigilância de instalações, petróleo
Capricorn — transporte aéreo
Ibis Air — companhia aérea
El Vikingo — sistemas de informação, serviços de comunicação, criptografia
ASC (Advanced System Communication) — sistemas de comunicações
AES (Applied Electronic Services) — técnicas de contra-espionagem
Trans Africa Logistics — organização alfandegária, importação e exportação
Double Designs — sistema de engenharia
Mechem — desativação de minas
Bridge Intenational — infra-estrutura, logística
Falcon Systems — serviços de apoio para ONGs
Open Support System — investimentos e planejamento financeiro
Rungal Medical — assistência médica/ambulância
Gemini — empresa de propaganda/comerciais
The Explorer — turismo
Shibata Security — segurança e serviços às Nações Unidas
Heritage Oil & Gas — prospecção e extração de reservas de petróleo e gás
Ranger Oil — extração de petróleo
Aquanova — pareceres geofísicos e hidrogeológicos/perfurações de poços de água

O fim da Executive Outcomes foi decretado quando a África do Sul editou, em 1999, por sugestão do presidente Nelson Mandela, uma lei restritiva antimercenarismo, que também afetou em vários aspectos as diversas atividades da EO. Para contornar uma acusação judicial, a EO dissolveu-se oficialmente pouco tempo depois. Alguns campos de atividade foram assumidos pela empresa militar Sandline, de Tim Spicer, que pertencia ao mesmo grupo de proprietários; outros foram transferidos para empresas existentes do grupo SRC, e outros mais passaram a ser oferecidos por empresas com novos nomes. Nos últimos anos, todo o edifício de empresas, conglomerados e *holding* — seguindo, por um lado, a tendência do ramo da prestação de serviços militares e, por outro, atendendo à crítica pública em relação à estreita articulação entre poder econômico e poder militar — foram radicalmente reestruturados, tanto em termos organizacionais quanto financeiros. Nada no entanto mudou substancialmente, a não ser os interesses de proprietários que, nesse ínterim, se apresentam amplamente ramificados. Segundo pesquisas do International Consortium of Investigative Journalists (ICIJ) o que está em questão para os proprietários é alcançar um corte por meio das camadas influentes da cidade de Londres, tais como banqueiros, corretores da Bolsa, agentes de serviços secretos, militares de elite, editores e executivos de seguradoras.[17] Entre os proprietários encontra-se o autor de *best-sellers* Frederick Forsyth, que se tornou famoso com o romance sobre mercenários *Cães de guerra*, e com *O chacal*.

Blackwater Worldwide

Uma das áreas de serviço que foram quase totalmente transferidas para as empresas militares privadas, sobretudo nos Estados Unidos, é a área de proteção armada de pessoas, materiais e

---

17. *The Center of Public Integrity: Making a Killing*, cap. 3.

instalações. No Afeganistão e no Iraque, depois do fim das operações militares propriamente ditas, as assim chamadas prestações de serviços de segurança tornaram-se o eldorado para o setor militar privado. A empresa Blackwater[18] transformou-se num dos protagonistas mais conhecidos em todo mundo para a realização de tais serviços de proteção armada. Esta posição se deve em grande parte à seguinte circunstância: com maior freqüência que outras empresas do ramo, ela ganhou as manchetes na imprensa mundial. Particularmente neste campo da segurança, a terceirização, a transferência de competências, não parecia ser problemática, na medida em que a iniciativa privada já tinha reunido conhecimentos abrangentes como guarda-costas no campo civil, na proteção a pessoas e edifícios. Todavia, como logo se revelou, estas experiências conquistadas em países altamente industrializados e estáveis não podiam ser apenas transportadas para sociedades pós-guerra abaladas por crises, instáveis e caracterizadas por confrontos armados. Perturbar civis, intimidar a população, desrespeitar regras internas, violar leis do Estado, abusar de sua competência e usar sem justificativa armas de fogo logo se tornaram marcas características das forças de segurança privadas. Ocorrências do tipo citado são encontradas nos relatórios de ação de empresas como a Blackwater quase todos os dias. Os choques com uso de armas de fogo acontecem no mínimo uma vez por semana. O número de civis feridos por soldados privados não é conhecido com precisão. Apenas o ministério do interior iraquiano reuniu documentação de mais de duzentos casos como esses. No entanto, eles só representam um aspecto parcial, a cifra obscura é claramente mais elevada. É raro que se pague ressarcimento pelos danos relativos a civis mortos; quando isto acontece, a quantia paga fica entre 5.000 e 15.000 dólares.

---

18. Cf. Jeremy Scahill, *Blackwater. A ascensão do exército mercenário mais poderoso*. São Paulo, Cia das Letras, 2008.

Foi no Iraque, em 2003, que a Blackwater recebeu sua primeira missão de um Estado. Essa missão era da ordem de 21 milhões de dólares e consistia em proteger o chefe do governo provisório, Paul Bremer. Para tanto, foram colocados em ação entre outras coisas 38 especialistas em luta corporal, dois grupamentos de cães K-9 e três helicópteros de combate. Desde então, a Blackwater obteve mais de 340 milhões de dólares para operações de segurança no Iraque e faturou em todo o mundo (até o final de 2006) mais de 1 bilhão de dólares. O principal cliente no Iraque é o Departamento de Estado, o ministério do exterior norte-americano, a serviço do qual a Blackwater vigia entre outras coisas a embaixada dos Estados Unidos em Bagdá — a maior de seu tipo em todo o mundo — e é responsável por outras tarefas de "segurança diplomática" na região de Badgá e Al Hillah. Para a segurança nas áreas de Kirkuk e Erbil, o Departamento de Estado contratou a empresa DynCorp, e para as regiões de Tallil e Basrah, a Triple Canopy.

A Blackwater foi fundada em 1997 pelo antigo *Navy Seal* Erik Prince. Aos 28 anos, filho de industrial, considerado fundamentalista cristão e fã de George W. Bush, comprou com o dinheiro de sua herança um terreno de 7.000 acres (c. 28 km²) em Moyock na Carolina do Norte, na fronteira com a Virgínia. Em pouco tempo, ele transformou o terreno no maior centro de treinamento militar dos Estados Unidos. A empresa recebeu o seu nome da "água negra" em função das reservas que se achavam no subsolo em grande medida pantanoso desta enorme propriedade. Segundo informações da própria empresa, dez anos depois a Blackwater já tinha atividades em nove países. Como ela mesma declara, as suas quatro competências são Treinamento avançado, Logística/mobilidade, Tecnologia/inovações e Recursos humanos e materiais.[19] No campo de treinamento com os mais modernos estandes de tiro, um lago artificial (para

---

19. www.blackwaterusa.com/company profile (8 dez. 2007).

exercitar a abordagem de navios capturados), dispositivos para a luta antiterror em edifícios, locais de exercício para cerca de 20 grupamentos de cães e uma luxuosa pista de testes (para colocar em ação os veículos de segurança desenvolvidos pela própria empresa), mais de 40.000 pessoas são formadas anualmente. A maioria dessas pessoas — mediante boa remuneração — vem do serviço público: da polícia, do sistema militar, da alfândega e dos órgãos de execução penal. O transporte de pessoal e material de suas operações em remotas regiões é agora assumido pela sociedade aérea das próprias empresas, a Aviation Worldwide Services (AWS). A AWS, por sua vez, é formada a partir de três empresas afiliadas: a STI Aviation Inc., a Air Quest Inc. e a Presidential Airways Inc., cujos galpões e frotas se encontram em sua maior parte na Flórida. Além dos diversos helicópteros de combate, elas dispõem de um Boeing 767, de um caça Super Tucano da Embraer e até mesmo de um Zepelim. A empresa conta com 2.500 funcionários em nove países. Para poder escolher as forças corretas para as respectivas ações, a Blackwater possui um banco de dados próprio com mais de 24.000 perfis pessoais de combatentes disponíveis. Segundo as informações de Gary Jackson, presidente executivo da Blackwater e também um antigo *Navy Seal*, entre os soldados privados contatados e recrutados encontra-se um percentual significativo oriundo de países do Terceiro Mundo — entre eles também especialistas chilenos que faziam parte do antigo regime militar de Pinochet. Nas Filipinas, havia um escritório de alistamento das próprias empresas, o que mobilizou a imprensa em Manila a informar sobre suas práticas e apontar para o fato de, sob cobertura das empresas militares privadas, os filipinos lutarem cada vez mais como mercenários nas guerras dos Estados Unidos. De cerca de 900 especialistas que em média a Blackwater empregou no Iraque em 2007, quase 30% deles vêm de países do Terceiro Mundo.

Entre as pessoas chave na estrutura da empresa estão, além de Erik Prince e Gary Jackson, o antigo inspetor-geral do

Pentágono Joseph E. Schmitz (hoje *chief operating officer*, antigamente o principal especialista antiterror da administração Bush e entre 1999 e 2002 diretor de uma divisão da CIA), Cofer Black (durante muitos anos chefe da CIA para o Oriente Médio e pessoa de extrema confiança do rei Abdullah da Jordânia), Robert Richer, assim como Rick Prado, que trabalhou para a CIA na América Latina. Na empresa, Prado é responsável pelos programas especiais, enquanto Black e Richer tiveram sob o seu controle durante muitos anos o setor de inteligência da casa. No outono de 2007, porém, esse setor foi transferido para a empresa separada Total Intelligence Solutions (TIS), a fim de competir em melhores condições na obtenção de contratos. A TIS surgiu da fusão da Terrorism Research Center de Erik Prince, da The Black Group, de Cofer Black, assim como da empresa Technical Defense. Com a TIS, a Blackwater esperava penetrar de maneira exitosa no campo de serviços secretos, que experimentava um *boom*. A Blackwater obtém entre 80 e 90% de suas receitas com encomendas governamentais — dentre elas também missões no Japão e no Azerbaijão. O resto vem da economia privada. Assim, na área da catástrofe de Nova Orleans após o furacão Katrina no ano de 2006, por exemplo, a empresa trabalhou para o Departamento de Segurança Interna tanto quanto para a indústria privada e as seguradoras com 164 civis e cerca de 50 pessoas armadas. Bastante questionáveis no âmbito dessa intervenção foram sobretudo as ações policiais truculentas levadas a termo pela Blackwater — e nunca se chegou a esclarecer se elas realmente transcorreram por imposição dos contratos. A Blackwater tornou-se principalmente conhecida, contudo, por conta de suas atividades no Iraque, a começar por seu modo de lidar com a população civil sem qualquer consideração. Os inúmeros choques com civis — muitas vezes com um desfecho mortal para os iraquianos — levaram até mesmo a uma crise no outono de 2007 entre o governo em Bagdá, que queria expulsar a Blackwater, e o contratante da empresa, ou seja, o Departamento de Estado norte-americano. O conflito só pôde ser contornado por meio da intervenção pessoal da secretária de Estado dos Estados Unidos, Condoleezza Rice. O desencadeador foi um confronto no dia 16 de setembro na praça Nisour em Bagdá, no qual funcionários da Blackwater mataram 17 civis iraquianos — de acordo com testemunhas oculares, sem qualquer motivo. (Os soldados privados da empresa disseram que tinham sido atacados)[20]. Este incidente levou, por fim, a que a Câmara dos Deputados efetuasse no dia 2 de outubro de 2007 o inquérito "Blackwater USA: Private Military Contractor Activity in Irak and Afghanistan".[21]

A investigação "incidentes" ocorridos entre 1º de janeiro de 2005 e 12 de setembro de 2007, nos quais a Blackwater estava envolvida, mostram uma tendência bastante evidente. Apesar de estabelecido tanto tanto legal quanto contratualmente que o pessoal de segurança só pode usar de força, sobretudo da armada, para fins de defesa, a fim, por exemplo, de proteger o pessoal do serviço diplomático, funcionários da Blackwater abriram fogo por conta própria na grande maioria dos casos. A estatística de dois anos e meio do Departmento de Estado é a seguinte — por mais que se precise levar em conta o fato de os mortos de 16 de setembro de 2007 ainda não terem sido computados:

---

20. Em dezembro de 2008, a Justiça dos EUA, pela primeira vez, indiciou funcionários de uma empresa militar privada. Cinco funcionários da Blackwater foram acusados formalmente pelo assassinato desses 17 civis, ocorrido em Bagdá, em setembro de 2007. [N.E.]
21. Em português: Blackwater USA: Atividades de empresa militar privada no Iraque e no Afeganistão. [N.E.]

Ano	Total de incidentes com arma de fogo envolvendo a Blackwater	Incidentes nos quais a Blackwater foi a primeira a abrir fogo	Incidentes comprovadamente causados por iraquianos	Incidentes com danos em propriedades
2005	77	71	7	71
2006	61	53	3	52
2007	57	39	6	39
Total	195	163	16	162

Além disso, podemos depreender a partir dos documentos que, apesar dos ataques serem conhecidos, o Departamento de Estado enquanto contratante não infligiu nenhuma sanção à Blackwater e chegou mesmo a atestar em casos de delitos que resultaram em morte o emprego de violência como "em conformidade com a missão". A própria empresa empreendeu após esses "incidentes" uma política de controle de danos. Por um lado, nos casos mais evidentes, a empresa ofereceu uma indenização aos parentes por intermédio da embaixada norte-americana. (Neste caso, funcionários da embaixada corrigiram na maioria das vezes para baixo a soma oferecida pela Blackwater, a fim de não criar precedentes: "para que a morte não valha a pena para os iraquianos"[22]). Por outro lado, ela suspendeu os contratos de trabalho das pessoas envolvidas nos "incidentes" e as enviou para fora do Iraque. Mais ou menos um sétimo do pessoal empregado pela Blackwater em Bagdá e Al Hillah foi afetado por esta medida. As justificativas apresentadas pela direção da empresa para as suspensões de contrato estão distribuídas da seguinte forma:

---

22. House of Representatives, Committee on Oversight and Government Reform. Memorando de 1 outubro de 2007. Washington 2007; www.oversight.house.gov.

Incidentes relacionados com armas	28
Infrações relacionadas ao uso de drogas e álcool	25
Conduta inapropriada/obscena	16
Insubordinação	11
Performance insatisfatória	10
Comportamento agressivo/violento	10
Violação de regras	8
Falha ou fraude em relatórios de incidentes	6
Prejuízo a imagem da Blackwater	4
Retirada por motivo de segurança/remanejamento	3
TEPT (Transtorno de Estresse Pós-Traumático)[23]	1
Total[24]	122

Por seus serviços, a Blackwater cobra do Estado norte-americano por cada um de seus soldados privados uma soma média de 1.222 dólares por dia, o que significa um valor total de 445.891 dólares por ano. Em comparação com este valor, um sargento do exército americano custa (de acordo com a patente e com a idade de serviço) entre 140 e 190 dólares por dia. Convertido na base anual, isto dá (incluindo todos os custos adicionais) algo entre 51.100 e 69.350 dólares[25]. Portanto, os serviços da Blackwater custam até nove vezes mais do que os soldados regulares que, além disto, podem ser efetivamente controlados por meio da hierarquia militar, da ordem disciplinar e do direito penal militar.

---

23. PTSD — Post-Traumatic Stress Disorder: Transtorno decorrente do desgaste psicológico advindo de situações violentas [N.E.]

24. House of Representatives, op. cit.

25. House of Representatives, op. cit.

Parte 2
GLOBALIZAÇÃO E "NOVAS GUERRAS"

HISTÓRIA DA ECONOMIA PRIVADA DA GUERRA — UM ESBOÇO

> *O homem é incapaz de reconhecer verdades*
> *onde ele tem programações opostas.*
> Konrad Lorenz

O mercenarismo é tão antigo quanto a própria civilização. Escrever a sua história significaria encher bibliotecas. A partir do momento em que, há cerca de 6 ou 8 mil anos, as sociedades que se tornaram sedentárias, dedicando-se à agricultura e à criação de gado, passaram a guerrear para defender seus interesses, elas alistaram estrangeiros para que estes lutassem a seu lado — mediante remuneração —, voltando suas armas contra o inimigo. Desde então, todas as épocas conheceram os mercenários, de uma forma ou de outra, e dirigentes de todas as nacionalidades procuraram se utilizar de seus serviços.

No curso dos milênios, houve diferenças gritantes na essência do mercenarismo, não apenas na sua aparência ou no armamento, mas também em seu caráter e em sua função. A constante alteração de significado dos mercenários pode ser vista de maneira primorosa pela imagem à qual eles estiveram associados a cada época. Por vezes, eles se mostravam desprezíveis (como nos dias de hoje), por vezes eram considerados eficientes, corajosos, confiáveis e mais baratos do que os próprios soldados. Apesar de os "novos mercenários" — os funcionários das empresas militares privadas — só poderem ser comparados com seus antecessores de forma limitada, exemplos oriundos da história podem ser úteis para que possamos aguçar o olhar para

as condições de surgimento do mercenarismo e compreender as
conseqüências negativas e positivas que se introduziram com
a privatização da segurança interna e externa.

Bandidos bíblicos e hoplitas gregos

Muito antes de a historiografia judaica ou grega ter fixado
particularidades quanto ao mercenarismo, infantarias, arqueiros e cocheiros de bigas já tinham trabalhado para senhores
estrangeiros, quer nos reinos da Mesopotâmia, entre o Tigre
e o Eufrates, quer na China ou no Egito dos faraós. A história
de Davi (por volta de 1000 a.C.), contada com detalhes em
Samuel, no Antigo Testamento, é certamente o primeiro testemunho legado sobre um homem da camada mais baixa da
população, que ascendeu a cortesão depois de ter matado o
filisteu Golias. Em seguida, Davi caiu em desgraça junto ao rei
Saul, fugiu e montou uma "tropa de mercenários" com a qual
atravessou o país roubando e saqueando. Tendo adquirido
fama militar, ele passou para o lado do inimigo, ficando responsável, juntamente com seus homens, pela vigilância do rei
Achis. Isso tudo para ele mesmo ascender, por fim, ao posto
de rei de Israel, livrando-se do resto da família real israelita.
No passado, não era nada extraordinário ver biografias desse
tipo, e tampouco era raro acontecer de líderes mercenários
serem saudados pelo povo como escolhidos por Deus — ou
pelos respectivos deuses.

Antigamente — bem como mais tarde —, as motivações
dos mercenários não eram, em primeira instância, aventura
e perspectiva de grandes tesouros, mas a preocupação com a
simples sobrevivência.

> E juntaram-se ao seu redor [de Davi] todos os tipos de homens
> que se encontravam em estado de penúria, com dívidas e com o

Uma das mais antigas representações de mercenários: contratados por senhores (à esquerda e à direita na imagem), hoplitas fortemente armados lutam uns contra os outros; cada guerreiro devia se responsabilizar pela sua armadura (aproximadamente 700 a.C.).

> coração amargurado, e ele se tornou o seu chefe; e havia em torno dele mais ou menos quatrocentos homens (Samuel, 1,22).

Seu pagamento era feito em mercadorias, às vezes em ouro e prata, e mais freqüentemente por meio da divisão daquilo que era saqueado do inimigo.

> E todas as vezes que Davi invadia uma terra, ele não deixava vivos nem homens nem mulheres, e levava consigo ovelhas, vacas, burros, camelos e roupas ao retornar para casa (Samuel, 1,27).

Havia com freqüência brigas quanto ao que cabia a cada um em relação aos despojos, disputas que eram dirimidas pelo líder.

> A parcela daqueles que ficaram na retaguarda deve ser a mesma que a dos que estiveram na guerra; todos devem ter a mesma parcela. E assim ficou decidido a partir daquele dia; e ele [Davi] transformou isso em norma e em direito para Israel até este dia (Samuel, 1,30).

Não há como comprovar se — como nos relata o historiador Heródoto — foram os lídios, povo que habitava a região oeste da atual Turquia, que inventaram o dinheiro por volta de 560 a.C. para pagar às suas sacerdotisas, mulheres que intermediavam o contato sexual com a deusa para os peregrinos, ou se foi — como afirmam outros — o seu legendário rei Crosus quem mandou imprimir as primeiras moedas a fim de remunerar os mercenários. Portanto, os dois ofícios certamente mais antigos do mundo podem continuar disputando quem possui o primado de ter sido o motivo e a razão para a invenção do dinheiro. Uma coisa é certa: quase meio milênio antes de nossa atual contagem do tempo já se pagavam guerreiros, alistados por uma soma monetária determinada. Tal medida foi necessária sobretudo porque os mercenários vindos de todas as partes exigiam uma "convertibilidade" de seu salário. O rei Crosus não tinha nenhum despojo a dividir, mas recrutara guerreiros estrangeiros a fim de proteger suas riquezas do ataque de impérios vizinhos invejosos.

Cerca de 150 anos mais tarde, Xenofonte — escritor, historiógrafo e aluno de Sócrates — escreveu o livro *Anábase*. Nessa obra, ele descreve a vida dos mercenários gregos recrutados por Ciro para derrubar seu irmão Artaxerxes do trono persa. Em Cunaxa, na Babilônia, ocorreu a batalha decisiva, que Ciro perdeu e na qual foi morto. Xenofonte, ele mesmo um mercenário, assumiu a liderança dos "homens de ferro" gregos que haviam sobrevivido. Em marchas extenuantes que duraram semanas, estorvados pela fome, pelo frio e por montanhas escarpadas, ele conseguiu colocar em segurança mais de 10 mil soldados, levando-os para a cidade de Trapezunte (hoje Trabzon), no mar Negro. A chamada "marcha dos 10 mil" entrou para os anais da história. Xenofonte participou de outras campanhas militares, mesmo daquelas empreendidas pelo rei espartano Agesilao. Sua guerra contra Tebas, aliada de Atenas, custou a Xenofonte o banimento de sua terra natal, porque ele lutara "do lado errado". Xenofonte tombou em Olímpia.

A entrada em cena em massa dos mercenários gregos em todos os exércitos daquela época — algumas vezes eles chegavam até mesmo a lutar dos dois lados — deve-se, antes de mais nada, a duas razões: por um lado, à estrutura social específica que tinha se formado na Grécia; por outro lado, a uma nova técnica de luta desenvolvida pelos gregos. Na Ática e no Peloponeso, surgiram cidades-Estado (pólis) que asseguravam seu território em violentas lutas umas contra as outras e eram tão fortes que uma não conseguia subjugar a outra. No seu interior formou-se uma camada abastada composta por famílias de grandes fazendeiros, artesãos e comerciantes, que lutavam por seus próprios interesses e eram ricos o suficiente para adquirir dispendiosas armaduras de guerra; ao mesmo tempo, elas não conseguiam alimentar sua população — o solo era relativamente pobre — sem ganhar um "pão adicional" no estrangeiro. Assim, as habilidades adquiridas nas lutas entre as pólis foram oferecidas aos governantes fora da Grécia, por um período e mediante remuneração.

Esse tipo completamente diverso de mercenário foi chamado de hoplita, menção ao escudo oval feito de ferro (hoplo), que fazia parte de seu equipamento. Além do escudo, o hoplita usava ainda capacete, uma armadura no peito, caneleiras e uma lança de aproximadamente dois metros de comprimento. Eles lutavam numa falange ("cilindro") que se agrupava em filas de 8 a 25 membros. Essa "infantaria pesada" não possuía mais, como até então, um caráter apenas defensivo, mas avançava por si mesma sem cessar. Em meio a tal avanço, os hoplitas entoavam canções de guerra (*paian*) e aumentavam lentamente o seu movimento para a frente, que passava, nos últimos cem metros, para uma corrida em disparada com as lanças estendidas. (A maior parte das modalidades olímpicas clássicas reflete as habilidades que eram necessárias nesse tipo de condução de guerra.) A colisão era frutífera. As primeiras fileiras eram ceifadas, pisoteadas e esmagadas, e os próprios homens eram normalmente derrubados pelas demais fileiras que avançavam a uma velocidade sempre crescente. Ninguém conseguia resistir ao choque dessas falanges perfurantes e encouraçadas. Por isso, não era raro acontecer, diante do choque com os "cilindros", de exércitos que se encontravam pela primeira vez face a face com as forças concentradas das tropas de hoplitas buscarem sua salvação na fuga.

Os soldados de infantaria gregos logo se tornaram os mercenários mais cobiçados pelos reinos dominantes da Índia até Cartago, do deserto núbio até a Itália. Era muito difícil eles conseguirem recusar as grandes "encomendas" provenientes da Pérsia ou do Egito. Podiam inclusive recusar ofertas lucrativas se os deveres em seu próprio território assim exigissem. Os hoplitas tornaram-se artigo de luxo, que pequenos governantes souberam aproveitar muitas vezes de maneira exitosa, colocando seus próprios soldados com uniformes gregos e dando ao adversário a impressão de que os "originais" estavam indo ao campo de batalha.

Uma relativa superpopulação — e, com isso, um excedente de soldados prontos para entrar em ação — assim como uma renovação qualitativa da técnica de guerra contribuíram para revolucionar os conflitos armados.

O exército popular romano contra o exército de mercenários cartaginês

Com Roma, cujo império acabou por se tornar o maior do mundo por mais de meio milênio, começou uma nova era. A cidade às margens do rio Tibre tornou-se grande com uma economia que beirava a avareza, um elevado sentido para o pragmatismo, camponeses produtivos e um exército popular formado por seus próprios cidadãos. Diferentemente dos gregos de alguns séculos antes, os romanos conseguiram transformar os países vizinhos em aliados, ampliar sucessivamente sua zona de influência e evitar ataques à sua república que prosperava. Os romanos atribuíam às suas virtudes e ao exército formado por cidadãos o fato de terem derrotado um general ousado e inteligente como Aníbal, com o seu enorme exército de mercenários, e de terem finalmente vencido nas guerras púnicas a principal potência do Mediterrâneo. Assim escreveu o historiador romano Políbio:

> Os cartagineses usam tropas de mercenários estrangeiros, enquanto o exército romano é constituído por filhos da terra e cidadãos. Assim, o Estado romano também merece um elogio maior do que o dos cartagineses, pois entre os cartagineses a liberdade da cidade depende da coragem de mercenários, ao passo que nos romanos ela consiste no próprio destemor e no auxílio dos concidadãos. Por isso, mesmo que os romanos sofram, a princípio, uma derrota, eles logo retomam uma vez mais a luta com toda a força; os cartagineses, não. Como os romanos combatem por sua cidade pátria e por seus filhos, sua resolução não se deixa nunca esmorecer: eles lutam por vida ou morte, até se tornarem senhores dos inimigos.[1]

Todavia, com a expansão vertiginosa do Estado num império, a concepção original e a forma de organização da sociedade romana não puderam se sustentar. A república decompôs-se, e o reinado imperial foi instalado. Roma manteve a princípio um exército profissional e em seguida uma força armada composta principalmente por legionários: em seu desenvolvimento de cerca de quinhentos anos, saiu de um estado — visto em termos relativos — democrático e passou para um estado autoritário até chegar a uma ditadura militar. Enquanto as províncias distantes renderam tesouros e as mobilizações de guerra para além das

---

1. Citado segundo Augusto Camera, *Elementi di storia antica*. Documenti. Bolonha, 1969. pp. 396s.

fronteiras trouxeram consigo espólios suficientes, os soldados (do latim *solidus* = unidade monetária, daí *soldato* = pago) e, mais tarde, os mercenários, foram remunerados de modo a assegurar sua lealdade. O antigo reinado imperial pôde prosperar e se elevar a novas florescências. Ao mesmo tempo, porém, a classe média (relativamente pequena), que havia sustentado a república, foi se tornando cada vez menor, as camadas inferiores cada vez mais extensas e as camadas superiores — dirigentes, em termos econômicos —, cada vez mais sobrecarregadas. "O telhado de um templo não pode repousar sobre seus fundamentos", dizia-se em Roma; ou seja, sem colunas de sustentação não pode haver um templo. Não obstante, à medida que diminuía a classe média produtiva e, com isso, também uma parcela decisiva dos impostos e taxas que mantinham coesa a administração doméstica, as "colunas de sustentação" do Império Romano se atrofiavam. Em 476 d.C., os mercenários germânicos ergueram Odoacro sobre seus escudos e o instituíram rei da Itália; o Império Romano do Ocidente tinha deixado de existir.

Companhias de mercenários na Idade Média

Todavia, a nova força imperial não veio da Germânia, mas das zonas limítrofes do antigo Império Romano do Oriente. Originária da península Arábica, essa força rapidamente se expandiu — com exceção de Bizâncio — por todo o Mediterrâneo. Com uma forma de judaísmo e de cristianismo modificada para culturas de raízes nômades e ulteriormente desenvolvida em alguns âmbitos (sobretudo no social), as linhagens árabes que formavam o cerne das camadas dominantes e combativas apresentaram uma nova ideologia, que alcançou de maneira vertiginosa uma ressonância crescente: o Islã. No entanto, já no século VII, ou seja, poucas décadas depois da morte de Maomé, os árabes precisaram recorrer a estrangeiros e, com isso, a mercenários para o asseguramento de sua zona de influência.

A segurança externa do império árabe apoiava-se quase que por completo nos grupos mercenários recrutados preponderantemente em tribos nômades localizadas na Ásia Central. A lealdade desses grupos precisava ser comprada por meio de muitas concessões financeiras e pela participação no poder. Perturbações sociais crescentes, que sempre culminavam em levantes, tornaram necessário arregimentar um número cada vez maior de mercenários, inclusive para a segurança interna. Dotados de um poder militar crescente e de influência política, não eram raras as situações em que eles mesmos assumiam o poder — como aconteceu com os sassânidas no Irã e no Iraque e com os mamelucos no Egito e na Síria. Também mercenários, ou antigas companhias de mercenários, foram os otomanos — cujo nome remete a Osman, que unira uma mistura multicolorida de povos oriundos dos Bálcãs, do mar Negro, do Cáucaso e das pradarias asiáticas — que desferiram quase ao mesmo tempo o golpe mortal no império árabe e no reino bizantino, instaurando em partes extensas de seus territórios o novo Império Otomano.

Depois do fim do Império Romano do Ocidente, no que diz respeito à manutenção da segurança com meios militares, a situação na Europa ocidental não se mostrou, durante muito tempo, de maneira muito diversa daquela que se observava no Oriente, com a única diferença de que as coisas andavam mais pobres no Ocidente. Carlos Magno erigiu seu império, mais tarde conhecido como Sacro Império Romano Germânico, com o apoio de mercenários. Com sua ajuda, os árabes foram expulsos da França; com eles, as cruzadas foram conduzidas; o imperador Barbaruiva combateu, ao lado deles, os insurgentes, e o papa avançou com eles contra os apóstatas; além disso, sem eles os cavaleiros da Ordem não teriam dominado a Prússia e o Báltico. A principal razão para o fato de, durante toda a Idade Média, reis, imperadores, papas, príncipes e cavaleiros terem se apoiado nos serviços de mercenários foi a aguda ineficiência do sistema militar feudal. E tal ineficiência pode ser considerada em três aspectos: em primeiro lugar, só havia disponível um número limitado de soldados e por curtos períodos (na maioria das vezes, os soldados eram camponeses convocados); em segundo lugar, esses soldados não tinham quase nenhuma formação militar e não eram, por conseguinte, especializados (em lanças, bestas, arcos); e, em terceiro lugar, os detentores do poder precisavam requisitar pessoal junto aos senhores feudais, ou seja, precisavam requisitar seus vassalos. Era contra os senhores feudais, contudo, que freqüentemente se dirigiam suas ações militares para a manutenção da ordem interna e externa. Tropas de mercenários eram, por isso, o instrumento mais confiável para a bem-sucedida condução de uma guerra.

Sobre companheiros, "lanças livres" e *condottieri*

Os mercenários ainda conquistaram uma maior significação quando companhias livres (do latim *cum pane* = com pão) lentamente se formaram no século XII a partir dos soldados que vagabundeavam pela região e não possuíam pátria ou profissão. As organizações tinham a função de buscar ocupação para todos os "companheiros", encontrar meios comunitários de subsistência e fornecer proteção e apoio mútuos. À procura de novas missões, marchavam pelos países europeus juntamente com seu séquito, do qual também faziam parte mulheres e crianças. Em geral adquiriam suas provisões às custas da população das cidades e dos vilarejos, e ofereciam, a todos os senhores territoriais que pudessem permiti-lo, as suas "lanças livres" (daí surgiu no inglês a expressão *free-lancers*) para a guerra. O mestre-cantor Michael Beheim, de Württemberg, assim os descreveu: "Àquele que mais lhes dava/ prontos a lhe servir cada um deles estava./ Tivesse nosso senhor no reino celeste/ o diabo combatido

Mercenário na Idade Média: xilogravura de Hans Burgkmair, início do século XVI.

como a peste/ e tivesse o diabo pago mais/ do diabo eles logo viriam atrás."[2]

Com os primórdios do Renascimento no século XIV, realizou-se, por um lado, uma transformação fundamental do campo militar e, por outro, a necessidade de serviços de segurança aprimorados. Essa dupla transformação nos aspectos da oferta e da demanda veio à luz especialmente nas cidades florescentes da Itália. Em Veneza, Florença, Gênova e Milão, a classe média produtiva desenvolveu-se enormemente: artesanato, indústria, comércio, sistema agrário, sistema bancário e sistema de saúde tornaram-se os fatores dominantes das sociedades citadinas. As camadas superiores puderam se apoiar em sua riqueza, a fim de consolidar e expandir seu domínio — mas apenas se fossem capazes de garantir condições gerais mais seguras para as atividades da economia privada. O sistema de proteção dos nobres, que se construíra sobre a base da cavalaria, tinha se fragilizado (em parte, tornara-se até mesmo ridículo, como bem o soube descrever Cervantes em *Dom Quixote*), passando a revelar a sua ineficiência. Foram as corporações empreendedoras que impeliram os príncipes à alteração, ao recrutamento das associações profissionais militares. Segundo os príncipes, tal exigência não era apenas justificada, mas lhes parecia, do mesmo modo, economicamente relevante entregar a modernização da segurança às camadas superiores, que retiraram daí, entre outras coisas, a sua justificação existencial. Havia um interesse econômico em evitar a mobilização de toda a sociedade e manter a si mesmos e às suas forças de trabalho livres das sobrecargas inúteis do serviço militar e do serviço na guerra. E essa exigência era, aos seus olhos, tanto mais razoável que, com os *condottieri*, se encontrava à disposição uma oferta profissional.

---

2. Citado segundo *Kriegsreisende* [Viajantes de guerra], cap. 3: Idade Média. A Legião Negra, p. 2 (www.kriegsreisende.de).

Então os mercenários logo se posicionaram ante a demanda por novos serviços de segurança. Tendo ficado desempregados, pequenos nobres feudais em decadência recorreram às "companhias livres", que buscavam engajamento, formando com elas associações privadas de luta, em cujo topo colocavam a si mesmos. A base de sua cooperação deixou de ser a perspectiva da espoliação e passou a ser um salário fixo, estabelecido em contrato de locação especial, a chamada *condotta* (do latim *conducere*; *exercitus conducticius* = exército alugado): de um lado encontrava-se a quantia monetária acordada; do outro, a lista das realizações a serem levadas a cabo. Com o tempo, até mesmo as sanções às quebras e o desrespeito aos contratos foram fixados por escrito. Um contrato de locação com um grau de especificação semelhante foi firmado com o contratante. (Para aquele que negociava os contratos — os *condotta* — pelo lado dos mercenários e era responsável por assiná-los criou-se a expressão *condottieri*.) Os acordos tornaram-se logo tão complicados que se confiou a especialistas a redação do texto escrito. Juntamente com a elaboração de contratos de compra e venda, formou-se em seguida uma nova classe profissional: os advogados. Entre os primeiros *condottieri* estavam os alemães Conrad von Landau e Werner von Urslingen (ou conde Guarnieri) e o inglês John Hawkwood, que, com o codinome de Giovanni Acuto, propiciou para Florença várias vitórias sobre Milão, Pisa e Bolonha e cuja imagem pode ser admirada ainda hoje na catedral de Florença. Além desses havia os italianos Erasmo da Narni, Jacopo da Todi, Braccio da Montone e Federico da Montefeltro, que ganhou uma fortuna, ascendeu à condição de conde e tornou-se conhecido mundialmente como mecenas. Muzio Attendolo aos poucos conquistou, nas cidades pelas quais foi contratado, uma influência tão grande que seu filho Francesco tomou o poder em Milão.

Os guardas suíços e a infantaria mercenária alemã

Logo surgiu uma concorrência para os *condottieri* vinda do Norte: primeiramente com a guarda suíça e, em seguida, com a infantaria mercenária alemã. O artesanato bélico tornou-se um verdadeiro sucesso de exportação do pequeno país dos Alpes, cujos cantões só fixavam uma regra para a venda: suíços não deviam lutar contra suíços. Se houvesse a ameaça de um conflito, aqueles que tinham contrato com data anterior tinham prioridade. Os outros precisavam cancelar o contrato com seu contratante e não podiam entrar em campo, mas também não recebiam soldo. As guardas suíças possuíam uma enorme coesão interna e uma potência extraordinária. Os grupos eram constituídos por homens jovens oriundos da mesma aldeia ou vale alpino e tinham desenvolvido, como infantaria pesada, uma técnica muito similar à da "falange" grega, com suas lanças. Porquanto conseguiam resistir a regimentos de cavalarias, as pessoas passaram a contratá-los, pois eram baratos. Seus êxitos nos campos de batalha da Europa os tornaram símbolos tão marcantes quanto mais tarde seriam os relógios suíços. Os mais diversos reis e príncipes os recrutavam, e o papa Júlio II formou em grande medida, em 1506, as suas tropas com eles — uma tradição que perdura até hoje no Vaticano.

A infantaria mercenária alemã não era, a princípio, senão uma cópia ruim do original suíço, sendo regularmente derrotada pelo original. Ela só superou seu modelo na batalha de Bicocca, em 1522, depois que ampliou sua oferta: unidades especiais para ações de combate específicas, introdução de gêneros de armas mais modernos, emprego de artilharia, etc. Depois disso, passou a ser encontrada por toda parte — do extremo Norte até Bósforo e, no Sul, até o Tejo.

Com a descoberta do caminho marítimo, por um lado, para as Índias e o sudoeste da Ásia, e, por outro, para a América, aos poucos ampliou-se o campo de atuação dos mercenários alemães por todo o globo. Quando Cortez dominou o México, participaram da expedição, além de um mestre de armas chamado Johann, outros quatro mercenários alemães; quando Pizarro destruiu o império inca, tinha junto de si os membros da infantaria mercenária alemã Jost Hammer e Barthel Blümlein, naturais de Nuremberg; Kasimir Nürnberger desempenhou uma atividade como líder mercenário na Venezuela; unidades inteiras da infantaria mercenária tomaram parte na busca pela lendária cidade de Eldorado; as ilhas do Caribe formigavam com seus membros e o mercenário alemão Ulrich Schmidel, de Straubing, desceu o rio da Prata e fundou, com outros "companheiros", Buenos Aires. Muitos outros serviram como mercenários em Amsterdã ou Lisboa, mudaram para o Oriente e sucumbiram à "magia das Índias Orientais".

A formação de estruturas estatais e o dinheiro que fluía das regiões conquistadas da América e da Ásia tornaram economicamente viável criar exércitos fixos maiores, pagar esses exércitos e submetê-los à fiscalização superior por parte dos soberanos. No ano de 1445, o rei Carlos VII da França conseguiu cobrar um imposto especial dos comerciantes. As associações livres de mercenários foram progressivamente sendo dissolvidas em exércitos permanentes. Os lanceiros mercenários alemães, a guarda suíça, os integrantes da cavalaria italiana, da infantaria inglesa e da artilharia espanhola passaram a prestar serviços para os mais diversos países por um salário, um custo e alojamento fixos, assim como por uma posição de vida assegurada. As tropas da Inglaterra, da Suécia, da França e outras transformaram-se em grandes "legiões estrangeiras". No reino dos Habsburgos, os mercenários sobreviveram até o século XVII. Um dos últimos dentre tais mercenários foi Albrecht von Wallenstein, que construiu na Boêmia a maior máquina de guerra privada já vista até então (associações militares que incluíam a produção de armas) e que se tornou, por meio de contratos lucrativos com o imperador alemão Ferdinando II, o homem mais rico da

Europa. Todavia, com o espírito do livre empreendimento no âmbito das prestações de serviços militares, depois do final da Guerra dos 30 Anos — na qual Wallenstein ainda lucrara muito até o seu assassinato —, tudo mudou. A paz da Vestfália entre Münster e Osnabrück, em 1648, decretou definitivamente o monopólio estatal do uso da força. A partir de então — e nesse ponto nada se alterou até hoje —, é proibido oferecer serviços de guerra e armas sem a autorização expressa do Estado.

A Companhia das Índias Orientais

De certa maneira, as condições nas colônias da América, África, Ásia e Oceania constituíam uma exceção. Na verdade, as metrópoles procuraram concentrar a força militar em suas mãos, mas o poder dos colonos e comerciantes era suficientemente grande para fazer valer em casos de emergência os seus interesses por meio das armas.

As grandes sociedades de comércio dos holandeses (Companhia das Índias Ocidentais e Companhia das Índias Orientais — WIC ou VOC) e dos ingleses (Companhia Britânica das Índias Orientais e Companhia da Baía de Hudson) representavam outra particularidade. A Companhia Britânica das Índias Orientais foi fundada em 1599 e sobreviveu até 1857, enquanto a VOC começou como a primeira sociedade anônima do mundo em 1602 e fechou suas portas, pouco antes de precisar pedir concordata, em 1799. Esses dois empreendimentos foram, durante muito tempo, os maiores clientes de mercenários e, em 1780, o exército da sociedade comercial inglesa ainda era consideravelmente maior que o exército de que podia dispor a rainha da Inglaterra em seu império.

A VOC holandesa, cujos rastros continuam ainda hoje indeléveis na Holanda, deve sua ascensão à condição de maior e mais poderosa potência comercial e militar daquele tempo graças, por um lado, ao monopólio de especiarias e, por outro, a uma brutal política militar. Economia e violência experimentaram na VOC um século de simbiose. Um de seus presidentes mais bem-sucedidos, Jan Pieterszoon Coen, fundador da cidade de Batávia (atual Jacarta), em Java, colocou quase todo o mundo peninsular do sudeste da Ásia sob o domínio da VOC e expandiu sua influência em direção ao Norte, até o Japão. Os pontos de apoio comerciais foram assegurados por fortificações e instalações militares. Uma tropa de combate móvel estava em condições de ser ativada a qualquer momento e em qualquer lugar no caso de perturbações e insurreições. A maior parte dos militares era constituída por mercenários alemães, que vendiam por cinco anos os seus serviços em Amsterdã no *seelenverkoopern*, a fim de velejar com os navios comerciais de Texel, como acreditavam, até os "mundos de contos de fadas das Índias Orientais".

Nas ilhas Molucas, Coen erigiu o primeiro monopólio de noz-moscada, uma especiaria extremamente cobiçada na Europa, quebrando a resistência dos senhores locais — ele assassinou todos os homens com mais de quinze anos e colocou suas cabeças cortadas em exposição em longas estacas. Nas ilhas do mar de Banda, a VOC, em quinze anos, reduziu de maneira semelhante a população nativa a 5% do que era anteriormente. Como substitutos foram importadas forças de trabalho — em sua maior parte sob a forma de escravos. A VOC exigiu terra, estabeleceu plantações e logo proibiu em toda a sua zona de influência que a população nativa cultivasse e colhesse especiarias. Transgressões eram punidas da forma mais dura possível, com tortura e morte. Árvores de noz-moscada, craveiros-da-índia e outras que se encontravam fora das plantações foram derrubados e queimados. Com tais métodos, a VOC ascendeu, já em 1670, à condição de mais rico empreendimento comercial. Ela pagava a seus acionistas dividendos de 41%, empregava 50 mil funcionários e um número igual de mercenários, fazendo navegar sob sua bandeira duzentos navios armados. O "segredo" econômico que se via na longínqua metrópole por detrás de sucesso e riqueza era muito simples: à elevada demanda em casa correspondia uma oferta protegida e controlada com emprego da força. Assim, a sociedade comercial aproveitava os seus homens armados de duas formas: por um lado, para a proteção de seu pessoal nas regiões por ela ocupadas, de seus trinta escritórios comerciais, de suas mercadorias e plantações; por outro lado, como instrumento de repressão contra a população colonizada.

Com a resistência crescente dos nativos contra o regime inescrupuloso e por vezes extremamente sangrento cresceram, contudo, as missões militares. As conseqüências foram lucros em queda, que na metade do século XVIII não chegaram a 12%. Quando os custos com segurança começaram a consumir 70% das receitas, o fim se aproximava. Além disso, os franceses haviam rompido o monopólio do cravo-da-índia, estabelecendo grandes plantações em Zanzibar e nas ilhas Seichelles com plantas roubadas das Índias Orientais. Depois do fechamento da VOC em 1799, contudo, a continuidade se manteve, porque o Estado holandês assumiu a herança da sociedade comercial das Índias Orientais.[3]

De uma perspectiva histórica, o mais importante na VOC (assim como na Companhia Britânica das Índias) foi o fato de, por mais ou menos duzentos anos, o capital privado, dotado de um enorme poder militar — ainda que muito distante da metrópole —, ter decidido sobre guerra e paz, ter determinado a vida e a morte de indivíduos e ter ditado leis e regras. Em suma: em suas zonas de influência, as sociedades comerciais

---

3. Em sua série de romances conhecida como "Tetralogia de Buru" – *Bumi Manusia*, *Anak Semua Bangsa*, *Jejak Lamgkha* e *Rumah Kaca* —, o premiado escritor indonésio Pramoedya Ananta Toer descreve exaustivamente as condições de vida e de poder em sua terra natal durante o domínio holandês.

eram o soberano absoluto, ao qual todos os outros poderes — mesmo o estatal — estavam subordinados.

A Revolução Francesa e o declínio do mercenarismo

Na verdade, a Paz da Vestfália significou na Europa o fim das antigas associações privadas de mercenários, mas não o desaparecimento dos mesmos, pois era facultado ao Estado — como detentor do monopólio do uso da força — empregar mercenários ou seus próprios súditos em seu exército. Com a necessidade crescente de soldados para os exércitos regulares, a classe dos mercenários vivenciou até mesmo um inesperado *boom*. Os reis da Prússia, tanto quanto as outras grandes potências européias, formaram seus exércitos principalmente com "legionários", apesar de Frederico (denominado "O Grande") achar, por exemplo, que os mercenários eram desprovidos de coragem, espírito corporativo, autoconsciência, prontidão ao sacrifício e lealdade. Entre a metade do século XVII e o final do XVIII, a "guerra" ascendeu ao nível da maior indústria do continente, uma indústria que estava então nas mãos do Estado, que a construía e dirigia, e cujos lucros fluíam para os caixas estatais. Alguns Estados compravam mercenários, outros (na maioria das vezes Estados menores) os vendiam aos que ofereciam mais — tal como Hessen, que desenvolveu um próspero comércio com seus filhos. A Inglaterra era uma dos principais clientes, chegando a comprar, para a repressão das aspirações norte-americanas à independência, em 1775, 30 mil mercenários de uma vez em Hessen. Na falta de pessoal apto a de ser vendido, o pequeno principado de Schaumburg-Lippe erigiu uma renomada academia militar, na qual aspirantes a oficial vindos de todos os países aprendiam seu ofício com reconhecidos especialistas em questões militares.

Os Estados absolutistas lucravam bastante com a indústria da guerra e com as guerras. De fato, com uma alegria alternante, eles podiam garantir de maneira satisfatória a segurança externa com seus grandes exércitos regulares, mas a segurança interna se tornou, em alguns desses Estados, cada vez mais frágil. Sobretudo as classes médias — mas também as classes inferiores — acreditavam que a manutenção das condições gerais de lucratividade para as suas atividades e para os privilégios das camadas dominantes consumia grandes riquezas e imobilizava de maneira inútil um capital necessitado de forma por demais urgente. Além das condições de vida não propriamente idílicas, a permanente insegurança na manutenção de pactos e acordos (contratos sempre podiam ser revogados, a qualquer momento, "a partir de cima") contribuiu ainda mais para acirrar o mau humor e acentuar conflitos.

A Revolução Francesa de 1789 não marcou apenas o fim da era absolutista, mas também o fim do mercenarismo. Em 28 de fevereiro de 1790, a Assembléia Constituinte resolveu proibir o emprego de mercenários em solo francês. Tal fato não impediu Napoleão, porém, de acolher até mesmo tártaros e mamelucos em sua Guarda Imperial e conduzir suas batalhas por toda a Europa com imensos batalhões de mercenários — na batalha de Waterloo encontravam-se 350 mil mercenários do lado de Napoleão e 40 mil do lado de Wellington. Todavia, esses fenômenos não passaram de estertores. Em poucas décadas, seguindo o exemplo francês, as outras nações européias também introduziram o serviço militar obrigatório e universal e adotaram exércitos nacionais: por um lado, eles eram mais baratos; por outro, tinha-se mostrado com toda a clareza, nas diversas guerras de libertação, que soldados regulares estavam mais preparados para morrer "em nome do povo e da pátria" do que mercenários em nome de um soldo magro. O mercenário, que continuava sendo apreciado em todo lugar, foi intitulado então de "sujeito apátrida". A maioria dos países proibiu então os seus cidadãos de se deixar recrutar por nações estrangeiras e de lutar por elas. Inúmeras

> **CANÇÃO DO MERCENÁRIO DE HESSEN**
> Levantai rápido, irmãos, e as armas pegai,
> Vamos para a América!
> Unido já está nosso exército, vai,
> Viva, vitória!
> O ouro vermelho, o ouro vermelho,
> Só recebemos se o buscamos,
> Aí também há, aí também há, aí também há um melhor soldo que o velho!
> [...]
> Adeus, minha terra de Hessen, adeus!
> Agora vem a América.
> E nossa felicidade ascende à altura,
> Montanhas de ouro estão todas lá!
> Além disso, na terra inimiga,
> O que falta a alguém,
> A mão pega e retém.
> Este é um, este é um outro estado!
>
> Fonte: *Kriegsreisende*, cap. 5: Absolutismo. O comércio de soldados, p. 2 (www.Kriegsreisende.de)

leis nacionais e convenções internacionais foram sancionadas contra o mercenarismo. Até o início do século XX, o mercenário desempenharia apenas um papel marginal.

Nos últimos duzentos anos, portanto, quem se dispôs a servir como mercenário foi impelido pelo desprezo internacional a se dirigir para pontos extremamente longínquos. Tal fato também se deu com os mercenários alemães. Depois da proclamação do império alemão, os legionários germânicos lutaram na China, contra os turcos e a favor deles, e na África do Sul; depois da Primeira Guerra Mundial, eles se encontravam voluntária ou involuntariamente na União Soviética, tanto do lado dos "vermelhos" quanto dos "brancos", de Minsk a Vladivostok; alguns agiam até mesmo como piratas no mar da China. Depois da Segunda Guerra Mundial, muitas centenas de homens da SS alemã entraram na Legião Estrangeira e lutaram na Indochina; os grupos restantes do corpo africano mudaram-se para os países árabes, onde trabalharam como fabricantes de armas e consultores militares; outros se alistaram nos Estados Unidos e realizaram, sob a proteção da CIA, extenso comércio de armas; o chefe da Gestapo em Lyon, Klaus Barbie, partiu, como muitos de seus "antigos camaradas", para a América do Sul e ajudou, com a sua tropa de mercenários composta por neofascistas europeus, o grupo Noivos da Morte a criar esquadrões da morte e a organizar golpes militares; outros, por sua vez, foram para a África, ao sul do Saara, tal como o portador da Cruz de Ferro Siegfried Müller ("o Müller do Congo") ou o terrorista de direita Horst Klenz ("o chefe mercenário de Pretória"). Nos anos 1990, centenas desses mercenários lutaram nos Bálcãs nas guerras que dividiram a antiga Iugoslávia.

Fica claro, a partir dessa curta e sempre fragmentária visão panorâmica da história, que não houve nenhum desenvolvimento retilíneo no sistema militar privado desde os primórdios até hoje — nem quantitativa, nem qualitativamente. Isso é particularmente válido para a relação com a "economia militar estatal". Assim, por exemplo, a segurança externa (e a força militar) não dependia do fato de serem empregados soldados próprios ou mercenários; mais importante era o poder que acionava e controlava o pessoal militar. Havia "Estados fortes" com exércitos de mercenários e "Estados frágeis" com exércitos populares e vice-versa. O que precisa ser realçado, porém, é o fato de os mercenários — em especial quando entravam em ação como unidades organizadas ou como "empresas" — necessitarem de um controle mais forte do que o exercido sobre os militares recrutados entre os cidadãos; o poder controlador era, portanto, relativamente abrangente e o aparato de controle que lhe era pertinente, dispendioso. Se o poder controlador (seja um príncipe com sua corte, sejam as instituições sociais) se tornava mais fraco, os líderes dos mercenários freqüentemente usurpavam o poder ou a sociedade descambava para uma ditadura militar. Do mesmo modo, também era característica a elevação repentina da oferta de mercenários — e, em conseqüência, certo aumento da demanda — quando o desemprego entre soldados por alguma razão recrudescia, as condições de vida caíam abaixo de um nível determinado (com a emergência da fome, por exemplo) ou, inversamente, quando o que movia as pessoas era a perspectiva de imensas riquezas (viagens marítimas de pilhagem, a busca do Eldorado, etc.).

As conseqüências do recrutamento de mercenários dependiam de como os sistemas eram construídos, configurados e conduzidos com vistas à segurança interna e externa. Será que eles eram funcionais para a respectiva forma social? Será que se encontravam em uma relação equilibrada com a riqueza produzida, ou seja, será que não eram caros demais e ao mesmo tempo subdimensionados a ponto de despertar a cobiça dos vizinhos por uma presa fácil? Eles eram eficazes ou, ao contrário, ineficientes como o sistema militar no feudalismo? Eram adequadamente controlados e conduzidos ou puderam adquirir autonomia e se transformar em "Estado dentro do Estado"? No que diz respeito à história, não é possível encontrar um enunciado generalizável sobre os efeitos do mercenarismo sobre cada sociedade — além do que a mera presença de mercenários no país sempre representou um perigo extraordinário para vida coletiva.

O FIM DA GUERRA FRIA — A PRESTAÇÃO DE SERVIÇOS MILITARES EM NOVO CONTEXTO

A nova ordem mundial:
Paz no Ocidente, guerras no resto do mundo.
Autor desconhecido

Se depois da Segunda Guerra Mundial foram apenas combatentes particulares ou pequenos grupos que buscavam aventura, sorte e dinheiro nas antigas colônias — sobretudo na África —, depois do fim da guerra fria os mercenários começaram a se reunir em empreendimentos de direito civil. A época das empresas militares privadas começara. Depois de quase duzentos anos de estigmatização e marginalização, o mercenarismo voltou a vivenciar um crescimento vertiginoso.

Abstraindo-se das empresas de fornecimento de armas dos Estados Unidos, os sul-africanos e os ingleses foram os primeiros a oferecer serviços militares privados. Os dois grupos — os sul-africanos em seu continente e os ingleses na Península Arábica e na Ásia — haviam feito experiências com mercenários e ficaram desempregados com o fim do regime do *apartheid* ou da guerra fria. Alguns dentre eles anteviram que, com a retirada das respectivas potências de suas esferas de influência, surgiria uma lacuna de segurança. E eles estavam convencidos de que esse vácuo poderia ser utilizado de maneira lucrativa pela empresa privada.

Pessoas como os sul-africanos Eben Barlow e Nick van der Bergh ou os britânicos Tony Buckingham e Simon Mann, fundadores e proprietários da Executive Outcomes, decidiram instituir o mercenarismo, ou seja, o oferecimento de serviços militares como um negócio sério, dotado de um *status* em termos de direito civil e de registro comercial. Tim Spicer, um tempo depois, por insistência de seu amigo e companheiro militar Simon Mann, também passou a participar do processo e criou para a empresa, com o apoio de uma especialista londrina em *marketing*, o conceito de *private military company* (empresa militar privada). Tal designação acabou por se tornar em pouco tempo o sinal distintivo do ramo. Com isso, as empresas não se distinguiam apenas da imagem tradicional do mercenário, mas também das empresas de segurança à moda antiga, que vigiavam edifícios e transportes de valores.

O desenvolvimento da situação econômica e política lhes dera razão: a demanda era gigantesca, a situação dos contratos, boa, e os sucessos alcançados, impressionantes. O ramo da prestação de serviços militares expandiu-se em ritmo vertiginoso. Com o auxílio de administradores inteligentes e de agentes financeiros especializados, ganhou espaço, em curtíssimo período, na bolsa de valores. Todos queriam comprar títulos dessas empresas, que apresentavam as mais elevadas cotas de crescimento e pagavam dividendos muito maiores do que as melhores empresas, no que concerne aos índices de ações em Wall Street, Nova York, ou na City de Londres.

O tempo em que mercenários ou empresas de segurança especializadas em ações armadas precisavam operar quase no escuro tinha passado. As empresas militares privadas passaram a assinar contratos regulares com Estados, governos, organizações de ajuda e de paz, e até mesmo com a ONU. Ao menos para fora, as tropas de mercenários transformaram-se em empresas sérias que estabeleciam cálculos rígidos com base na economia de mercado. Em pouco mais de uma década, praticamente sem chamar a atenção do grande público, formaram-se centenas dessas empresas.

De acordo com o aspecto sob o qual se considera esse desenvolvimento, chega-se a conclusões diversas. Naturalmente, aos observadores políticos no Terceiro Mundo, que vivenciam as atividades das empresas militares privadas no próprio país, impõem-se conclusões diferentes daquelas que se alcança no Primeiro Mundo, conclusões que vêem na privatização das tarefas militares um instrumento para a redução de custos, a fim de estabilizar em seu próprio país as tarefas domésticas em favor do setor social, ou uma possibilidade de ampliar a esfera de ação das próprias forças armadas. Em geral, podem-se constituir alguns complexos, em parte ligados rigorosamente uns aos outros, e fixá-los como condições normais, que em alguns casos favorecem a ascensão das empresas militares privadas e em outros possibilitam-nas pela primeira vez. Trata-se de quatro pressupostos gerais e de quatro condições daí derivadas. O primeiro pressuposto foi o fim da guerra fria; o segundo, a globalização da economia mundial; o terceiro (a partir de 2001), a nova "Política Energética Nacional" (PEN) dos Estados Unidos e de seus aliados; e o quarto, a revolução tecnológica (eletrônica). As quatro condições daí derivadas são: a redução mundial dos orçamentos de defesa, a ampliação dos conceitos de segurança para além da mera defesa do país, o aumento repentino das áreas, regiões e focos de conflito internacionais, nacionais e locais, assim como a diminuição do interesse das nações industrializadas em se engajar em missões de paz.

Fim da guerra fria e globalização

Com o fim da guerra fria, só restou uma única superpotência — os Estados Unidos da América. Criou-se então uma nova assimetria na distribuição internacional do poder: se os interesses particulares dos Estados eram anteriormente assentados sobre um dos dois pólos, começaram a se impor e a adquirir autonomia depois de 1989 forças centrífugas cada vez mais fortes. A conseqüência foi uma fragmentação das esferas de interesses. Sobretudo os países do Leste e aqueles do Terceiro Mundo, que tinham se beneficiado do auxílio e do apoio da União Soviética, buscaram novos parceiros e novas alianças.

    A repentina "supressão do inimigo" e o sentimento que se propagou nas populações de que elas estavam livres de uma ameaça imediata exerceram forte pressão sobre os governos para que eles reduzissem os gastos militares. Quase todos os países — não apenas os do antigo Pacto de Varsóvia e da OTAN — reduziram enormemente seus orçamentos de defesa. Houve uma diminuição drástica das forças armadas nacionais e dos arsenais de armas, assim como o redimensionamento da segurança externa (guarnições, campos de exercício, etc.). A redução global das forças armadas deixou cerca de 7 milhões de soldados sem emprego, que inundaram o mercado de trabalho à procura de ocupação para além dos limites nacionais. E entre esses soldados não havia apenas "simples infantaria". Ao contrário, as dispensas do serviço militar haviam afetado, na mesma medida, tanto pilotos quanto técnicos em vigilância, tanto membros de unidades especiais quanto especialistas no campo das telecomunicações ou da espionagem. A enorme oferta de pessoal levou à queda dos preços e, com isso, agentes da violência não estatais — desde senhores de guerra (como Adid, no Sudão), passando pela rede da criminalidade organizada (como as diversas máfias nos países da antiga União Soviética, por exemplo a "máfia de Odessa"), até chegar às forças terroristas (como a Al Qaeda) — passaram a oferecer serviços de guerra especializados, podendo também adquiri-los nos mercados abertos, graças à globalização. Quase concomitantemente à diminuição de pessoal, os exércitos no Ocidente e no Leste reduziram seus arsenais de armas. Aquilo que não podia ser alojado em países amigos foi vendido a preços baixos em ofertas públicas, nos mercados livres, para quem pagasse mais: quase tudo que fazia parte do patrimônio do antigo exército popular nacional da República Democrática Alemã, assim como máquinas militares russas, pistolas automáticas de procedência chinesa ou belga, tanques franceses e helicópteros americanos. Mesmo sistemas de armas integrais foram colocados livremente à venda, bastando escolher. Em suma: o mercado mundial foi inundado com armas nos anos 1990.

Além disso, sobretudo as nações industrializadas ocidentais começaram a desenvolver novos conceitos de segurança, que passaram a se ancorar tanto em instituições nacionais quanto internacionais, como a OTAN, a União Européia e a ONU. No centro do problema encontrava-se a ampliação do campo de tarefas por meio de uma compreensão transformada das noções de soberania estatal, de responsabilidade humanitária e ecológica e, com isso, de estratégias de intervenção articulada ampliada. A forma mais simples de fazer frente e de realizar o imenso catálogo de tarefas com um contingente reduzido era eliminar uma parte das tarefas das forças armadas nacionais (e de outros órgãos de segurança estatais) e transferir outra parte para a iniciativa privada. As novas tarefas e o que restara das antigas — tal como a defesa do país e a segurança das fronteiras nacionais — deveriam ser executadas por forças de combate reestruturadas e por órgãos de segurança reformados.

A destruição da "cortina de ferro" havia possibilitado a transformação de todo o planeta novamente num único mundo, com limites cada vez mais flexíveis. A "globalização" avançou e se transformou no tema mais importante dos anos 1990. O desencadeamento das forças do mercado mundial, a submissão total a esse mercado e a supressão do poder do Estado nacional foram, para a maioria das nações, um "processo coercitivo, ao qual elas não tinham como se furtar".[1] A abertura de todos os mercados, o trânsito de mercadorias com flutuação livre, as cadeias financeiras que fluem sem limites, em suma, a liberalização e a

---

1. Hans-Peter Martin/Harald Schumann, *Die Globalisierungsfalle* [A cilada da globalização], Reinbeck/Hamburgo, 1996, p. 296.

desregulamentação de todos os campos econômicos não trouxeram, porém, apenas vantagens. Ao contrário, numa luta marcada pela concorrência e com um processo de seleção impiedoso, os mais fracos foram expelidos, aqueles que foram afetados por esse processo ficaram desempregados e sem meios de subsistência, e camadas inteiras da população foram impelidas para o limiar do mínimo necessário para a sobrevivência. Isso aconteceu sobretudo nos países do Terceiro Mundo.

Além disso, com o fim da bipolaridade, a proteção exercida pelos blocos e o apoio financeiro ou a transferência de recursos para as suas zonas de influência desapareceram de forma brusca. E não foi apenas nos "Estados frágeis" que as populações puderam senti-lo. Ao contrário, os conglomerados de empresas ocidentais também puderam experimentá-lo no quadro da globalização da economia mundial. Aqueles ramos que dependiam de matéria-prima ou de produtos semimanufaturados fora dos limites de seu país foram afetados de maneira particularmente sensível. Suas áreas de exploração ou seus locais de fabricação encontravam-se na maioria das vezes em países do Terceiro Mundo e, dessa forma, muitas vezes em zonas de conflito. Empobrecimento e confrontos violentos crescentes e uma proteção cada vez menor conduziram a uma rápida elevação dos riscos de segurança. Essas empresas foram então as primeiras a substituírem a proteção que antes era garantida pelo Estado por empresas militares privadas.

Novos conflitos no Terceiro Mundo

A nova "desordem mundial de segurança" que se estabeleceu com a queda dos escudos protetores fornecidos pelas superpotências e com a globalização da economia mundial gerou, sobretudo na África, mas também na Ásia e na América Latina, conflitos internos não resolvidos ligados à distribuição de terras, assim como confrontos étnicos e religiosos. Nem no Oriente nem no Ocidente, as pessoas tinham se importado até então em saber se haviam se desenvolvido Estados democráticos, em suas esferas de influência, com infra-estrutura sólida pautada no Estado de direito. Mais importante era a "postura correta" e a lealdade ante o respectivo bloco. Largados à própria sorte com segurança mais restrita e com menos dinheiro para a administração pública, muitos países do Terceiro Mundo foram se encaminhando paulatinamente para a catástrofe.

Aliou-se a isso ter se tornado cada vez mais raro nos países do Primeiro e do Segundo mundos a presença da vontade política de intervir para atenuar conflitos por intermédio de missões de paz ou de se engajar para instituir a ordem.[2] Depois da fracassada missão Restaurar a esperança, na Somália, em 1994, o presidente norte-americano Bill Clinton já tinha ressaltado que Washington só apoiaria no futuro medidas de manutenção da paz no quadro das Nações Unidas se essas medidas fossem necessárias para a segurança internacional ou se fossem do interesse dos Estados Unidos. O especialista em questões militares sul-africano Phillip van Niekerk constatou:

> A partir dos anos 1990, os governos ocidentais se recusaram cada vez mais a enviar tropas nacionais para as regiões de conflito do Terceiro Mundo, sobretudo quando eles não tinham popularidade em casa. O tom geral era o de que esses países não mereciam que o sangue de norte-americanos, britânicos e franceses fosse derramado por eles.[3]

---

2. Se no final dos anos 1980 ainda havia cerca de 100 mil capacetes azuis em ação, esse número se reduziu para menos de 10 mil na metade dos anos 1990. Depois de 2001, o número subiu uma vez mais e, em 2004, 34 mil soldados trabalhavam por todo o mundo em dezessete missões da ONU. Os países da União Européia fornecem menos de 4 mil e os Estados Unidos disponibilizam poucas dezenas de soldados para as missões da ONU.

3. *Inter Press Service* de 18 nov. 2003; cf. as exposições de Wulf: *Internationalisierung und Privatisierung von Krieg und Frieden* [Internacionalização e privatização da guerra e paz], pp. 33-48, 79-95.

Tal postura foi intensificada pela falta de aceitação por parte das próprias populações nos países ricos[4], pelo desaparecimento dos recursos materiais e pessoais nas Nações Unidas e por conceitos divergentes no interior das grandes potências sobre as novas esferas de influência.

Esse vácuo produzido por segurança não garantida internacionalmente (e por Estados nacionais) para amplos círculos populacionais no Terceiro Mundo deparou-se cada vez mais com protetores de fato — ou assim autodenominados —, que se mostravam, entre outras coisas, sob a forma de organizações de rebeldes e de grupos insurrectos, mas também de redes terroristas — sobretudo em regiões particularmente afetadas pela globalização em termos econômicos e sociais. As conseqüências foram conflitos internos na sociedade, que ocorriam de maneira cada vez mais freqüente, transformando-se em confrontos armados ou em guerras civis abertas. Em muitos casos, iniciou-se um círculo vicioso: por meio da inserção de pessoal civil nas lutas e da vinculação de meios financeiros para a compra de armamentos, a produção econômica foi enfraquecida e a guerra, incrementada; a guerra, por sua vez, tornou a população mais pobre por conta da destruição da terra e dos meios materiais, dos mortos e feridos; e a pobreza ou as condições de vida cada vez piores instigaram uma vez mais os conflitos armados. Em muitos países estabeleceram-se, assim, "economias de guerra" regulares, nas quais líderes locais de tropas transformaram a guerra em um negócio lucrativo. As fontes de receita eram de variados tipos: entre eles estavam plantação e comércio ilegal de drogas, roubo, saque, chantagens, cobranças para a proteção dos transportes de bens humanitários internacionais nas regiões de conflito, seqüestro de pessoal das organizações humanitárias ou de empresas transnacionais,

---

4. Cf. Deborah Avant, "Privatizing Military Training" In: *Foreign Policy*, 7 (maio 2002) 6.

e comércio internacional de pessoas. O lucro era destinado à compra de armas e equipamentos de guerra de todo tipo.

O "mundo único", porém, também tinha tornado possível algo diverso. Os conflitos podiam ser instigados e antes de tudo financiados de fora (e não apenas por Estados) com uma facilidade nunca antes existente. Aproveitando o lema "pensar em termos globais, agir em termos locais", não foram apenas os grupos terroristas que fundaram e mantiveram em todo o mundo grupos lobistas, comitês de apoio, contingentes externos de apoio e combatentes, mas também grupos de interesse de todas as matizes econômicas e políticas. O sistema financeiro internacional em funcionamento diuturno, que envolve todo o mundo, permitiu a reunião dos capitais em uma parte do globo, o depósito em outra, o investimento em uma terceira, a compra de armas, por exemplo, em uma quarta e uma quinta, cujo transporte acontece em um sexto país e cujo emprego se dá, por fim, num lugar determinado, a própria região de conflito. Por causa da estrutura amplamente ramificada, também se deu a essa estrutura o nome de "guerra de rede".[5]

A nova "Política Energética Nacional" (PEN)

Um dos quadros mais importantes para o crescimento vertiginoso das empresas militares privadas foi apresentado pela nova "Política Energética Nacional" (PEN) dos Estados Unidos e do Ocidente. Sob a direção do vice-presidente americano Richard B. Cheney, um grupo de trabalho intitulado National Energy Policy Development Group elaborou, em janeiro de 2001, um documento abrangente que expõe em linhas gerais o desenvolvimento no campo energético mundo afora até

---

5. Cf. Mark Duffield, *Global Governance and New Wars. The Meaning of Development and Security*. Londres, 2001.

2020/2025 e descreve as conseqüências que daí resultarão para os Estados Unidos e seus aliados. Com poucas alterações, formou-se a partir desse documento de trabalho a "Política Energética Nacional", anunciada em 17 de maio de 2001 pelo presidente George W. Bush.[6] A análise aí contida — não sem dramaticidade — parte do fato de que seria necessário esperar uma demanda crescente por energia, sobretudo por petróleo, nas próximas duas décadas, sendo que pela primeira vez na História a demanda superaria a oferta, mesmo que novas reservas de petróleo e gás sejam encontradas e exploradas. Esse *peak (point) of oil* entraria em cena por volta de 2008.[7] Com essas lacunas na oferta — assim prossegue a análise —, ocorreria uma "luta por petróleo" mundo afora, sobretudo visto que China e Índia, com sua economia em expansão e com a "fome de petróleo" que dela advém, entrariam no mercado mundial como concorrentes poderosas. No estudo de 170 páginas, presume-se que a produção nacional nos Estados Unidos cairá tanto em termos absolutos quanto relativos nos próximos vinte anos e que o país precisará, por isso, importar mais de 50% do petróleo de que necessita. Essa necessidade, porém, não poderá ser suprida por meio de uma elevação das quantidades extraídas pelos principais fornecedores do próprio continente (Canadá, México, Venezuela e Colômbia). Por isso, além do petróleo da Península Árabe, o petróleo do mar Cáspio e o africano se tornarão cada vez mais importantes.

---

6. Os dois documentos encontram-se na Casa Branca, em Washington (www.whitehouse.gov/energy), e no Departamento de Energia.

7. Um novo estudo encomendado em 2005 pelo Department of Energy (DoE) sobre o *peak-oil* e realizado por um antigo funcionário do alto escalão do DoE e atualmente alto especialista em energia da empresa militar privada SAIC, Robert Hirsch, dá subsídio à análise. Cf. Adam Porter "US Report Acknowledges Peak-oil Threat", 14 mar. 2005 (www.countercurrents.org/po-porter140305.htm) e as informações do governo norte-americano (http://usinfo.state.gov/infousa).

Para a visão global da PEN, segundo a sua análise, tão importante quanto o abastecimento de petróleo e gás é a segurança das linhas de abastecimento. Essa segurança não diz respeito apenas aos oleodutos, mas também aos transportes marítimos que vão do produtor até o consumidor. Além disso, o que está em questão é a segurança dos recursos que serão explorados sobretudo na África e na Ásia. Geralmente, pressupõe-se que as regiões de exploração, as linhas de abastecimento e os recursos que seguem até a América do Norte e a Europa residem todos em "Estados frágeis" ou em regiões inseguras.

Como pontos mais críticos foram avaliados em 2001 o Afeganistão, sob o domínio do regime talibã, e o Iraque, sob a ditadura de Saddam Hussein. O Afeganistão, porque poderia interromper o transporte do petróleo vindo do leste do mar Cáspio para o Oceano Índico; o Iraque, porque não apenas poderia chantagear o Ocidente por conta de suas enormes reservas de petróleo, como também poderia desestabilizar a vizinha Arábia Saudita; e, se obtivesse sucesso, o Iraque se transformaria em potência hegemônica no mundo árabe — para os Estados Unidos e para muitos de seus aliados, um cenário de terror.

A partir dessa análise, a PEN apresenta como conseqüência uma ligação imediata entre a segurança das regiões de extração, as linhas de abastecimento, os recursos futuros e a segurança nacional dos Estados Unidos, uma vez que um subabastecimento energético traria consigo conseqüências dramáticas para as condições de vida de todos os cidadãos dos Estados Unidos. Por essa razão, precisariam ser tomadas precauções para assegurar, em caso de emergência, o abastecimento de energia mesmo com meios militares.[8]

---

8. No que concerne à PEN e a uma apreciação crítica das análises e conseqüências, cf. as publicações do professor de sociologia norte-americano Michael T. Klare (*Blood and Oil*, Nova York, 2005; "The Intensifying Global Struggle for Energy", 9 maio 2005, www.tomdispatch.com; "Mapping the Oil Motive" In: *TomPaine*, 18 mar. 2005, www.tompaine.com); Aziz Choudry, "Blood, Oil,

Com base na nova "Política Energética Nacional", o governo Bush passou em meados de 2001 a transformar em realidade suas necessidades de segurança. A presença militar nas regiões petrolíferas foi intensificada e a formação dos exércitos nesses países, ampliada. Grande parte dessas tarefas foi transferida para as empresas militares privadas. Já naquela época, críticos da PEN profetizavam que, com essa política, o exército dos Estados Unidos se transformaria lentamente, mas de forma segura, em um "serviço de proteção ao petróleo". Tal crítica intensificou-se — ainda que de outra maneira — com a guerra do Afeganistão, que se seguiu aos devastadores ataques terroristas do 11 de Setembro de 2001, e com a guerra do Iraque no início de 2003. Voluntária ou involuntariamente, a política de segurança do petróleo da PEN entrelaçou-se com a "guerra global ao terror". Mesmo sem essa guerra, porém, a nova "Política Nacional de Energia" teria preenchido os cadernos de encomendas das empresas militares privadas; por meio da "guerra contra o terrorismo", então, surgiu enfim um programa de plena ocupação.

Desde 2001, os Estados Unidos conseguiram impor como meta à maioria de seus aliados e às alianças e organizações ligadas a eles a política de segurança do petróleo. Mesmo a Alemanha (assim como a França) ajudou a estabelecer essa meta: ainda que o governo alemão tenha constituído metas que divergiam dos Estados Unidos e não tenha tomado parte imediatamente na guerra do Iraque, a marinha alemã auxilia, por exemplo, no quadro da Operação Liberdade Duradoura, as linhas de suprimento de petróleo no Chifre da África. A OTAN também se apropriou desse ponto de vista, uma vez que declarou, num "conceito estratégico", que a "interrupção do abastecimento de recursos vitais" representaria um risco para a

---

Guns and Bullets." In: *Znet*, 28 nov. 2003; William Engdahl, "The Oil Factor in Bush's War on Tyranny" In: *Asia Times*, 3 mar. 2005.

estabilidade da aliança. Desde a Liberdade Duradoura, a política de segurança do petróleo e da energia transformou-se em uma base óbvia de ação.

Uma ampliação dessa concepção ganhou voz no encontro da OTAN ocorrido em Praga em outubro de 2005. Lá, seu comandante-em-chefe, o general norte-americano James Jones, acentuou que a aliança teria deixado de ser, com o fim da guerra fria, uma "pura maquinaria militar" para poder acomodar "as novas exigências de manutenção da paz e de operações preventivas e humanitárias". Segundo Jones, as atividades futuras de segurança precisariam ser realizadas juntamente com a iniciativa privada. Três campos de atividades seriam aí prioritários: em primeiro lugar, a segurança contra ataques terroristas dos dutos de petróleo e de gás que vão da Rússia para a Europa Ocidental; em segundo lugar, a segurança dos portos nos países da aliança e do tráfego marítimo internacional; e, em terceiro, a segurança do golfo da Guiné, rico em petróleo. Essa região, na qual as "companhias petrolíferas" ocidentais "gastam anualmente bilhões de dólares com segurança", representa, de acordo com Jones, por causa da "pirataria, do roubo, da instabilidade política e das tensões entre cristãos e muçulmanos, um sério problema de segurança" para os países da OTAN.[9] Diante de tais reflexões, é de se supor que os negócios do ramo da prestação de serviços militares não venham a sofrer nenhuma quebra.

A revolução técnico-eletrônica

Um fenômeno de tipo totalmente diverso que favoreceu o crescimento das empresas militares privadas foi a transformação da condução da guerra, que se sedimentou em conceitos

---

9. Cf. "Nato Means Business to Protect Pipelines" In: *United Press International*, 26 out. 2005.

como Revolution in Military Affairs (RMA) e Network Centric Warfare (NCW).[10] No centro desse fenômeno encontra-se a transformação, introduzida pelo emprego da eletrônica e das tecnologias de informação (TI), tanto da técnica de armamentos quanto da técnica de condução de guerras. A indústria de armamentos levou a tal ponto o desenvolvimento que, excetuando-se armas leves, nenhum equipamento de guerra pode ser colocado em ação sem sistemas eletrônicos e sem redes de TI. O manuseio e a manutenção desses novos sistemas de armas, ligados eletronicamente entre si por meio de computadores (armas de precisão que possibilitam "intervenções cirúrgicas" sem "danos colaterais"), exigem, porém, pessoal especializado.

As forças armadas norte-americanas não possuíam, até aquele momento, o contingente necessário de técnicos, engenheiros e especialistas em computação. Se inicialmente eles ainda tentaram preparar soldados para fazer frente às novas exigências, por razões relativas a custos, passaram a abdicar cada vez mais da formação de seu próprio pessoal especializado. Em vez disso, o Pentágono passou logo a contratar nas companhias de armamento, juntamente com a compra dos sistemas de armas, o pessoal responsável pelo serviço. Muitos deles, como a Northrop Grunman ou a Lockheed Martin, reorganizaram o setor em função disso: compraram empresas militares privadas como a Vinnell e a MPRI, e distribuíram seu pessoal nas novas empresas afiliadas.

Na condução da guerra, dois conceitos são característicos da transformação tecnológica: *Information Warfare* (IW) e

---

10. A RMA foi originariamente desenvolvida como uma doutrina norte-americana do Pentágono depois do fim da guerra fria (começando em 1991). Uma parte central é formada pela NCW, um conceito militar segundo o qual, por meio do entrelaçamento de todas as unidades em uma zona de operações, dever-se-ia alcançar um aceleramento dos fluxos de informações e, com isso, a elevação do poder de combate militar. (No exército alemão fala-se de "condução de operações em rede" ou *NetOpFü*). O conceito de *Network Centric Warfare* foi colocado à prova pelos Estados Unidos pela primeira vez na guerra do Iraque, em 2003.

Armas de precisão como este míssil de cruzeiro, disparado de um navio de guerra norte-americano em Bagdá, são guardadas e manuseadas com freqüência pelos próprios fabricantes privados.

Command and Control Warfare (C2W). O primeiro diz respeito à utilização ofensiva e defensiva de informações e sistemas de informações para penetrar, espoliar, sabotar, inviabilizar a utilização ou destruir a rede apoiada por computadores, os sistemas eletrônicos de processamento de dados e as bases de informações dos adversários. No caso do C2W, o objetivo é influenciar, induzir a erro e enfraquecer — pela aplicação combinada tanto de meios eletrônicos, físicos e psicológicos quanto de meios próprios ao serviço secreto — os órgãos e os mecanismos de controle do adversário, na tentativa de paralisar em termos informacionais toda e qualquer central de comando, destruindo-as fisicamente. Esse modo de procedimento foi empregado com sucesso, por exemplo, pela empresa militar privada MPRI na já descrita Operação Tempestade, na Croácia. O C2W foi utilizado em uma escala maior nas guerras do Afeganistão e do Iraque.

A rapidez com a qual, nos dois casos, as forças armadas adversárias puderam ser colocadas fora de ação deveu-se fundamentalmente à nova concepção do modo de conduzir a guerra. A concretização, porém, só foi possível nos dois casos graças à ação maciça das empresas militares privadas especializadas e aos especialistas oriundos da iniciativa privada. Assim, algumas das armas de alta tecnologia, como os "zangões predadores", os Global Hawks (aviões não tripulados), os "bombardeiros invisíveis" B-2 Stealth Bomber ou o sistema de defesa Aegis, que opera nos navios da marinha norte-americana, foram manejados e vigiados pelos membros das empresas militares privadas.[11] Os sistemas de informação também foram dirigidos em larga escala por pessoas do ramo da prestação de serviços militares.

Tal como analisou um especialista norte-americano em questões militares, o exército dos Estados Unidos decidiu, evidentemente, permitir o ingresso de pessoal contratado mesmo nas ações de combate propriamente ditas. Por isso, é de se supor que, no futuro, a condução da guerra baseada em tecnologias de informação (*Information Warfare*) venha a ser dominada pelos "novos mercenários".[12] A dependência das forças armadas em relação às armas de alta tecnologia faz com que elas não sejam mais capazes de entrar em ação sem o auxílio de pessoal privado. Às vezes chegam a ser necessárias até mesmo muitas empresas para tornar uma unidade militar operante. Com isso, tem crescido significativamente o número de funcionários privados — técnicos, programadores, analistas de sistema, especialistas em simulação, etc. — nos "campos de batalha". Essas pessoas tornaram-se parte integrante das próprias operações militares. Milhares de "civis" que trabalham nas bases

---

11. Cf. Singer, *Corporate Warriors*, p. 64, refere-se a notícias nos meios de comunicação norte-americanos, tais como o jornal *USA Today*.
12. Cf. Thomas Adams, "The New Mercenaries and the Privatization of Conflict" In: *Parameters*, verão de 1999, pp. 103-116.

de operações a fim de tornar real a "guerra digitalizada" transformaram-se, assim, em soldados. O direito civil continua tratando-os como não-combatentes e os conta como parte da população civil; os adversários de guerra, porém, vêem neles o que realmente são — partes da máquina de guerra. Com a inclusão de soldados privados na condução da guerra abriu-se uma zona cinzenta perigosa, povoada por pessoas sem um *status* jurídico claro.

Mudanças nos serviços secretos

Um desenvolvimento similar ao que se deu no complexo militar industrial realizou-se nos serviços de notícias e informações, assim como nos serviços secretos. Nesse âmbito sensível, a revolução eletrônica se fez sentir de maneira ainda mais forte, em primeiro lugar em virtude da computadorização dos meios e dos métodos ligados aos serviços de notícias, algo que trouxe consigo uma revolução nos modos de trabalho; e, em um segundo momento, em virtude da dependência crescente dos serviços secretos em relação às tecnologias e à experiência da indústria privada. Com isso surgiu, em terceiro lugar, um entrelaçamento entre agentes públicos e privados, que é provavelmente ainda maior que no setor militar.

Nesse caso, vários fatores tiveram seu papel. A onda de informações que cresceu em especial por meio da ampliação da internet precisou ser controlada, sobretudo no setor civil — na economia e nos meios de comunicação. A racionalização por meio de sistemas apoiados em processamento eletrônico de dados em bancos, seguradoras, empresas de energia e outras elevou a dependência em relação às tecnologias da informação. A princípio, foi para suprir suas necessidades que a iniciativa privada desenvolveu sistemas de organização da onda de notícias, assim como sistemas de segurança para as bases de processamento eletrônico de dados. Realizou-se uma revolução profunda tanto no campo do *hardware*, com gerações de computadores cada vez mais rápidos, quanto no campo dos *software*, com programas cada vez mais "inteligentes", que serviam a todas as necessidades imagináveis. A inteligência dos ciberespaços, dos mundos virtuais e digitalizados, tinha se desenvolvido na esfera privada e civil, mas logo conquistou uma posição hegemônica ilimitada. Os especialistas dos órgãos de controle estatais na polícia, no exército e nos serviços secretos não estavam em condições de fazer frente a essa "ciber-inteligência". Foi aos poucos que a opinião pública mais ampla tomou contato com isso: por exemplo, quando os meios de comunicação noticiaram que *hackers* tinham conseguido quebrar e invadir o sistema de segurança do presidente dos Estados Unidos, ou quando um vírus de computador paralisou redes elétricas, linhas de transporte e afins. Na verdade, nos órgãos de segurança estatais procurou-se preencher as lacunas por meio do rearmamento e da intensificação da formação de profissionais. No entanto, o resultado foi mitigado. A solução mais barata e mais elegante consistiu em adquirir ou acumular — com o tempo — a experiência do setor privado e vinculá-lo ao próprio trabalho. Essa necessidade de ajuda privada foi ainda mais intensificada pelo fato de agentes ou grupos privados que colocavam potencialmente em risco a segurança pública (tais como a criminalidade organizada e os terroristas) disporem de acesso livre a aparatos e especialistas em alta tecnologia, enquanto os órgãos públicos de segurança andavam claudicantes com seus equipamentos obsoletos. Para preencher as lacunas com rapidez, concedeu-se à indústria de computação, a analistas e técnicos em sistemas privados, a especialistas em programação e em problemas digitalizados, entre outros, acesso às estruturas públicas de segurança.

    A extensão e o significado do entrelaçamento da economia privada com os órgãos de segurança estatais ficam claros quando se considera um pouco mais de perto, por exemplo, o trabalho e as tarefas dos serviços de notícias e dos serviços secretos na Alemanha. Esses serviços são providenciados pelo executivo político e pelas instituições estatais (por exemplo, a polícia, a defesa de fronteira, a alfândega, o ministério público) com todo o saber que concerne à segurança. Seus campos de tarefas no interior do país são a luta contra a espionagem (em geral, também a espionagem econômica), a sabotagem, o terrorismo, os movimentos políticos, religiosos ou étnicos extremistas, a criminalidade organizada, a produção e o comércio de drogas, a venda ilegal e o contrabando de armas, a falsificação e a lavagem de dinheiro, a imigração ilegal e o tráfico humano, ataques "eletrônicos" de todo tipo, etc. No âmbito da segurança externa, é preciso cobrir mais ou menos os mesmos campos de atuação, visto que as atividades criminosas ou nocivas ao Estado são iniciadas ou dirigidas do exterior. Além disso, o Bundesnachrichten Dienst (BND) [Serviço Federal de Informações] ainda tem a tarefa de prover com informações relevantes à segurança aqueles ministérios cujas atividades estão ligadas ao exterior: o Ministério das Relações Exteriores, o Ministério do Desenvolvimento, o Ministério da Economia e o da Defesa. Além disso, as forças armadas e o Ministério da Defesa são informados pelo Serviço militar de contra-espionagem da Alemanha (MAD) sobre todos os planos ou atividades que ameacem a segurança militar.[13]

Em particular nos últimos quinze anos, o fornecimento, a decifração e a concentração de dados, assim como o reprocessamento com vistas a um saber relevante, passaram a ser possíveis em larga escala somente por meio das mais modernas tecnologias da informação. A coleta de dados acontece normalmente em três setores: o setor da *Human Intelligence* (HUMINT), o da *Signals*

---

13. Cf. *DCAF: Intelligence. Practice and Democratic Oversight — A Practitioner's View*. Genebra, 2003; e para os Estados Unidos, Gregory F. Treverton, *Reshaping National Intelligence for an Age of Information*, Nova York, 2001.

Intelligence (SIGINT)[14] e o da Imagery Intelligence (IMINT). O primeiro setor trabalha com informações, por exemplo, dos círculos diplomáticos, econômicos ou midiáticos, assim como com espiões e agentes; o segundo obtém seu material por meio da captação, gravação direta e escuta de todo tipo de dados, que são enviados por telefone, rádio, internet, *laser*, radar, satélite, etc., através de sinais eletromagnéticos; o terceiro setor obtém dados de um material imagético, gerado por tecnologias de gravação fotográfica, eletrônica, infravermelha, ultravioleta, entre outras, via satélite, aparelhos aéreos não tripulados como o *Predator* ou o Global Hawk, aviões, navios ou estações em terra.

Apesar da HUMINT também ter se desenvolvido de maneira considerável, é nos outros dois setores que precisamos assinalar os saltos qualitativos propriamente ditos. Esses setores, porém, são em grande medida dependentes das capacidades da indústria privada e de seu material: desde que o sistema de transportes e de expedição entrou de modo mais amplo no desenvolvimento dos sistemas de navegação apoiados via satélite, novos padrões puderam ser estabelecidos (por exemplo, sistemas de navegação baseados em GPS). Além disso, há comparativamente mais dados do tráfego de mercadorias transfronteiras nas empresas de expedição do que nas repartições públicas — dados que possuem uma significação eminente para a alfândega em eventuais contrabandos de armas e drogas. Imagens feitas por satélites que apresentam tomadas de cada pequena mancha sobre a Terra podem ser obtidas por qualquer civil, desde que empresas comerciais passaram a explorar esse negócio que envolve satélites, servindo para fins próprios de todos os tipos: a criminalidade organizada pode utilizá-las para o tráfico de

---

14. Por conta de sua significação particular e do acelerado desenvolvimento tecnológico na última década, este âmbito foi dividido uma vez mais em EMINT (*Eletronics Intelligence*), COMINT (*Comunications Intelligence*) e TELINT (*Telemetric Intelligence*).

pessoas e para o transporte de drogas; as indústrias extrativistas, para a descoberta de matérias-primas; os serviços privados de espionagem econômica, para a especulação na bolsa de valores, etc. O reconhecimento aéreo em relação a tudo aquilo que se movimenta ou se encontra no solo tornou-se um domínio das empresas privadas. Companhias do ramo de telecomunicações dispõem de numerosos caminhos de transmissão de dados mais eficazes e mais baratos que as forças armadas, o que levou, por exemplo, o Pentágono a transferir por motivos de força maior toda a sua rede de telecomunicações para a iniciativa privada, apesar de isso ser menos seguro.

O segundo passo no ciclo de trabalho dos serviços secretos, a concentração e, quando necessário, a decodificação de dados, também experimentou uma transformação fundamental. Procedimentos automatizados e apoiados por computador voltados para a organização e a concentração de dados progrediram muito mais no âmbito civil do que no âmbito próprio dos serviços secretos. A decodificação de dados (assim como a codificação) não é mais, há muito tempo, um domínio dos serviços militares de informação. A economia privada já demoliu há alguns anos essa fortaleza. O maior e mais eficaz serviço secreto do mundo nas áreas de SIGINT, IMINT e criptologia, a NSA norte-americana, apesar dos enormes investimentos, não teve como acompanhar as empresas comerciais especializadas no campo de sua própria pesquisa e desenvolvimento (P+D). Nesse ínterim, a NSA transferiu certas tarefas para empresas contratadas e deixou que parte de seus trabalhos em pesquisa e desenvolvimento fosse realizada por empresas de informática privadas como a CSC (DynCorp) e a SAIC.

E mesmo na terceira etapa do trabalho — transformação de informações consolidadas em conhecimento —, empreendimentos privados já tomaram pé. Desde que na economia privada se passou a tratar a informação como um dos recursos mais preciosos do processo de produção, realizou-se uma revolução na administração da mesma que se sedimentou de fato em inúmeros programas de *software* extremamente criativos e bem elaborados. "Instrumentos inteligentes" para a resolução de problemas complexos, para a avaliação segundo múltiplos critérios de situações, para o desenvolvimento de estratégias dinâmicas, etc., fazem parte hoje de quase todos os programas-padrão de companhias transnacionais, como a Shell e a Mercedes, e de sociedades de aconselhamento de segurança que operam globalmente, como a McKinsey. Em razão do imenso capital que se encontra à disposição da iniciativa privada, esta sempre está, em geral, alguns passos à frente dos serviços secretos no que concerne aos instrumentos e métodos de geração de conhecimento. E, agindo de maneira similar à NSA, esses serviços secretos procuram preencher as lacunas que se abrem por meio de aquisição, por um lado, e terceirização, por outro. O ramo da prestação de serviços militares soube se aproveitar dessa circunstância ao equipar os campos do serviço secreto com grandes meios e ampliar constantemente a sua oferta. A maioria das grandes empresas militares privadas possui hoje alguns departamentos de serviço secreto; algumas empresas ampliaram a tal ponto o setor de inteligência que ele se tornou um setor especializado. E cerca de uma dúzia delas vive quase exclusivamente da atividade de serviço secreto. Entre as mais importantes empresas militares privadas desse setor estão a CACI, a Control Risk Group, a Logicon, a ManTech International, a CSC (DynCorp), a Diligence LLC, a SAIC, a AirScan e a Kroll Security International.

O CLIENTELISMO E AS ECONOMIAS INFORMAIS — O DESENVOLVIMENTO DE NOVAS NECESSIDADES DE SEGURANÇA

> *Na selva segue-se os elefantes,*
> *para não ficar molhado com o orvalho.*
> Ditado africano

O novo quadro da política de segurança apresentado no capítulo anterior não apenas alterara de maneira duradoura as sociedades industriais ocidentais. Os efeitos sobre os chamados "Estados frágeis" foram ainda mais graves. Depois da independência, no final dos anos 1950 e início dos anos 1960, muitas das antigas colônias não conseguiram cobrir seus déficits com segurança, uma vez que se apoiavam (como a Nigéria e a Costa do Marfim) no poder das antigas potências colonizadoras ou se abrigavam (como a Somália e a República Democrática do Congo) sob o escudo das respectivas superpotências. Depois do final da guerra fria, com as antigas colônias lançadas à própria sorte e com uma soberania fragilizada, foram se revelando nos últimos quinze anos a deficiência de seus sistemas de segurança e a incapacidade de fazer frente — com meios civis ou sem uso de força — a problemas não resolvidos que irrompiam nos âmbitos econômico, social, político, cultural, étnico e religioso. O aumento de confrontos armados foi apenas o sinal mais visível dessa fragilidade.

Entrementes, a grande maioria das nações do globo não está mais — ou está apenas parcialmente — em condições de garantir sua segurança externa e interna. Depois de 1989, outros Estados se juntaram aos "Estados frágeis" já existentes, como a

Colômbia, Haiti, Libéria, Sudão, Afeganistão e Sri Lanka (sem falar dos países da antiga União Soviética). Em outros países, por causa da globalização, entre outras razões, a situação piorou, tal como na Indonésia, nas Filipinas, no Brasil, no Peru e na maioria dos países da África subsaariana.

Alguns países encontram-se, por razões diversas, sem condições de manter um sistema de saúde que garanta ao menos a entrada em ação de seus soldados — por exemplo, a parcela de soldados infectados com o vírus HIV nos exércitos de Angola e do Congo chega a 50%, em Uganda a 60%, no Malauí a 75% e no Zimbábue até mesmo por volta de 80%.[1] Alguns não dispõem de nenhuma instituição para controlar bancos e fluxos financeiros que entram e saem de seu país; outros não possuem qualquer instrumental para vigiar fluxos comerciais e de mercadorias. Alguns têm tão pouco pessoal que mesmo os limites de seu território permanecem sem vigilância; assim, quando se ultrapassam as fronteiras de países subsaarianos como Mali, Nigéria e Burkina Faso, é raro avistar um funcionário ou um soldado. E alguns países, como o Afeganistão e o Sudão, nunca chegou-se a conhecer um controle nacional legitimado.

O surgimento de "mercados da violência"

O declínio acelerado do Estado nacional, a erosão do monopólio do uso da força, o desaparecimento da soberania do Estado, a paulatina dissolução da coletividade, a formação de segmentos sociais, entre outros elementos, são manifestações de um desenvolvimento que se cristalizou na última década em muitos países do Terceiro Mundo. A conseqüência não imperiosa disso — mas, como se evidenciou, bastante provável — foi o desenvolvimento, nesses países, de vários "mercados

---

1. Cf. Singer, *Corporate Warriors*, p. 57.

da violência". Onde instituições estatais não conseguem mais garantir o bem público "segurança", onde direito e ordem se tornam um peão no jogo dos interesses particulares, onde a distribuição das riquezas nacionais não segue mais nenhum princípio fixo, onde a redistribuição do produto social criado está submetida a regras arbitrárias, outros agentes tendem a assumir a posição do Estado. Se considerarmos as regiões de conflito no sudeste da Ásia, na América Latina e na África, é difícil, se não impossível, explicar o que nos casos particulares funcionou como causa e o que funcionou como efeito na formação dos mercados da violência.

Para esclarecer o fenômeno, porém, não são seguramente suficientes duas variáveis econômicas e duas sociais, tal como defende o economista-chefe do Banco Mundial, Paul Collier, em um estudo muito respeitado em todo o mundo.[2] As quatro variáveis às quais ele recorreu para apoiar sua tese são: "parcela dos bens primários em meio às exportações como um todo", "forte recuo da economia nacional", "baixo nível de formação" e "parcela desproporcionalmente elevada de homens jovens no conjunto da população". Como nos países em que surgiram os mercados da violência essas quatro características estavam representadas de maneira desproporcional em relação aos outros países (sem mercados da violência), Collier argumenta que a maioria dos rebeldes teria sido motivada mais pela "cobiça" econômica do que pelo rancor político.

A realidade, contudo, é muito mais complexa: a questão decisiva não é saber, por exemplo, se a criminalidade organizada se formou em alguns países do antigo "socialismo real" juntamente com uma rede político-financeira que a abarca porque as instituições públicas eram fracas, ou se o Estado se enfraqueceu cada vez mais por causa da criminalidade organizada.

---

2. Paul Collier/Anke Hoeffler, *Greed and Grievance in Civil War*, Washington, 2001.

Muito mais importante do que postular a simples cadeia causal é reconhecer que os dois fenômenos se condicionam. É apenas tal leque de condições que cria a complexidade, não abordável com soluções simples. Se o motivo principal para a ação dos agentes privados é a "cobiça" por riqueza econômica ou o "rancor" por sistemas políticos corruptos ou elites estatais, isso é algo que não dependerá de modo algum do sucesso das medidas que eles venham a empregar para alcançar seus objetivos; ora se encontrará em primeiro plano um ponto de vista ("cobiça"), ora o outro ("rancor"). Com isso, porém, fica claro que as transferências entre os diversos protagonistas da violência que se apresentam no palco mundial — em primeira linha, senhores de guerra, rebeldes ou insurgentes, criminalidade organizada e grupos terroristas — se tornam cada vez mais fluidas e que o entrelaçamento entre eles cresce. Na Chechênia, por exemplo, não se consegue mais reconhecer qual é o papel desempenhado pelos agentes da violência — se o de rebeldes, terroristas, senhores de guerra ou criminosos. E nas guerras civis de Serra Leoa ou da Libéria, surgiu o tipo do *so-re* (*soldier by day — rebel by night*, soldado durante o dia e rebelde à noite). Além disso, os limites entre os agentes da violência e seus parceiros legais, ou seja, as instituições públicas, as empresas privadas, os institutos financeiros, as empresas comerciais, etc., têm se diluído a olhos vistos; vieram à tona zonas cinzentas de colaboração, nas quais (quase) não se consegue mais distinguir o que pertence à esfera legal e o que pertence à ilegal.[3]

---

3. Cf. em relação a esta problemática, por exemplo, R. Uesseler, *Herausforderung Mafia. Strategien gegen Organisierte Kriminalität* [Desafio máfia. Estratégias contra o crime organizado], Bonn, 1993.

Problemas com o clientelismo

Um traço estrutural de muitos países do Terceiro Mundo, sobretudo na África subsaariana, foi o sistema de clientelismo patrimonial. O que estava em questão aí era uma espécie de nepotismo, estratificado hierarquicamente de cima para baixo, financiado com as verbas para o fomento do desenvolvimento e com a venda de matérias-primas nacionais. Por causa da falta de transferência de verbas, assim como de apoio político por parte dos países ricos ou dos países do bloco, depois de 1989 esse sistema entrou em crise e contribuiu decisivamente para a fragmentação do domínio político e para a desestatização do uso da força.

No sistema clientelista, a fidelidade política e a lealdade à cúpula do Estado, que muitas vezes se reduzia ao presidente, eram premiadas. Na verdade, havia formalmente uma figura de Estado que, com todas as suas instituições, mecanismos de controle e regras, havia surgido de uma cópia das democracias ocidentais. No entanto, o Estado permaneceu sem função ou só existindo no papel: ele era mais um cenário cinematográfico para os políticos e para os meios de comunicação do que um sistema institucional. Os antigos presidentes do Zaire (atual República Democrática do Congo), Mobutu Sese Seko, e da Costa do Marfim, Félix Houphouet-Boigny, aperfeiçoaram esse sistema.[4]

A linha-mestra era — de maneira similar aos tempos do feudalismo e do absolutismo na Europa — a dependência reinante em todos os âmbitos da vida social em relação à vontade e aos humores da personalidade dominante ou do círculo à sua volta. Isso gerou uma insegurança que se sedimentou tanto na

---

4. V. S. Naipaul, detentor do Prêmio Nobel de Literatura, descreve em seu romance *Uma curva no rio* de maneira bastante reveladora o funcionamento desse sistema no Zaire. Ahmadou Kourouma, renomado escritor africano nascido na Costa do Marfim, narra com mordaz ironia em seu romance *En attendant le vote des bêtes sauvages* essas condições em sua terra natal e nos países vizinhos no oeste da África.

vida econômica e cultural quanto no cotidiano social e político. Que acordos e regras podiam valer se não se sabia com clareza se as "propinas" pagas num determinado dia aos funcionários públicos ainda continuariam suficientes no dia seguinte, se os contratos de compra e de comércio firmados com o Estado ainda possuiriam validade na manhã seguinte, se os meios de comunicação poderiam contar com as imposições existentes em relação à censura ou se elas seriam alteradas, se a oposição política continuaria sendo tolerada ou precisaria se confrontar com a repressão? Tudo isso e muitas coisas mais permaneciam obscuras. Estava sempre no ar qual *status* jurídico os indivíduos poderiam requerer e quais requisições legítimas eles poderiam apresentar. Mesmo os mediadores políticos ("os favoritos") do presidente ou da cúpula do poder não podiam confiar em suas posições: quanto melhor estas funcionavam, mais eles passavam a se transformar em um perigo para os poderosos, sendo, por isso, substituídos. Dessa maneira, as pessoas de referência também mudavam de posição com as camadas inferiores e médias da população. Assim, não apenas no campo econômico, mas em todos os setores da sociedade, estava excluída a possibilidade de um planejamento a médio e longo prazo.

Quando os meios para a manutenção desse sistema clientelista começaram a desaparecer, ele aos poucos entrou em colapso e deixou um vácuo atrás de si, o qual cada grupo político, cada grupamento econômico, cada camada social ou cultural, tentou suprir e preencher à sua própria maneira. Depois do desaparecimento da "mão", que, apesar de baseada no puro arbítrio, era "ordenadora", não havia mais qualquer instituição que possuísse legitimidade e poder suficientes para equilibrar os diversos interesses que se entrechocavam. Ao contrário: cada um tentava escapar do caos que surgia com os menores danos e as maiores vantagens possíveis. Tais condições não existiam apenas na África e esse desenvolvimento não se restringiu àquele continente; pôde ser observado também na Ásia central, no Sudeste asiático, na América Latina e no Oriente Médio.

Por incumbência dos senhores de guerra locais, o treinamento de crianças como soldados é assumido na maioria das vezes por especialistas de empresas militares privadas; aqui temos um campo de treinamento na Eritréia.

Os países produtores de petróleo foram menos afetados. Em razão das enormes receitas oriundas do negócio petrolífero, eles conseguiram (ou conseguem até hoje) em certa medida manter melhor o sistema clientelista financiado publicamente. Todavia, também aqui puderam ser observadas falhas, pois o fato de as elites políticas e de militares ficarem com os gigantescos lucros passou a ser visto com alguma resistência. Países como Indonésia, Nigéria, Colômbia e Arábia Saudita[5], porém, continuam tendo verbas suficientes à disposição para suprimir através de meios repressivos ou

---

5. A possibilidade de desestabilização da Arábia Saudita baseia-se, por um lado, na fragilidade do "sistema de domínio feudal", porém mais ainda no fato de a população daquele país ter explodido (de 3,2 milhões em 1950 para 27 milhões em 2001), sendo que 75% dos sauditas têm menos de 30 anos e 50% têm menos de 18 anos de idade. Isso levou a uma acentuada queda do Produto Interno Bruto do país, de 28.600 a 6.500 dólares entre 1981 e 2001. A ampla insatisfação, sobretudo entre os jovens, que Osama bin Laden e sua rede de terror Al Qaeda procuram utilizar para os seus fins poderia levar à desestabilização no Iraque.

derrotar mediante o uso da força o que não pode ser negociado com a oposição. Os gastos que precisam ser empreendidos a fim de abafar a oposição interna e assegurar os campos de petróleo muitas vezes ultrapassam as capacidades existentes e elevam a demanda por serviços adicionais de segurança, com freqüência de tipo militar. Outros "Estados frágeis", que tinham pago sua clientela com a venda de tesouros naturais pátrios, não tiveram mais como lançar mão desse meio quando, em razão da globalização, iniciou-se uma queda dos preços das matérias-primas no mercado mundial, diminuindo drasticamente as receitas estatais.

Desenvolvimento de comunidades particulares

A decadência do sistema clientelista não somente fez os conflitos sociais virem à tona de maneira mais aberta, mas também os tornou mais intensos em meio a recursos cada vez mais restritos, fazendo-os confluir cada vez mais para confrontações violentas. No campo sociocultural houve dois desenvolvimentos — ainda que eles não consigam subsistir independentemente um do outro. Por um lado, surgiram comunidades particulares baseadas em valores tradicionais e em afinidades étnicas ou religiosas que prometiam proteção na tentativa de passar, em certa medida, com sucesso pelos conflitos sociais relativos à distribuição populacional. Por outro lado, formaram-se agrupamentos que — ideologicamente extremados ou não — ou passaram a trabalhar na destruição do sistema social "materialista" ou do modelo de modernização ocidental, ou procuraram alcançar por via direta as suas ambições utilizando todos os meios disponíveis (inclusive os meios militares).[6]

---

6. Cf. quanto a este tema Stefan Mair, *Die Globalisierund privater Gewalt* [A globalização da violência privada], Berlim, 2002 (SWP-Studie S10/04/2002); Sabine Kurtenbach/Peter Lock (Org.), *Kriege als (Über)Lebenswelten* [Guerras como mundos da (sobre)vivência], Bonn, 2004.

No primeiro caso, a experiência do empobrecimento social crescente, a ausência de perspectivas e a perda de identidade favoreceram a retomada dos valores tradicionais e a reconexão com o próprio grupo popular ou com a comunidade religiosa. As estruturas de ordenação e os padrões de regulação dos conflitos presentes nas comunidades particulares, o sentimento de comunidade dominante na região e a solidariedade mediada pelos grupos forneceram abrigo e puderam substituir a segurança perdida. Uma vez que elas mesmas cuidavam das questões relativas à formação cultural, à saúde e ao seguro social, acabaram assumindo o lugar do "Estado frágil", corrupto ou não mais existente. Sua força de atração se fez notar em seu séqüito crescente, e uma série dessas comunidades particulares se desenvolveram, transformando-se em grandes organizações eficientes dotadas de pretensão política; assim aconteceu na Argélia, na Somália, em Sumatra, no Sri Lanka e no Afeganistão. O sucesso fortaleceu a coerência interna, mas também trouxe consigo a confrontação com outras comunidades particulares e com os resquícios do aparato estatal. As conseqüências foram muito diversas: no Afeganistão, com os talibãs, um grupo étnico-religioso usurpou o poder e assumiu o monopólio do uso da força (que mais tarde foi destruído pela intervenção externa, restaurando-se as estruturas de clãs); no Sri Lanka, a situação se desenvolveu na direção de uma guerra civil que perdura até hoje; na Somália, o Estado central foi dissolvido em favor do domínio de comunidades particulares; na Argélia, com meios repressivos, fez-se desaparecer provisoriamente o partido islâmico FIS (Force Islamique du Salut); em Sumatra, parece que se chegou a um acordo provisório em Aceh. Em todos esses exemplos, as transformações foram acompanhadas dos mais sangrentos confrontos, nos quais a população civil, com 80% das baixas, foi a maior vítima.

O outro encaminhamento, que aspira a uma segurança material da existência por via direta, conhece basicamente três tipos de comunidades particulares. Um dos tipos diz respeito aos movimentos rebeldes ou insurgentes de ordem político-ideológica ou ideológico-religiosa, tal como esses movimentos se mostraram (e continuam se mostrando) nas diversas "frentes de libertação" na Colômbia, em Serra Leoa e nas Filipinas. O segundo tipo é representado por senhores de guerra que, diferentemente dos *condottieri* do fim da Idade Média ou dos príncipes guerreiros da Guerra dos 30 Anos, não formam unidades militares autônomas, que vendem seus serviços a outras pessoas (a príncipes e reis), mas ocupam eles mesmos um território e exercem um poder limitado em termos locais. Em parte, eles se apropriaram de regiões do antigo Estado que, nesse ínterim, se decompôs, e nas quais eles governam soberanamente com poder militar; em parte, eles estenderam seu poder por toda a antiga área de atuação do Estado e dominam como autocratas. O fenômeno dos senhores de guerra é conhecido na maioria dos países da África Ocidental e Central, nas repúblicas do Cáucaso, nos países islâmicos, como o Iêmen e parte do Paquistão ou ainda no Mianmar (antiga Birmânia). Tal como acontecia antigamente com os "companheiros" das "companhias livres", costuma se formar na soldadesca dos senhores de guerra um sentimento de comunidade, uma solidariedade de grupo e certa sensação de segurança. A falta de um rumo dileneado por uma ideologia própria ou a falta de uma fundamentação ética para as ações, tal como podiam ser encontrados em comunidades particulares baseadas nos valores tradicionais, são compensadas pelos senhores de guerra com a satisfação de necessidades materiais e existenciais. Eles obtêm suas receitas por meio de impostos cobrados dos empreendedores que exploram matérias-primas em seu território, da imposição de taxas viárias (por exemplo, para o transporte de bens realizado pelas organizações humanitárias) e de taxas de proteção, por parte dos fabricantes e comerciantes de armas ilegais, até contribuições pagas, e assim por diante.

O terceiro tipo, que experimentou um crescimento em proporções insuspeitadas, aponta para as formas mais diversas de criminalidade organizada. Com freqüência, essa criminalidade também se estrutura ao longo de linhas de separação étnica, o que sem dúvida eleva a confiança necessária no interior do grupo. Num sentido ainda mais estrito que os senhores de guerra, a criminalidade organizada se mostra como uma "sociedade conjurada", que se concede proteção e ajuda mútua, quando não busca estar mais bem armada contra a repressão estatal. Os valores os unem ainda menos do que a soldadesca dos senhores de guerra, pois a criminalidade organizada representa a forma mais pura de uma comunidade voltada para determinado fim. Ela obtém suas receitas, por um lado, do comércio ilegal de armas e da prestação de serviços (como tráfico de drogas e de detritos tóxicos, tráfico humano e lavagem de dinheiro); por outro lado, da compra e venda ilegal de bens legais (como armas e diamantes); e, em terceiro lugar, da atividade ilegal de prestações de serviço legais (como transferências financeiras e de tecnologias ou comércio de direitos relativos a patentes e marcas). O valor de todas as atividades econômicas que acontecem de uma maneira ou de outra à margem da legalidade — ou seja, significativamente maior do que o movimento da criminalidade organizada — é estipulado em 2 trilhões de euros para 2005, com uma participação de quase 20% no comércio mundial. As Nações Unidas avaliam que a parcela do produto interno bruto que recai sobre a criminalidade organizada é, em média, de 2% em cada país.

Com os terroristas, formou-se um outro tipo de protagonista privado, não estatal, do uso da força, que, porém, não proveio de comunidades particulares. O que está em questão na forma hoje dominante do "terrorismo islâmico" é uma união mais desprendida de pessoas particulares (na maioria das vezes oriundas de camadas bem situadas da sociedade), que são reunidas ou se reúnem — sempre de acordo com a necessidade e com a ação — a grupos funcionais para, logo em seguida, se decomporem uma vez mais. Na grande maioria das redes terroristas atuais, a ideologia é religiosamente matizada; seu conteúdo, porém, é em largo espectro a tradução árabe da "crítica à modernidade", tal como essa crítica se desenvolveu no Ocidente nos grupos terroristas dos anos 1970 e 1980 (tanto de esquerda quanto de direita, tanto "vermelhos" quanto "negros"). O que se alterou em relação a esses grupos, além da linguagem e das formulações de suas mensagens, foi a forma de uso da força. Na verdade, ela também se dirige agora, em larga escala, primeiramente contra civis. Em contraposição ao terrorismo antigo, no entanto, ganha cada vez mais destaque no "terrorismo islâmico" o princípio da maximização dos danos (vide o ataque de 11 de Setembro de 2001), assim como é dominante nele a lógica de guerra.

A rede ilegal global

Para proveito mútuo, formaram-se, entre os diversos agentes privados do uso da força, intensas ligações. Os contatos inicialmente pontuais entre insurgentes e comunidades particulares de caráter religioso, entre terroristas e criminalidade organizada, entre senhores de guerra e rebeldes, entres grupos étnicos, terroristas e criminalidade organizada, adensaram-se com o passar do tempo e se transformaram em relações constantes de cooperação. Pode-se falar hoje de uma rede ilegal espalhada por todo o mundo que, com suas operações concebidas com vistas à vantagem mútua, abarca toda a superfície do globo. Terroristas, guerrilheiros e senhores de guerra fazem frente, por exemplo, às suas necessidades de armas por meio da compra de drogas e diamantes[7] que a criminalidade

---

7. Cf. a pesquisa da organização não-governamental Global Wittness: *For a Few Dollars More. How Al Qaeda Moved into the Diamond Trade*. Washington, 2003 (Global Witness Report).

organizada coloca em circulação em troca de aparatos de guerra; terroristas necessitam de áreas para a retaguarda, que são disponibilizadas por senhores de guerra ou por comunidades particulares de caráter religioso; rebeldes controlam campos de diamantes, enquanto a comercialização do mineral bruto é assumida pela criminalidade organizada[8]; esta, por sua vez, necessita de regiões "extraterritoriais" como bases logísticas, a fim de poder efetuar o comércio de armas ou de fazer pousar com segurança aviões com cargas ilegais.

Essa rede ilegal formada por agentes não estatais do uso da força depende, contudo, de parceiros na esfera legal: instituições financeiras, indústrias de transformação de matéria-prima, departamentos de alfândega e de governo, empresas comerciais, etc. O comércio ilegal de armas, por exemplo, não é possível sem uma colaboração dos mais diversos agentes legais. E o lucrativo negócio da lavagem de dinheiro não ocorre em segredo em ilhas paradisíacas, mas necessita do auxílio ativo de instituições financeiras legais e — empreendido em grande estilo — da cobertura de instituições políticas. Países como Hungria, Egito, Ucrânia, Israel, Rússia e Indonésia estão hoje fortemente ligados — ao lado dos tradicionais "locais de lavagem de dinheiro" — nesse negócio.

No seu conjunto, a interpenetração entre a parte legal da sociedade e a criminalidade organizada estendeu-se a todos os países do mundo. A porcentagem varia, contudo, enormemente: enquanto ela se encontra em níveis muito baixos, por exemplo, nos países escandinavos, vem crescendo devagar em outras sociedades industrializadas (com ápices em países como Japão e Itália), elevou-se de modo notável em nações pouco industrializadas como Turquia, países do Báltico, Brasil e Índia, e em alguns países se transformou em parte integrante do Estado e da economia. Em países como Albânia ou Zâmbia, por exemplo, a confusão

---

8. Cf. a história de Leonid Minin descrita no primeiro capítulo.

entre legalidade e ilegalidade assumiu tamanha proporção que quase não se consegue mais distinguir se foram setores do governo que se tornaram um componente integral de estruturas criminosas ou se foram partes da criminalidade organizada que se tornaram um componente integral do governo, se são grandes setores da economia que pertencem à rede da criminalidade organizada ou se são muitas de suas atividades econômicas que pertencem à economia legal.

As circunstâncias da enorme variação desses percentuais têm algo em comum com uma série de variáveis diversas. Como regra geral, porém, pode-se assegurar que onde os controles estatais, comunitários e sociais, assim como os mecanismos e os instrumentos de controle, são os mais extensos e transparentes possíveis, os menores percentuais serão assinalados. Esses percentuais crescem proporcionalmente quanto mais fracos são os controles e quanto mais a transparência decresce.

A economia informal como elo entre a economia legal e a economia criminal

O fato de que rebeldes, senhores de guerra, terroristas e a criminalidade organizada se infiltraram na esfera legal dos países tem muito a ver com outro processo de desenvolvimento que se deu depois de 1989 e se sedimentou com a demanda pelas prestações de serviços privadas. Trata-se, nesse caso, da propagação exponencial das chamadas economias informais, economias brancas ou economias subterrâneas. Tal fenômeno concerne a todos os países, mas se intensifica de modo exponencial com a fraqueza do Estado. Sempre houve economia informal, mesmo nos países muito industrializados. Nos "Estados frágeis", por sua vez, sua parcela aumentou em larga escala por conta da globalização. Hoje, mais da metade da população do mundo procura assegurar sua existência ou sua sobrevivência em meio às economias informais, por mais que essas pessoas vivam em um estado de constante insegurança, tanto legal quanto física. Segundo dados do Programa das Nações Unidas para o Desenvolvimento (PNUD), entre 1990 e 2002 a renda *per capita* dos países africanos ao sul do Saara, por exemplo, caiu 0,4% ao ano, enquanto o número de pobres nesse período aumentou em 74 milhões. Ao mesmo tempo, os investimentos públicos nas áreas de formação e saúde, assim como na área social, foram drasticamente reduzidos.[9]

A abertura das fronteiras, a ampla revogação de licenças de exportação e importação, a eliminação de controles de divisas, a privatização de empresas estatais, o livre trânsito do capital e a abrangente liberalização de todos os setores da economia levaram o Estado a perder, em muitos países do Terceiro Mundo, o controle sobre sua economia e fizeram as receitas públicas se retraírem drasticamente. Por outro lado, a abertura dos mercados imposta pela globalização impeliu amplos setores da economia legal à falência, uma vez que não se encontravam em condições de fazer frente às empresas transnacionais, muito mais produtivas.

As conseqüências disso foram a explosão da taxa de desemprego, a destruição do tecido social já frágil e a entrada de uma parte significativa da economia na semilegalidade. Só era possível para as empresas assegurar sua sobrevivência de uma forma restrita se elas se movimentassem à margem da legalidade: não pagando ou pagando poucos impostos e contribuições, desconsiderando imposições legais do direito do trabalho e do direito social, valendo-se de refinanciamentos e de transações monetárias paralelas, etc. No lugar das empresas estatais e das companhias nacionais, suplantadas nos setores lucrativos pela concorrência estrangeira ocidental, entrou uma miríade de

---

9. Cf. o relatório anual do PNUD, sobretudo *UNDP: Human Development Report. Millenium Development Goals: A Compact Among Nations to End Human Poverty*. Nova York, 2003.

pequenas empresas. Por causa de seu *status* semilegal, elas não gozam nunca ou quase nunca da proteção do Estado, nem jurídica nem fisicamente. Assim, quebras de contrato, compromissos financeiros não mantidos, chantagem e ameaça estão para elas na ordem do dia. Os âmbitos da economia informal transformaram-se em zonas de segurança de segunda classe.

O vácuo de uso legitimado da força pelo Estado foi sendo preenchido cada vez mais por bandos violentos (que se desenvolveram ulteriormente em criminalidade organizada) ou por defensores da ordem corruptos, que passaram a privatizar "desde baixo" o bem público "segurança". O financiamento desse processo aconteceu ou por meio de pagamentos de taxas de proteção feitos à criminalidade organizada por seus serviços de segurança, ou por meio de uma remuneração adicional a policiais. Como essas empresas, porém, dependiam dos serviços públicos — desde os órgãos de inspeção profissional, passando pelos da construção civil e pelos de trânsito, até chegar aos órgãos de fiscalização —, desenvolveu-se um sistema informal de contato com os serviços estatais, cujos funcionários recebem um pagamento adicional por serviços informais. Veio à tona um ciclo econômico próprio da economia informal, estreitamente articulada com as atividades da criminalidade organizada, por um lado, e com a esfera ilegal da economia e do Estado, por outro. Matérias-primas e produtos semimanufaturados obtidos de maneira ilegal foram reprocessados — por serem mais baratos — pelas empresas da economia informal. A economia formal os absorveu e colocou no comércio — por serem eles mais em conta. Em resumo: em muitas partes do mundo, as economias informais se transformaram em um elo fixo entre as economias legal e ilegal.

Conseqüências de largo alcance podem ser vistas de maneira bem clara em alguns países da América Latina. A redução na arrecadação de impostos em razão da economia informal obriga o Estado a empreender cortes mesmo no âmbito da segurança interna. Surgem, então, zonas de proteção desigual: áreas de relativa segurança e áreas de insegurança. Essas áreas possuem uma correlação muito forte com a distribuição de renda: é de se esperar que a riqueza tenha mais e a pobreza tenha menos proteção e segurança estatal. Dessa maneira, o monopólio do uso da força por parte do Estado não é, na verdade, questionado, mas permanece restrito. Em amplas áreas ligadas às regiões industriais das cidades — por exemplo, nas favelas do Brasil —, os poderes públicos não possuem mais qualquer autoridade. O exercício da força já passou nessas áreas para as mãos de agentes não estatais. Com jovens desempregados, o *apartheid* da pobreza gera sempre mais pessoas que só conhecem a violência como meio de sobrevivência, produzindo constantemente novas gerações da criminalidade organizada (mas também — além dos limites nacionais — de movimentos insurrectos, senhores de guerra e terroristas). Por outro lado, cresce no *apartheid* da riqueza o medo em relação aos agentes da força, que não podem mais ser controlados pelo Estado. Sem que se precise chegar a choques entre essas duas "comunidades particulares", articula-se, ao menos por parte dos abastados e integrados, uma armadura de segurança realizada pelo setor privado. O Estado — considerado do ponto de vista da pirâmide da receita — também é enfraquecido continuamente pelos escalões superiores, tendo o seu monopólio do uso da força rompido. Cada vez mais, surgem "lacunas de segurança" e a estrutura de segurança do Estado é minada.

A quebra do monopólio da força, a segmentação crescente da sociedade e o potencial cada vez maior de agentes privados da violência não fomentam somente a instabilidade do Estado e de suas instituições. Atualmente, os "Estados frágeis" se caracterizam por uma mistura de economia legal, ilegal e informal; por uma decadência social que chega à depauperação; por uma alienação cultural que chega à perda de identidade social e por estruturas de poder autoritárias e regimes repressivos. A manifestação e a combinação dessas características particulares são — como mostram as estatísticas do PNUD e do Banco Mundial — diversas nos diferentes países. Ainda assim, até o final dos anos 1980 os países do Terceiro Mundo gastaram em média duas vezes mais com saúde e educação do que com armamentos. Entre 1990 e 2002, no entanto, essa relação começou a se inverter. No final desse período, os gastos militares chegaram a ser, em média, 130% maiores que os gastos com educação e saúde.[10]

Se as características particulares vêm à tona, ao mesmo tempo, em um país sob a forma negativa — ou seja, parcela elevada de criminalidade organizada e de economia informal, depauperação social e perda de identidade —, a irrupção de confrontos violentos e a formação de economias de conflito ou de guerra passam a ser altamente prováveis. No que diz respeito à segurança, "Estados frágeis" se encontram durante todo o tempo em um estado de latência ou flutuação, o que provoca uma falta constante de serviços de segurança.

Este não é apenas um problema do Estado como instituição. A instabilidade das condições gerais relativas à ordem política também provoca a insegurança na economia legal. Assim, nesses lugares aumenta, do mesmo modo — independentemente do temor da criminalidade organizada —, a necessidade de segurança. Se esse acréscimo não puder ser exigido do Estado, será atendido por canais privados sob a forma de empresas de segurança. Isso vale em especial para companhias transnacionais que, quando operam em "Estados frágeis", vêem-se expostas a um risco elevado como senhores "estrangeiros" e "dominantes".

---

10. Cf. as estatísticas anuais nos *development reports* anuais do PNUD (www.undp.org).

Parte 3

CONSEQÜÊNCIAS PERIGOSAS

COOPERAÇÃO MILITANTE — ECONOMIA E EMPRESAS MILITARES PRIVADAS

> *O que é permitido a Deus*
> *está longe de ser concedido ao boi.*
> Ditado romano

Há mais de uma década existem empresas militares privadas em atividade no mundo. Sua existência foi pouco percebida até o momento e só muito raramente foi tematizada. Foram necessários alguns escândalos e a guerra do Iraque para que a opinião pública prestasse atenção a este fenômeno e se ocupasse dele. Mas quase tão rápido quanto as empresas militares privadas passaram a fazer parte da agenda da política e dos meios de comunicação, dela desapareceram. Isso causa alguma estranheza, uma vez que todos estão de acordo quanto ao fato de que as empresas militares privadas trouxeram consigo um problema grave com amplas conseqüências, que precisa de um tratamento urgente e de uma regulamentação legal.

Na Alemanha, por exemplo, no segundo semestre de 2004, depois que os meios de comunicação noticiaram com detalhes as atividades dos "novos mercenários", o problema esteve, por pouco tempo, no centro do debate político. O grupo representado pelos partidos Democrata Cristão e Social Cristão (CDU/CSU) no Parlamento apresentou uma moção na qual se dizia que

> a privatização pode conduzir, a longo prazo, a uma mudança fundamental na relação entre sistema militar e Estado nacional. O monopólio do uso da força por parte do Estado poderia ser questionado e, em determinados casos, totalmente suprimido. [...]

O direito na guerra se formou penosamente em um processo que durou séculos e está agora ameaçado de ser minado pelas empresas de segurança privadas. [...] Por isso, são necessárias medidas jurídicas tanto no plano internacional quanto no nacional.[1]

Para além dos limites partidários, no passado achava-se que o que estava em questão nas empresas militares privadas era um fenômeno que colocava o Estado potencialmente em risco. Todavia, além da declaração de intenções de que a política deveria intervir para solucionar o problema, não aconteceu muita coisa. A questão foi transferida para uma comissão. Em outros países — incluindo a França, que editou em abril de 2003 uma lei antimercenarismo — também aconteceu muito pouco ou nada. Escolheu-se a tática do "engavetamento" e do "deixar cair no esquecimento", com algum sucesso.

O fato de ainda se continuar esperando por soluções legais tem algo a ver com a complexidade da matéria. Além disso, os países ocidentais acabaram caindo (em primeira linha) em um dilema, cuja resolução não tem sido fácil. O Instituto Internacional de Pesquisas para a Paz de Estocolmo (SIPRI) e outros institutos de pesquisa constataram a existência de um "conflito de metas" fundamental: por um lado, os orçamentos de segurança deveriam diminuir e as forças armadas deveriam ser reduzidas; por outro, as tarefas das tropas foram sendo aumentadas e as intervenções militares no exterior, ampliadas. Tais metas são contraditórias e conduzem necessariamente a gargalos em termos de pessoal e de condições materiais. A solução mais simples — quando se abstrai das conseqüências ligadas a essa solução — parecia consistir, para alguns governos, em transferir uma parte das tarefas, confiando-as às empresas militares privadas. Os Estados Unidos, por exemplo, tinham reduzido seu contingente militar em um terço para 1,5 milhão

---

1. Cf. Parlamento Alemão, 15. Período de votação, impresso de 28/09/2004.

de homens, utilizando, nesse ínterim, quase 1 milhão de soldados privados, com o que eles conseguiram até mesmo superar o contingente anterior à redução de pessoal. Essa privatização colocou em curso transformações cujas conseqüências ainda não podemos visualizar claramente. Grande parte dos problemas, porém, pode ser determinada e discutida em razão da experiência de mais de dez anos com o ramo da prestação de serviços militares. Neste capítulo, apresentaremos as conseqüências que surgiram das atividades das empresas militares privadas em colaboração com a economia, sobretudo com as companhias transnacionais. A seguir, nós nos deteremos nessa situação no contexto dos "Estados fortes", dos "Estados frágeis" e das organizações de ajuda humanitária e das missões de paz.

Foram as indústrias privadas que tiveram até aqui os menores problemas com a cooperação dos prestadores de serviços militares. Para elas, é mesmo preferível entregar-se à proteção necessária dada sob medida pelas empresas militares privadas a precisar confiar, em questões ligadas à segurança, nas condições e regulamentações estatais. Como ambas provêm do âmbito privado, possuem em comum a aspiração ao lucro e estão habituadas a pensar em termos contratuais, é raro surgirem dificuldades em seu trabalho conjunto. Em muitos casos, a elevação dos ganhos de uma significa a maximização dos lucros para a outra. Poder econômico e força militar, contudo, só conseguem cooperar em nome da vantagem mútua enquanto as conseqüências de suas ações não se deparam com a resistência de outros grupos de interesse na sociedade. Isso pode acontecer, por exemplo, quando a economia privada não transfere de maneira correspondente a riqueza produzida para as condições de vida da população ou quando cria condições de trabalho consideradas pelos trabalhadores como humanamente indignas. O que é sentido como uma redistribuição apropriada e como incompatível com a dignidade humana varia de país para país, de cultura para cultura. Em todo caso, conflitos sérios sempre vêm à tona quando empresas privadas alcançam determinada posição de poder na sociedade, quando elas, sem precisar fechar acordos (por exemplo, com os sindicatos), podem definir de maneira autocrática como é que se precisa trabalhar e como deve se dar a redistribuição. Tal situação intensifica-se nos países do Terceiro Mundo logo que partidos políticos, militares, forças policiais ou paramilitares passam também a perseguir os interesses dos conglomerados privados.

Intervenções nos Andes

A Colômbia é um exemplo clássico de como os interesses divergentes se chocam e de como as confrontações sob o aspecto econômico surgem em conjunção com as empresas militares privadas e outras forças interessadas. O país sul-americano tornou-se conhecido por seu comércio de drogas, como a cocaína — apesar de esse comércio representar "apenas" 6% de seu produto interno bruto —, e por seu café de alta qualidade. A riqueza do país não se apóia, contudo, exclusivamente em café e cocaína; muito mais importantes são as suas enormes jazidas de petróleo, carvão, ouro e platina. Cerca de 90% das esmeraldas do mundo são de proveniência colombiana. Além disso, há ali uma indústria agrária florescente, que não exporta apenas banana e algodão. Companhias de todo o mundo possuem filiais na Colômbia. Considerando somente as quinhentas maiores empresas norte-americanas, quatrocentas efetuaram investimentos acentuados naquele país. Apesar disso, a Colômbia não está entre os países mais desenvolvidos ou mais ricos. Na classificação anual do Departamento de Desenvolvimento das Nações Unidas, ela aparece apenas na 73ª posição, atrás de Cuba e das Ilhas Seychelles. A principal razão para tal discrepância está na guerra civil que perdura há décadas, na qual se encontra, de um lado, tanto a oligarquia política e econômica quanto grande parte do aparato de poder estatal e, do outro, em primeiro lugar os exércitos rebeldes das FARC (Fuerzas Armadas Revolucionarias de Colombia) e do ELN (Ejército de Liberación Nacional), assim como, em segundo lugar, partidos de esquerda, sindicatos, intelectuais, camponeses e tribos indígenas.

Tal conflito ganhou intensidade nos últimos dez anos com as crescentes atividades das companhias estrangeiras. Particularmente desde que o governo norte-americano passou, em 1999, a dar cobertura política e financeira ao já mencionado Plano Colômbia, uma reconciliação interna se tornou praticamente impossível. O jornal francês *Le Monde diplomatique* expressou esse fato de maneira drástica: "Como o terrorismo caseiro levado a termo por grupos paramilitares não era suficiente para abafar a guerrilha que vinha se tornando cada vez mais poderosa, Washington se decidiu em favor do bilionário Plano Colômbia."[2] Hoje, dos 40 milhões de habitantes — de acordo com estatísticas das Nações Unidas —, por volta de 2,5 milhões são refugiados internos; por ano, são cometidos 4.500 assassinatos apenas por motivação política, dos quais são vítimas sobretudo sindicalistas e trabalhadores. Os criminosos provêm na maioria das vezes dos quase 140 grupos paramilitares, que mantêm contato estreito com as forças armadas e com a polícia.

> O discurso eufemístico sobre "paramilitares" serviu, neste contexto, antes de mais nada à finalidade de retirar os verdadeiros arquitetos da política de aniquilação — o exército e os políticos interessados — do campo de visão da esfera pública. Os "paramilitares" fazem o serviço sujo, o exército e a política podem melhorar a sua imagem e, apesar de maciços atos de desrespeito aos direitos humanos, fazem valer a sua requisição de ajuda americana.[3]

Os lobistas das companhias norte-americanas com atividades na Colômbia (sobretudo das empresas de petróleo, da

---

2. Ospina, *Suchtgefahr* [Risco de vício], p. 21.
3. Ibidem.

indústria de armamentos e do ramo da prestação de serviços militares) gastaram 6 milhões de dólares em campanhas para influenciar o Congresso norte-americano a editar o Plano Colômbia, apresentado à opinião pública como um programa de ajuda para o país andino abalado pela guerra. De 1,3 bilhão de dólares inicialmente concedido, contudo, somente 13% foram para o governo colombiano para a melhoria de suas estruturas de segurança e 87% foram diretamente para os caixas das empresas norte-americanas.

Grande parte dessas verbas é gasta pelas companhias com "questões de segurança", das quais tratam sobretudo empresas militares americanas e britânicas, mas também israelenses. No conjunto, cerca de trinta dessas empresas trabalham na Colômbia. A California Microwave Inc., por exemplo — tal como a Vinnell, uma subsidiária da companhia de armamentos Northrop Grunman —, realiza para o governo dos Estados Unidos tarefas extremamente sensíveis de reconhecimento e espionagem com o auxílio de sete aparelhos de radar de alta capacidade, ligados a um sistema aéreo de reconhecimento. A Man Tech, a TRW, a Matcom e a Alion fotografam o território colombiano — em particular a região controlada pelos rebeldes — com câmeras de alta definição apoiadas por satélites, interceptam a comunicação eletrônica, avaliam-na e a retransmitem para o Comando Sul das forças armadas norte-americanas e para a CIA. A Sikorsky Aircraft Corporation e a Lockheed Martin fornecem helicópteros de guerra e aviões militares. Sua empresa militar privada MPRI é responsável pela formação e pelo treinamento dos militares e da polícia colombiana nessas máquinas. A Arine constrói instalações de abastecimento de aviões para aeroportos e campos de pouso, e a ACS Defense fornece apoio logístico. As empresas britânicas Control Risks Group e Global Risk atuam sobretudo na avaliação de riscos, na condução de negociações em seqüestros, na libertação de

Na Colômbia, onde fervilha há décadas uma guerra civil, associações paramilitares de direita são armadas e apoiadas logisticamente pelas empresas militares privadas (aqui temos uma marcha no outono de 2004); empresas estrangeiras são protegidas por empresas militares.

reféns, assim como na vigilância armada das instalações das produção para companhias transnacionais.[4]

A empresa militar privada DynCorp atua, em primeira linha, na "guerra contra as drogas". Por encargo do governo norte-americano, a DynCorp coloca pilotos e mecânicos à disposição e conduz treinamentos de pilotos, vôos de vigilância e transportes de tropas e materiais com fins de destruição dos campos de plantação das drogas e laboratórios de refino de cocaína. De fato, eles pilotam aviões T-65, que pulverizam o

---

4. Cf. as diversas pesquisas de Thomas Catan ("Private Military Companies Seek an Image Change" In: *Financial Times* de 1 dez. 2004; "Private Armies March Into Legal Vacuum" In: *CorpWatch*, 10 fev. 2005); cf. também *Sourcewatch: Private Military Companies* (www.sourcewatch.org).

famigerado pesticida Round-up da Monsanto nos campos de coca e acompanham a polícia colombiana em helicópteros com equipes especiais. Como os rebeldes das FARC tentam impedir que os campos de coca dos pequenos agricultores — dos quais eles retiram a cocaína necessária para o comércio de armas — sejam pulverizados com pesticidas, sempre acontecem novos confrontos armados. "Nos despejos de pesticidas nas plantações de drogas, os limites entre estas ações e o combate são simplesmente fluidos. Por segurança, atira-se na região ao redor do campo dos helicópteros que, em seguida, acompanham as ações com peças de artilharia armadas."[5] Vários meios de comunicação americanos, como o *New York Times*, noticiaram que esse tipo de pulverização venenosa causa terríveis danos à saúde, leva camponeses à morte e torna a terra infértil por tempo indeterminado. Outras empresas militares privadas ocupam-se com a formação antiguerrilha e antiterror da polícia e dos militares, mas também dos paramilitares, tal como anunciou o relator especial das Nações Unidas para o mercenarismo, Enrique Ballesteros.[6] As empresas israelenses Spearhead e GIR S.A., por exemplo, foram acusadas de terem formado paramilitares e de tê-los equipado com armas e munição.[7]

A estratégia de segurança das companhias

É sob esse pano de fundo que as companhias estrangeiras trabalham na Colômbia. Segundo o seu ponto de vista, o transcurso sem atritos da ação econômica é ameaçado internamente pelos

---

5. Sandra Bibiana Florez, "Mercenarios en Colombia: una guerra ajena" In: *Processo*, 29 jul. 2001.
6. Enrique B. Ballesteros, *Report on the Use of Mercenaries*, Nova York, 2004 (UN Doc. E/CN.4/2004/15), p. 11.
7. Cf. *La Prensa* (Manágua), 22 jan. 2002.

sindicatos e externamente pelas FARC ou pelo ELN. Visto que a polícia e os militares colombianos não são capazes de garantir a proteção desejada, os conselheiros e instrutores (na maioria das vezes funcionários das empresas militares de prestação de serviços) surgiram para aprimorar o seu trabalho. Além disso, as companhias contrataram empresas militares privadas para suprir as lacunas de segurança, que continuam existindo. Os diversos agentes no campo da segurança e do uso de força atuam, na maioria das vezes, de acordo com uma divisão do trabalho, mas cooperam estreitamente uns com os outros. As companhias de prestação de serviços arregimentadas reúnem, via satélite ou por meio de vôos de reconhecimento, informações sobre movimentos de tropas de guerrilhas retransmitidas em seguida para o campo militar. Ou, ainda, infiltram informantes nos movimentos dos trabalhadores e na população das aldeias, e estes fornecem informações para a polícia ou para grupos paramilitares. As empresas militares privadas responsáveis pela segurança nas companhias elaboram, entre outras coisas, estratégias e modos de procedimento em parceria com policiais e paramilitares.

 Assim, os sindicatos colombianos fizeram acusações severas à multinacional Nestlé nos anos 1990 porque, durante as negociações referentes às tarifas, a companhia contratou grupos paramilitares para assassinar os líderes sindicais envolvidos na negociação. Com o auxílio de agentes do uso de força as companhias multinacionais ativas no negócio de bananas conseguiram, por meio do assassinato de quatrocentos representantes dos trabalhadores na região de Urabá, nos anos 1990, dizimar todo o sindicato dos trabalhadores rurais daquele local. Acusou-se a companhia americana de carvão Drummond Coal de dotar grupos paramilitares com pontos de apoio para as suas operações de repressão aos sindicatos, assim como com dinheiro, alimentos, combustível e armamentos. Na Coca-Cola colombiana, o trabalho das "forças de segurança" provocou, em pouco menos de dez anos, a redução dos salários de 700 dólares em média para os atuais 150 dólares. Dos 10 mil contratos de trabalho fixos, somente quinhentos continuam existindo atualmente; 7.500 trabalhadores são empregados por meio de subempreiteiros e o grau de organização sindical caiu de mais de 25% para menos de 5%. Além disso, levantou-se a suspeita de que a Coca-Cola teria "conspirado" para liquidar os líderes dos trabalhadores. Acusações do mesmo teor ou de teor similar foram levantadas contra a companhia norte-americana Corona Gold Fields e outras companhias transnacionais.[8] Nesse ínterim, com o auxílio de organizações não-governamentais — especializadas em consultoria jurídica — dos países de origem das companhias transnacionais, os sindicatos colombianos conseguiram iniciar processos contra essas companhias, mas ainda não se iniciou, até o agora, qualquer julgamento.[9]

Aquilo que, em termos de crimes e desrespeito aos direitos humanos, é perpetrado graças ao apoio ou à conivência das empresas estrangeiras contra trabalhadores e sindicalistas por meio das "forças de segurança" também é válido em uma escala ainda maior para o afastamento do risco que representam as FARC e o ELN. A primeira organização dispõe de tropas armadas de cerca de 20 mil homens, e a segunda de aproximadamente 12 mil. No que diz respeito às companhias transnacionais, os ataques das FARC e do ELN dirigem-se sobretudo contra a indústria petrolífera, porque — esta é a justificação política dada pelos rebeldes — os ganhos com esse negócio, ao menos o que permanece deles na Colômbia, não fluiriam senão para os bolsos das oligarquias locais, dos membros do governo

---

8. Cf. "Profiting from Repression." In: *This Magazine*, maio 2001 (www.policy-alternatives.ca).

9. Cf. as publicações do Comité Permanente por la Defensa de los Derechos Humanos (http://cpdh.free.fr) ou a Organização dos Advogados para a Defesa dos Direitos Humanos (www.humanrights.org/index.asp).

e dos militares do alto escalão. Os militares colombianos, os prestadores de serviços militares recrutados pelas empresas petrolíferas e as empresas militares privadas enviadas pelo governo norte-americano trabalham de maneira conjunta no combate à guerrilha. No que se refere aos trabalhadores e aos sindicalistas nas fábricas, as empresas militares, a polícia e os paramilitares procedem de modo coordenado. Dois exemplos podem deixar isso mais claro.

Multinacionais inescrupulosas do setor petrolífero

Próximo às planícies do norte da Colômbia, encontra-se a cidade de Arauca, que abriga um dos principais campos de petróleo do país. Dali é transportado 20% do petróleo colombiano ao longo de dutos de quase mil quilômetros de extensão para o porto caribenho de Covenas. A metade desse petróleo é transportada por navio para os Estados Unidos. Os operadores da extração e dos oleodutos são a multinacional americana Occidental (Oxy), junto com a Ecopetrol colombiana. Por ano, são perpetradas dezenas de ataques e atos de sabotagem aos dutos pelos grupos rebeldes das FARC e do ELN. O governo norte-americano autorizou, nos últimos cinco anos, a concessão de várias centenas de milhões de dólares (esse valor corresponde a subvenções de aproximadamente 3 dólares por barril de petróleo da Oxy) para a proteção dos dutos. No local, a empresa militar privada AirScan é responsável pela segurança de instalações de prospecção e dos dutos. Instalou-se uma pista de pouso no campo de petróleo, da qual os pilotos da AirScan partem com suas máquinas Skymaster, equipadas com câmeras de vídeo e infravermelho, para vôos de vigilância. Essa empresa transmite ao exército informações sobre os pontos de apoio e os movimentos da guerrilha. Para as operações, a AirScan utiliza seus helicópteros lá estacionados. As unidades do exército colombiano também operam a partir desses campos de pouso. A Oxy apóia as operações antiguerrilha realizando planos de auxílio, permitindo o transporte de tropas em solo e disponibilizando combustível. Jornais americanos como o *San Francisco Chronicle* e o *Los Angeles Times* noticiaram que o pessoal da AirScan selecionou, muitas vezes, alvos militares para as ações do exército colombiano e festejou o extermínio de rebeldes quando "um piloto de um avião de guerra exterminou uma unidade da guerrilha". No dia 18 de dezembro de 1998, helicópteros da AirScan e da força aérea colombiana atacaram supostas unidades das FARC a cinqüenta quilômetros dos dutos, no vilarejo de San Domingo. Com os tiros de metralhadora e com a chuva de bombas morreram dezoito moradores do vilarejo, entre eles sete crianças.[10] Por causa do desaparecimento das provas, entre outras coisas, as investigações judiciais iniciadas nos Estados Unidos e na Colômbia não tiveram resultado. Nenhum dos pilotos envolvidos foi condenado.

Do mesmo modo, no leste da Colômbia encontra-se o campo de petróleo Cusiana, explorado pela British Petroleum (BP). Dali também sai um duto para o porto de Covenas, que a BP gerencia juntamente com o consórcio Ocensa. Contratada pela British Petroleum, a empresa militar privada Defence System Columbia (DSC), filial da ArmorGroup, cuida da proteção das instalações de extração. Sob a direção do antigo oficial do serviço secreto britânico Roger Brown, a DSC criou um amplo conceito de segurança. Além de atividades de vigilância e espionagem, previu-se a formação de unidades da polícia e do exército em táticas antiguerrilha e em técnicas de combate a rebeliões, assim como na condução de guerra psicológica. Quando Brown se demitiu por causa de um amplo acordo para

---

10. Cf. T. Christian Miller, "A Columbian Village Caught in the Crossfire" In: *Los Angeles Times*, 17 mar. 2003. A Anistia Internacional e a Human Rights Watch trataram detidamente do massacre de San Domingo.

a venda de armas com a empresa militar israelense Silver Shadow — o que estava em jogo era, entre outras coisas, helicópteros e armas especiais para a luta antiguerrilha —, quem assumiu seu lugar foi o general colombiano Hernán Rodríguez, acusado por organizações ligadas aos direitos humanos de estar envolvido em 149 assassinatos.[11] Assim como a AirScan, a DSC também coleta dados sobre movimentos rebeldes e os transmite para o exército colombiano, que — como os comissários das Nações Unidas para os direitos humanos não se cansam de ressaltar — tem em seu currículo uma longa lista dos mais terríveis atos de desrespeito aos direitos humanos.

A DSC também se vale de informantes pagos. Como relatou por escrito a Anistia Internacional, esses informantes têm a tarefa de, "escondidos, coletar informações secretas sobre atividades da população local ao longo dos dutos e descobrir possíveis *subversivos*". As informações são, então, "transmitidas ao exército colombiano, que, juntamente com seus aliados paramilitares, têm muitas vezes como meta a execução extrajudicial e o 'desaparecimento' de pessoas descobertas como subversivas".[12] As atividades da DSC, do exército e dos paramilitares levaram a inúmeros crimes. Como essas atividades ocorriam com a tolerância e o apoio da companhia petrolífera britânica, o Parlamento da União Européia editou, em outubro de 1998, uma resolução na qual foi condenado com veemência o financiamento de esquadrões da morte pela British Petroleum.[13] Todavia, mesmo depois disso — como reiteraram a Human Rights Watch, a Anistia Internacional (Colômbia) e a associação sindical colombiana Central Unitaria de Trabajadores (CUT), entre outros —, as coisas mudaram bem pouco

---

11. Cf. Greg Muttitt/James Marriott, *Some Common Concerns*, Londres, 2002, sobretudo no capítulo 11: "BP and Human Rights Abuses in Colombia".

12. Anistia Internacional, AI Index, AMR 23/79/98, 10 out. 1998.

13. Cf. www.europarl.eu.int/omk/sipade.

na prática. Assim, por exemplo, o presidente do sindicato dos professores de Arauca (ASEDAR), Francisco Rojas, recebeu a seguinte mensagem em seu celular no dia 7 de janeiro de 2004: "Seu pai foi morto, seu irmão também foi assassinado, o que você ainda está esperando? Você tem oito horas para deixar a cidade; caso contrário, você terá o cheiro de um cadáver." Rojas tinha todas as razões para levar a sério a advertência. Seu antecessor como presidente da ASEDAR, Jaime Carrillo, tinha recebido cerca de um ano antes a seguinte mensagem: "Pense em seus filhos ou você nunca mais vai vê-los." Depois disso, ele desapareceu sem deixar pistas. Além dele, dezenas de sindicalistas, líderes do sindicato dos trabalhadores rurais Asociación Campesina de Arauca (ACA) e defensores dos direitos humanos caíram como "subversivos" na mira de diversas forças de segurança. Somente em 2003, 70 sindicalistas foram mortos na Colômbia; em 2004 morreram 1.400 civis pelas mãos de forças de segurança.[14] Nos primeiros onze meses do ano de 2005, a organização não-governamental LabourNet registrou o assassinato de pelo menos um sindicalista por semana. Um exemplo: Luciano Enrique Romero Molina, membro e dirigente do sindicato dos alimentos Sinaltrainal, que, como pessoa ameaçada, vivia sob um programa de proteção da Comissão de Direitos Humanos Latino-americana, foi visto pela última vez na noite de 10 de setembro de 2005. Na manhã seguinte, seu corpo foi encontrado algemado, torturado e mutilado, com cerca de quarenta perfurações a faca.[15]

Os reiterados atos de desrespeito aos direitos humanos levaram as organizações humanitárias a se dirigir aos próprios

---

14. Os fatos aqui indicados provêm da Anistia Internacional (Colômbia): Human Rights Defenders Arauca de 15 de maio de 2003; Oil Fuels Fear in Columbia de maio de 2004; Annual Report Columbia 2005, 1 set. 2005 (www.amnesty.org/countries/colombia).

15. Cf. www.labournet.de/internationales.co/lebensgefahr.html.

governos das companhias com atividades na Colômbia, assim como às empresas petrolíferas. A partir das "recomendações" feitas pela organização Human Rights Watch às companhias de petróleo, fica claro que aspecto possui ou precisaria possuir a relação entre a indústria privada e os agentes do uso de força se as atividades de todos os envolvidos se movimentassem num quadro legal.

A Colômbia não é um caso particular. Tanto a intervenção de "Estados fortes" em favor de seus interesses e dos interesses de companhias transnacionais quanto a sua colaboração com empresas militares privadas não são muito diferentes em países da África ou da Ásia. As queixas contra a Shell na Nigéria assomam com regularidade, há muitos anos, nos relatórios anuais do Alto Comissariado para Direitos Humanos das Nações Unidas, assim como as queixas contra a política da BP no Azerbaijão ou na Indonésia.[16] Reiteradamente, as atividades da Exxon-Mobil em Aceh, na Indonésia[17], e no duto Chade-Camarões tornaram-se objeto de investigações nas quais se acusa a companhia petrolífera de desapropriação ilegal de terras, não-pagamento de indenizações, expulsão de camponeses, proibições de acesso da população local a fontes de água potável, etc.[18] Em Gana, companhias transnacionais de mineração de ouro como a Ashanti são acusadas pela organização não-governamental nacional Wassa Association of Communities Affected by Mining (WACAM) de empreender em suas minas de ouro uma política comercial de

---

16. Cf. Office of the United Nations High Comissioner for Human Rights: Annual Report (www.ohcr.org).

17. Cf. Felix Heiduk/Danial Kramer, "Shell in Nigeria und Exxon in Aceh. Transnationale Konzerne im Bürgerkrieg" [Shell na Nigéria e Exxon em Aceh. Companhias transnacionais na guerra civil] In: *Blätter für deutsche und internationale Politik*, 3/2005, pp. 340-46.

18. Cf. Ewan Mac Askill, "Amnesty Accuses Oil Firms of Overriding Human Rights" In: *Global Policy*, 7 set. 2005 (www.globalpolicy.org).

RECOMENDAÇÕES DA ORGANIZAÇÃO HUMAN RIGHTS WATCH ÀS EMPRESAS PETROLÍFERAS NA COLÔMBIA PARA A REPRESSÃO AOS ATOS DE DESRESPEITO AOS DIREITOS HUMANOS

- Em todo contrato com o governo ou com outra instituição pública que tenha por objeto serviços de segurança, mesmo os já assinados, as empresas devem inserir um parágrafo no qual conste que as forças estatais de segurança em operação nos campos de extração devem respeitar os direitos humanos, com os quais o governo se comprometeu, por contrato, com base no direito civil e político e por meio da Convenção Americana sobre os Direitos Humanos e outras normas internacionais ligadas aos direitos humanos.
- As empresas devem tornar públicos os acordos sobre os serviços de segurança com instituições estatais; as únicas exceções, neste caso, são os detalhes operacionais por meio dos quais homens podem ser colocados em perigo.
- As empresas devem insistir em investigar as pessoas oriundas do sistema militar e da polícia previamente destinadas para fazer a sua segurança. Em coordenação com o Ministério da Defesa, as instituições responsáveis por perseguir os atos de desrespeito aos direitos humanos — a "Fiscalía General de la Nación", a "Defensoría del Pueblo" e a "Procuraduría de la República" — e com as ONGs, as empresas devem se assegurar de que não será empregado nenhum soldado ou policial que, segundo informações seguras, esteja envolvido com atos de desrespeito aos direitos humanos.
- Devem ser realizadas investigações cuidadosas sobre os currículos dos antigos oficiais da polícia ou do exército que passaram a trabalhar como empreendedores privados ou como funcionários de serviços de segurança ("empresas militares privadas", na denominação aqui utilizada), a fim de assegurar que eles não tenham cometido, no passado, nenhum ato de desrespeito aos direitos humanos e que não tenham sido membros de unidades paramilitares.
- As empresas devem deixar absolutamente claro para os policiais e militares que lhes prestam serviços de segurança que, em caso de desrespeito aos direitos humanos, a empresa será a primeira a exigir uma investigação e a perseguir o ato.
- Onde quer que sejam levantadas acusações fidedignas sobre atos de desrespeito aos direitos humanos, as empresas devem insistir para que os soldados e oficiais envolvidos sejam imediatamente

> suspensos e que sejam levadas a termo as investigações internas e judiciário-criminais correspondentes.
> - As empresas devem acompanhar atentamente o status das investigações e exigir o esclarecimento dos casos. [...]
> - O resultado dessa investigação deve se tornar público.
>
> Fonte: Human Rights Watch, Colômbia, Human Rights Concerns Raised by the Security Arrangement of Transnational Oil Companies. Londres, abril de 1998.

transgressões, que não exclui tortura e assassinato.[19] Comissões de investigação apresentaram muitas vezes queixas em seus tribunais contra a maior companhia de papel de todo o mundo, a Asia Pulp & Paper (APP), por atos de desrespeito aos direitos humanos (abusos corporais, intimidações, chantagens, entre outros), sobretudo na província de Riau, em Sumatra, na Indonésia.[20]

O que se altera são as condições gerais e a colaboração com os detentores do poder no local. Uma política que vise, nos "Estados frágeis", à estabilidade estrutural e ao asseguramento duradouro da paz e em cujo centro se encontra a população não é perseguida em parte alguma.

---

19. Cf. os relatórios da WACAM no endereço www.wacam.org; Jim Valette, "Guarding the Oil Underworld in Iraq" In: *CorpWatch*, 5 set. 2003; "Canadian Mining Companies Destroy Environment and Community Resources in Ghana" In: *MiningWatch Canada*, jun. 2003.
20. Cf. Human Rights Watch: Paper Industry Threatens Human Rights, jan. 2003 (www.hrw.org/press/indonesia).

FORA DE CONTROLE — PRIVATIZAÇÃO DO USO DA FORÇA NOS PAÍSES OCIDENTAIS

> *Mas os homens iniciam sem muita reflexão algo que oferece uma vantagem instantânea e que os cega em relação aos perigos que esconde.*
>
> Maquiavel

Com a transferência de tarefas bélicas para empresas militares privadas, uma série de problemas surgiu nos "Estados fortes". Esses problemas estendem-se desde a segurança contratual, passam pelo controle democrático e vão até o dever de prestar contas. Nenhum desses problemas multifacetados foi até hoje solucionado. Não há nenhum relatório elaborado pelos politicamente responsáveis (por exemplo, pelo governo dos Estados Unidos ou da Grã-Bretanha) nos quais teriam sido avaliadas as experiências reunidas até o momento com a entrada em ação de prestadores de serviços militares por eles contratados. Para poder estimar, discutir e avaliar os efeitos e as conseqüências resultantes do modo de agir das empresas militares privadas, depende-se do material reunido por jornalistas, cientistas, militares críticos, organizações não-governamentais e observadores políticos, tais como o comissariado das Nações Unidas para a vigilância do mercenarismo.

Os acontecimentos no Iraque são os mais apropriados para iluminar os diversos aspectos dos problemas ligados às empresas militares privadas, uma vez que foi lá que elas experimentaram a mais maciça entrada em ação até o momento e que é lá, por sua vez, que encontramos um material comparativamente mais volumoso.

Soldados privados no Iraque

Em 31 de março de 2004, quatro funcionários da empresa militar privada Blackwater foram mortos em Fallujah e seus corpos foram pendurados em exposição em uma ponte. Um deles era Steven "Scott" Helvenston, 38 anos, antigo membro dos Seals, uma unidade especial da marinha norte-americana. Alto, louro, queimado de sol e com ombros largos, ele correspondia à imagem de um soldado de elite norte-americano. A América o conhecia por inúmeros filmes e séries de televisão, nos quais podia ser visto em pequenos papéis ou como dublê. Ao lado dos trabalhos cinematográficos, ele dirigia em Los Angeles a Fitness-Videos. Helvenston fora contratado como conselheiro de segurança da Blackwater. Nunca ficou esclarecido o que ele fazia, com três companheiros também oriundos de unidades especiais, no final de março de 2004 em uma cidade com o mais elevado grau de risco e sem escolta militar. As informações são completamente contraditórias: a empresa Blackwater, o governo provisório de coalizão no Iraque (CPA) e a maioria dos meios de comunicação norte-americanos[1] informaram que os quatro "civis" tinham caído em uma emboscada, que tinham sido assassinados de forma brutal e, então, mutilados. Os rebeldes iraquianos, em contrapartida, garantiram que não se tratava de maneira alguma de "civis", mas de "combatentes especiais" fortemente armados que, com o pretexto de procurar terroristas, realizavam batidas noturnas, abusavam de mulheres e crianças, torturavam e matavam da maneira mais brutal possível adultos e jovens do sexo masculino.[2] Jornais

---

1. Cf. Michael Duffy, "When Private Armies Take to the Front Lines" In: *Time Magazine*, 12 abr. 2004; David Isenberg, "A Fistful of Contradictors: The Case of a Pragmatic Assessment of Private Military Companies in Iraq" In: *BASIC*, Research Report, set. 2004, p. 31.

2. Cf. notícias publicadas em abril de 2004 no Uruknet (informazione dall'Iraq occupato) (www.uruknet.info), na Iraqi Press Monitor (www.iwpr.net/index.pl?iraq) ou no The Middle East Media Research Institute (www.memri.org).

sul-africanos como o *The Star*, o *Cape Times* e o *Pretoria Record* veicularam notícias sobre François Strydom, morto no dia 28 de janeiro de 2004 em uma explosão de bomba em Bagdá. Ele trabalhava para a empresa militar privada Erinys e antes havia feito parte — assim como Albertus van Schalkwyk, conhecido como "The Sailor" — do famigerado Koevoet ("alavanca"), uma das inúmeras unidades especiais do exército sul-africano durante o regime do *apartheid*, e estava envolvido em crimes contra o Congresso Nacional Africano (ANC).[3] A opinião pública inglesa descobriu que, com Derek W. Adgey, estava em atividade no Iraque junto à ArmorGroup um homem que fora condenado em juízo por atividades terroristas na Irlanda do Norte.[4] De jornais do Chile, da Argentina, da Colômbia e de El Salvador é possível depreender que membros de forças especiais, que já haviam sido declarados culpados de ferir da maneira mais grave possível os direitos humanos durante o período das ditaduras militares ou em esquadrões da morte e grupos paramilitares, estão a serviço de empresas militares privadas americanas por polpudas somas de dinheiro. Gary Jackson, gerente da Blackwater, até reconheceu ter recrutado antigos integrantes do governo Pinochet.[5] Diante disso, os

---

Desde que cresceu a resistência contra as forças da coalizão (sobretudo desde o início de 2004), desapareceram cada vez mais da internet inúmeros *sites* iraquianos de oposição. Alguns foram fechados com a afirmação, por parte do servidor, de que, na opinião de serviços secretos ocidentais, tinham sido propagadas notícias cifradas da Al Qaeda. Em círculos de *hackers* suspeita-se que os Estados Unidos teriam exercido pressão sobre os servidores para conseguir o fechamento de fontes inconvenientes de informação. Hoje, *sites* iraquianos feitos pelos rebeldes quase não são mais acessíveis.

3. Cf. Andy Clarno/Salim Vally, "Privatised War: the South African Connection" In: *Znet*, 6 mar. 2005.
4. Cf. Paul Dykes, "Desert Storm: How Did a Convicted Ulster Terror Squaddie Get Security Job in Iraq?" In: *Belfast Telegraph*, 5 fev. 2004.
5. Cf. Norman Arun, "Outsourcing the War" In: *BBC News Online*, 2 abr. 2004 (http://news.bbc.co.uk).

meios de comunicação se perguntam: como isso é possível? Para especialistas em direito, essa é apenas a conseqüência natural do fato de não se ter regulamentado juridicamente e não se poder exigir nem a responsabilidade, nem o controle, nem o dever de prestar contas, nem a transparência dos funcionários do ramo de prestação de serviços militares.

Segredo e caos nos contratos

De fato, tais exemplos são apenas a ponta do *iceberg*, pois quase não há como seguir o rastro nem mesmo dos crimes cometidos por membros das empresas militares privadas, tais como tortura e assassinato. Assim, nenhum soldado privado foi até o momento — até onde se sabe — condenado. Isso se deve ao fato de não se divulgar e, por causa da situação contratual, tampouco poder se tornar público com qual "comando para avançar", por exemplo, Helvenston e seus três colegas da Blackwater estavam municiados em Fallujah, se eles agiam por conta própria ou por ordem superior. A liderança militar do exército dos Estados Unidos no Iraque não sabe oficialmente nada sobre o que as empresas militares privadas fazem, devem, precisam ou podem fazer. Essas empresas não pertencem à cadeia do comando militar. Elas recebem suas missões diretamente do Pentágono e lá as pessoas silenciam tanto quanto nas centrais das empresas dos prestadores de serviços militares; um remete para o outro e todos para o segredo contratual.

Mesmo os questionamentos reiterados dos mandatários do Partido Democrata no Senado e na Câmara dos Deputados dos Estados Unidos sobre a quantidade de empresas militares engajadas, sobre as missões concedidas ou sobre as tarefas a serem realizadas não contribuíram para que houvesse mais transparência. Um grupo de doze senadores, sob a liderança do democrata Jack Reed, que exigiu, entre outras coisas, normas escritas para as empresas militares privadas no Iraque, não obteve sequer resposta do secretário da Defesa Donald Rumsfeld. Por trás da mão estendida, o Pentágono admitiu, de acordo com o *New York Times*, que não sabia quantas empresas militares privadas eram pagas com o dinheiro dos impostos americanos nem para que elas eram pagas. Um funcionário do Pentágono, que quis permanecer no anonimato, expôs sua opinião no *Washington Post* dizendo que o governo provisório de coalizão no Iraque teria "distribuído todos os contratos possíveis entre todas as pessoas possíveis", sem prestar contas aos Estados Unidos. O fato, porém, é que o governo americano não tem a obrigação de prestar informações sobre detalhes contratuais para o Congresso. Como o governo não revelava nada, alguns deputados e senadores se dirigiram ao Tribunal de Contas dos EUA e solicitaram a investigação do papel das empresas militares privadas no Iraque.[6]

Assim, tudo gira em círculos e, no fim, a base de informações é, em virtude da ausência de poderes legais, tão ruim quanto no ponto de partida. Até hoje permanece desconhecido, tanto oficial quanto extra-oficialmente, o número de empresas militares privadas que desempenharam atividades no Iraque no período da CPA, de 2003 a 2005, e quantas ainda continuam ativas atualmente junto ao governo iraquiano. A quantidade de empresas registradas primeiramente na CPA e, depois, no Ministério do Interior iraquiano era muito menor do que o número real.[7] Conhece-se ainda menos particularmente quais

---

6. Cf. David Barstow, "Security Companies: Shadow Soldiers in Iraq" In: *The New York Times*, 19 abr. 2004; Dana Priest/Mary Pat Flaherty, "Under Fire. Security Firms Form an Alliance" In: *Washington Post*, 8 abr. 2004; Lolita C. Baldo, "Senators Seek Investigation into Private Security Firms in Iraq" In: *Associated Press*, 30 abr. 2004; Peter W. Singer, "Warriors for Hire in Iraq" In: *Salon.com*, 15,16 abr. 2004.

7. Apesar de os números oficiais relativos às empresas militares privadas terem flutuado continuamente, durante o período da CPA elas eram em média 68,

missões os prestadores de serviços militares receberam e não se sabe nada sobre como e com que sucesso tais missões foram realizadas.

O caos jurídico começa com a contratação de serviços. Até onde se tem condições de saber algo sobre essa distribuição, o trato inicial só é descrito e decifrado de maneira detalhada em raríssimos casos, sendo que direitos legais podem ser derivados dessa falta de clareza por parte do contratante. Mesmo as sanções previstas no caso de quebra ou de não-execução do contrato parecem não estar normalmente estabelecidas por escrito. Isso significa o seguinte: obviedades, que constam até mesmo em um contrato simples, são deixadas de lado pelo Estado em um âmbito tão sensível quanto a aplicação do emprego da força. Em geral, também não é especificado como e com que meios uma missão deve ou não ser realizada. Funcionários de empresas militares privadas no Iraque, que não querem ter seus nomes citados, mencionaram, por exemplo, o fato de que eles estavam autorizados — sem precisar obter uma autorização especial — a prender pessoas, montar bloqueios nas ruas, confiscar documentos de identidade, etc. Ninguém pôde explicar se estava de fato assegurado em contrato a essas empresas, com o apoio do Pentágono, apropriar-se de incumbências governamentais.[8]

A DynCorp assinou com o Departamento de Estado norte-americano um contrato de mais de 50 milhões de dólares para organizar o sistema de autuação iraquiano. Em junho de 2004, quatro de seus funcionários, fortemente armados e vestindo uniforme de combate, lideraram policiais iraquianos na realização de uma emboscada contra o antigo líder iraquiano

---

e depois passaram para 43. Em pesquisas feitas por conta própria, o número real era e ainda é um terço mais elevado.

8. Cf. Clare Murphy, "Iraq's Mercenaries: Riches for Risks" In: *BBC News*, 4 abr. 2004 (newsvote.bbc.co.uk/mpapps/).

no exílio, Ahmed Chalabi.[9] Há dúvidas bem fundamentadas quanto ao fato de o Departamento de Estado ter tais ações em mente ao contratar o serviço. No entanto, uma vez que não houve nenhuma advertência à DynCorp, é de se supor que o contrato tenha sido configurado de maneira tão "negligente" que possa encobrir tal modo de proceder. Como muitos outros exemplos mostram, as empresas militares privadas podem decidir amplamente como executar suas tarefas contratuais.

Por contrato, a Hart Group Ltd. londrina deveria preparar para o governo provisório de coalizão no Iraque uma parcela limitada da segurança (não muito bem especificada) em uma "implementação passiva". Os funcionários da Hart foram instruídos a requerer tropas regulares da coalizão caso caíssem sob o fogo dos rebeldes iraquianos. Como atestou o diretor executivo dessa empresa na rádio BBC, porém, seu próprio pessoal de segurança empregou armas em inúmeros casos, porque — como ele ressaltou — os soldados chegavam tarde demais ou nem sequer eram encontrados nas áreas de combate. E esse não é um caso único: muitas outras empresas militares privadas, como a Control Risks Group e a Triple Canopy, narram ocorrências semelhantes. Por exemplo, as tropas italianas deixaram sem proteção o pessoal do governo e dois jornalistas na central da CPA de Nassíria, quando a central foi colocada sob fogo por rebeldes armados com metralhadoras e morteiros.[10] Em Kut, as forças armadas ucranianas, que tinham a área sob sua jurisdição, deixaram membros da CPA e funcionários da Triple Canopy sem apoio militar durante um ataque do Exército Mahdi do líder xiita Muqtada al-Sadr. Os membros da empresa militar privada entregaram-se a uma luta de três dias com os rebeldes,

---

9. Cf. Renae Merle, "DynCorp Took Part in Chalabi Raid" In: *Washington Post*, 4 jun. 2004.
10. Assim relatou a este autor Maria Cuffaro, que ficou detida lá como jornalista da rede de televisão estatal italiana RAI.

até que a munição se tornou escassa e eles precisaram se lançar em uma retirada bastante arriscada.[11]

O que significam, então, os contratos, se eles por um lado não prevêem "missões que envolvem a participação nos combates", e se, por outro lado, o uso de armas de fogo "em situações críticas" — que não são definidas com exatidão — é, contudo, permitido? Como contam soldados privados alemães que trabalharam para empresas americanas no Iraque, eles mesmos determinavam quando e como empregavam suas metralhadoras e suas pistolas automáticas.[12] Quem decide quando uma situação precisa ser classificada como "crítica", o que é permitido em tal situação e se a proporcionalidade dos meios é mantida? Atualmente — e não apenas no Iraque —, por falta de prescrições concretas, a resposta a essas perguntas está em geral entregue ao arbítrio dos contratados.[13]

Falta de controle e de responsabilidade

Abdica-se, em larga escala, do controle das atividades das empresas militares privadas. Os setores públicos contratantes praticamente não estão em condições (porque se encontram, por exemplo, em Washington) de realizar tal controle e o sistema militar estatal, que estaria apto a fazê-lo, não tem interesse em vigiar "como babás" os soldados privados, que não estão submetidos a seu comando. Na maioria das vezes, esse controle já não é de fato necessário, porque não chega sequer

---

11. Cf. quanto a este e outros incidentes os relatos de Matthew Schofield, por exemplo, "Militants Tighten Grip on Iraq Cities". In: *Detroit Free Press*, 9 abr. 2004 (www.freep.com).
12. Cf. Christoph Reuter, "Die Hunde des Krieges" [Os cães de guerra] In: *Stern*, 13 out. 2005.
13. Cf. Caroline Holmquist, *Private Security Companies. The Case for Regulation*, Estocolmo, 2005 (SIPRI Policy Paper, N. 9), p. 23s.

a ser formulado com clareza o que deveria ser controlado. Em comparação com as forças armadas estatais e com todos os seus mecanismos de controle, tanto horizontais quanto hierárquicos, introduzidos com boas razões com o passar do tempo, os governos concedem às empresas militares privadas uma atuação anárquica e arbitrária.

Os problemas contratuais, no entanto, não se restringem apenas ao controle do uso da força. Na maioria dos casos, o que está em questão é pura e simplesmente um cumprimento falho do serviço. Como, sobretudo nos países anglo-saxões, a crença de que "o privado é mais barato do que o estatal" foi se tornando suficiente para conceder contratos, mesmo sem concorrência e sem tomadas de preço específicas[14], não é de se espantar que um instrumento como o controle de qualidade seja tão pouco aplicado. Apenas quando soldados se queixam reiteradamente, por exemplo, da limpeza de suas roupas, do tipo de alojamento ou do abastecimento de refeições, pergunta-se quais as tarefas previstas em contrato. Nos últimos dez anos, as relações custo-benefício nas empresas militares privadas serem o que são não constituiu uma exceção, mas quase a regra: serviços de baixa qualidade com preços muito elevados — e o controle de qualidade ficava a cargo do consumidor final. Assim, empresas de logística, como a KBR, contabilizavam o preço da gasolina como o dobro do mercado civil. Elas construíram instalações de eletricidade e água superfaturadas, que tinham uma capacidade muito maior do que aquela de que os militares necessitavam. As empresas privadas de prestação de serviços receberam por 100 mil refeições que nunca foram fornecidas. Os custos para o abastecimento com veículos foram conferidos com base em contratos de *leasing* tremendamente caros. "Sem o correspondente controle dos contratos, a prática norte-americana atual se mostra um sistema ineficiente, que abre as portas para o

---

14. Deborah Avant e Peter W. Singer apontam uma vez mais para este ponto em seus escritos (cf. Bibliografia): "Bad policy and bad business."

abuso." O resultado: não o melhor tipo de privatização, mas o pior tipo de monopólio.[15]

Em geral, é tarefa do comprador ou do contratante verificar os serviços prestados com relação à abrangência e qualidade. Com freqüência, porém, a própria forma dos contratos dificulta tal controle. Assim, o governo americano trabalha com dois tipos de contratos: o "I-D/I-Q" (*indefinite delivery/indefinite quantity*) e o "Cost Plus". Os dois tipos convidam precisamente ao abuso e à eficiência precária. Enquanto o primeiro não fixa nenhum teto para os serviços a serem realizados e para as mercadorias a serem fornecidas, no segundo, os ganhos são calculados em percentuais com base nos custos acumulados (normalmente 2% e, quando a missão é "superada", 5%). Em outras palavras, no primeiro caso, a empresa militar privada ganha na proporção do que vem a fornecer — e ela realiza o fornecimento com excendentes, caso não seja impedida por meios de controle. No segundo caso, o prestador de serviço ganha tanto mais quanto mais elevada for a soma dos custos, e aqui também ele tenta impelir os gastos até o "limite máximo". Motoristas de caminhão de muitas empresas militares responsáveis pelo abastecimento no Iraque contam que precisavam fazer 24 ou 25 viagens de centenas de quilômetros sem qualquer carga, apenas para poderem contabilizar custos de transporte mais elevados.[16]

Depois de inúmeras investigações, o jornal das tropas responsáveis pela logística das forças armadas americanas resumiu as experiências de muitos anos de prestação de serviços militares em sete pontos críticos: ele censura em primeiro lugar a falta de uma doutrina que preveja a responsabilidade pela comunicação; em segundo, a perda de uma visão de conjunto das armas disponíveis e de outros aparatos militares presentes no

---

15. Peter W. Singer, "Outsourcing War" In: *Foreign Affairs*, 1 mar. 2005. A conduta nos negócios da KBR foi descrita detalhadamente na primeira parte desta obra.

16. Cf. Shnayerson, *The Spoils of War*.

campo de batalha; em terceiro, a perda do controle sobre o pessoal contratado e sobre o material; em quarto, um acréscimo de responsabilidade das forças armadas regulares pela segurança do pessoal contratado; em quinto, a necessidade de pessoal militar, de verbas e de material adicionais para o apoio ao pessoal contratado; em sexto, o receio quanto à disponibilidade dos fornecimentos pelas empresas contratadas em terreno hostil (confiabilidade); e, em sétimo, lacunas notórias no abastecimento, quando as rotas comerciais de fornecimento são interrompidas.[17]

A isso se alia o fato de, com o argumento do "estado enxuto", aqueles que apóiam a privatização terem tido sucesso em reduzir as despesas com o pessoal de controle. Assim, nos Estados Unidos, de 1997 a 2005, por exemplo, o volume de tarefas a serem realizadas pelas empresas militares privadas duplicou, mas os funcionários responsáveis pela elaboração, pelo fechamento e pela vigilância dos contratos foram reduzidos a um terço.[18] Com isso, mesmo no âmbito militar, a aversão da economia privada à regulamentação e ao controle estatal se impôs; e as esferas políticas seguem a mesma concepção posto que nenhum recurso para checagens é colocado à disposição. Desse modo, não passa de uma suposição, de uma crença ideologicamente alicerçada, assegurar que a privatização no setor militar reduz custos. As estatísticas de sucesso difundidas na opinião pública pelo setor de prestação de serviços ainda não foram submetidas a um controle de qualidade, e a parte interessada ainda não apresentou uma pesquisa sólida com vistas ao cálculo de custos em termos econômico-empresariais. Todos os números disponíveis fazem-nos supor o inverso, isto é, que a transferência de tarefas públicas de segurança para a economia privada acaba sendo mais cara para os contribuintes.

---

17. Cf. Michael McPeack/Sandra N. Ellis, "Managing Contractors in Joint Operations: Filling the Gaps in Doctrine" In: *Army Logistician*, 36 (2004)2, pp. 6-9.

18. Cf. Singer, *Corporate Warriors*, p. 15.

Um dos maiores problemas, que não pode ser eliminado nem mesmo por contratos muito bem elaborados e bem auditados, está relacionado com a própria estrutura dos contratos. Empresas de prestação de serviços são agentes comercialmente motivados, que só em raríssimos casos se interessam pelas metas sociopolíticas e por sua realização. Quem fecha contratos com as empresas militares privadas precisa ter clareza de que elas possam fugir do compromisso contratado sempre que considerarem oportuno por razões de existência, para a proteção de seus próprios colaboradores ou para proveito próprio. Quando os riscos parecem elevados demais para uma empresa no curso da execução do contrato ou quando um novo serviço mais lucrativo lhe acena, ela dissolve o contrato e aceita as sanções acordadas, mesmo correndo o risco de não poder tomar parte na próxima concorrência. Em outras palavras, ninguém consegue obrigar um prestador de serviços militares a realizar o seu serviço; não há nenhuma garantia de que "empresas militares privadas cumprirão seus contratos em uma situação hostil".[19] Diferentemente do que acontece no âmbito civil, no campo militar o descumprimento de contratos tem conseqüências bem diversas. Assim, nos últimos três grandes confrontos bélicos (nas guerras dos Bálcãs, do Afeganistão e do Iraque), aconteceu muitas vezes de soldados privados particulares e empresas militares não terem cumprido seus compromissos no abastecimento de tropas regulares em combate. Por causa do risco de serem mortos, eles simplesmente se recusam a abastecer os soldados no *front* com gasolina, água, comida e munição. Em dezembro de 2003, por exemplo, quando o norte de Bagdá transformou-se numa área crítica e dois "mercenários" sul-coreanos morreram, sessenta homens abandonaram seus postos no dia seguinte e se recusaram a retomar o serviço.[20] Por isso, não é

---

19. Cf. Holmquist, *Private Security Companies*, p. 29.
20. Cf. James Surowiecki, "Army Inc." In: *The New Yorker*, 12 jan. 2004 (www.newyorker.com).

de se espantar que se alastre nas forças armadas uma má vontade em relação às empresas prestadoras de serviço responsáveis pelo reabastecimento, uma vez que elas acabam sendo jogadas numa situação de risco ou até de perigo de vida. A faculdade que têm as forças armadas regulares de recusar ordens ou até de desertar não lhes é dada ao lidar com as empresas militares enquanto sujeitos comerciais privados.

Impunidade para "novos mercenários"?

Problemas como transparência, obrigação de prestar contas, controle e responsabilidade, porém, não existem apenas no plano contratual, mas também no plano legal. Está sempre estabelecido da maneira mais rigorosa possível em termos jurídicos diante de quem os funcionários públicos ou os empregados do setor de segurança (policiais, soldados, etc.) precisam assumir sua responsabilidade e prestar contas. Para as empresas militares privadas e para o seu pessoal, contudo, as coisas não são assim; contratos de direito privado não permitem intromissão do contratante nas questões pessoais de uma empresa. O que o Estado pode exigir e esperar dos prestadores de serviços militares é que eles se mantenham cumpridores das regras internacionalmente obrigatórias e das leis nacionais. Cabe apenas à empresa julgar o caráter apropriado ou não do modo como os soldados privados se comportam *in loco* em uma situação concreta de conflito. Na verdade, são as empresas militares privadas que instruem e ensinam seu pessoal a observar as leis e a respeitar os direitos humanos. Todavia, afora essa declaração de intenções, o Estado não tem nenhuma possibilidade de controle ao colocar em ação os "novos mercenários". Mesmo quando toma conhecimento de atos de desrespeito à lei, suas mãos estão atadas. Normalmente, logo que um delito é cometido — independentemente da nacionalidade do criminoso —, a ação recai sobre a competência dos funcionários responsáveis pelas investigações penais nos próprios países. No Iraque, contudo — e este não é um caso isolado —, o governo provisório da coalizão de guerra dispôs, com a Resolução 17, de junho de 2003, reeditada em 27 de junho de 2004, que todo o pessoal que trabalha para a coalizão (mesmo os funcionários das empresas militares privadas) está isento de investigação penal por parte das autoridades iraquianas. Com isso, mesmo no caso de delitos graves, como assassinato, há imunidade para soldados privados. Assim, o Ministério do Interior iraquiano comunicou que estava diante de quarenta a cinqüenta casos nos quais "novos mercenários" tinham atirado em civis sem nenhuma razão específica. As empresas militares privadas teriam se recusado a fornecer qualquer informação relacionada a esse fato e negado toda e qualquer responsabilidade.[21]

A situação se complica ainda mais quando cidadãos de um país trabalham para uma empresa militar "alheia", estrangeira. O dilema que surge em muitos países tornou-se particularmente claro no Iraque quando "novos mercenários" sul-africanos, nepaleses, italianos, japoneses e belgas foram mantidos reféns por rebeldes iraquianos. As exigências dos iraquianos não se dirigiam às empresas militares privadas, mas às nações das quais os presos eram cidadãos — por exemplo, no caso de Fabrizio Quattrocchi e de seus três companheiros, ao governo italiano. De acordo com a situação legal atual, tanto nacional quanto internacional, porém, o Estado não pode impedir seus cidadãos de trabalhar para empresas militares privadas estrangeiras; pode apenas explicar que eles podem ser condenados judicialmente se lutarem (com armas na mão) a favor de um país ou contra o qual seu próprio país não esteja em guerra. Além disso, eles não têm sequer a possibilidade de serem indiciados e julgados pela justiça de seu próprio país por algum delito cometido.

---

21. Cf. *uruknet*, 27 nov. 2005 (www.uruknet.info).

Escândalo sexual na DynCorp

Em 1999, Ben Johnston chegou à Bósnia. Ele trabalhava para a empresa DynCorp, que, a pedido do governo norte-americano, vigiava, entre outras coisas, helicópteros e dava cursos de formação para a nova polícia bósnia. Johnston, que tinha uma formação especial para os helicópteros Apache e Blackhawk, assinou um contrato por três anos. Poucos dias depois de sua chegada, assim nos conta o texano, ficou claro para ele que "havia alguns problemas ali. Eu procurei enfrentar a situação de peito aberto, porque sabia que estava lidando com um grupo de homens mais toscos do que todos aqueles com os quais já tinha trabalhado antes. Não se trata de dizer que eu nunca bebia, mas eles chegavam sempre bêbados ao trabalho. De manhã, fomos enviados ao trabalho pela DynCorp e já se podia sentir o hálito de meus companheiros a distância". Johnston observou também que os empregados da DynCorp "quebram todas as regras possíveis" e "seguem o exército americano onde quer que seja possível".

Para tudo isso ele fechou os olhos, mas a partir de certo momento o homem de dois metros não suportou mais. "O pior era que eles mantinham escravas sexuais, moças jovens, algumas talvez de treze ou quatorze anos." Eles compravam essas moças da máfia sérvia por uma quantia entre 600 e 800 dólares. As mulheres não vinham da Sérvia, mas da Rússia, da Romênia e de outros países. "Os homens da DynCorp compravam os passaportes dessas mulheres. E quando estavam cansados delas, revendiam-nas para outros colegas. Não se tratava de outra coisa senão de escravidão." Johnston indignou-se e informou seu superior direto na DynCorp sobre o caso. Este nada fez, o que acabou sendo revelado mais tarde, por uma boa razão: ele também mantinha escravas sexuais e havia estuprado no mínimo uma delas, gravando o estupro em vídeo. O próximo passo levou Johnston ao exército americano, que abriu um inquérito.

O texano foi retirado do país e, pouco tempo depois, demitido da DynCorp com a justificativa de que teria colocado a empresa em descrédito. No entanto, a investigação interna do exército prosseguiu e chegou ao seguinte resultado: os fatos relatados por Johnston a respeito dos atos criminosos de escravidão e estupro são verdadeiros, mas não se encontram sob a jurisdição da Suprema Corte americana. Possivelmente, o fato recairia sobre a competência da Bósnia, uma vez que tais atos foram cometidos naquele país. Com certeza, porém, os

> empregados da DynCorp também não poderiam ser responsabilizados lá, visto que gozavam de imunidade por meio de seu status como contratados dos americanos. A única providência tomada pela empresa militar privada americana foi demitir sete dos envolvidos no caso.
>
> Compilado a partir dos relatos de diversos meios de comunicação americanos (cf. e.o. *Tribune*, 13 maio 2002).

Os combatentes inimigos, contudo, consideram o Estado como o responsável. Essa zona cinzenta, livre de punições, na qual trabalham os soldados privados leva muitas vezes o lado oposto a se utilizar disso como pretexto para não respeitar o direito internacional público que concerne à guerra. A barbarização do acontecimento da guerra é uma conseqüência quase obrigatória: assim, no Iraque, por exemplo, pessoas que provêm de países árabes (como Egito, Marrocos, etc.) e trabalham para empresas militares privadas norte-americanas são intencionalmente procuradas e mortas; entre elas, encontravam-se até mesmo tradutores envolvidos no escândalo da prisão de Abu-Ghraib.

Em caso de guerra, o direito internacional (Cf. Convenção de Genebra de 1949, caps. III e IV) só conhece as figuras de combatentes e de população civil. Os "novos mercenários", porém, não são combatentes, porque, em virtude de cumprirem contratos, não são contabilizados como parte das tropas combatentes e não estão submetidos ao comando militar. Mas eles também não são "civis", pois estão vinculados à máquina de guerra, com freqüência trabalham a pedido do governo e muitas vezes estão armados. O pressuposto para a classificação como combatente segundo o direito internacional — a saber, tomar parte "ativa" e "diretamente" nos atos de guerra — também não nos leva adiante, pois não está definido o que significa aqui "ativo" e "direto", e não está claro que ações são de fato empreendidas pelos soldados privados. Em razão do novo modo de condução da guerra, a situação torna-se ainda mais

Convenção Internacional das Nações Unidas contra o Recrutamento, Uso, Financiamento e Treinamento de Mercenários (1979)

Artigo 1

No sentido desta convenção

1. um mercenário é:

a) quem é alistado no próprio país ou no exterior com o intuito de lutar em um conflito armado;

b) quem toma parte em hostilidades, sobretudo aspirando ao ganho pessoal e quem recebeu de ou em nome de uma das partes em conflito a promessa de uma remuneração material essencialmente maior que a remuneração prometida ou paga aos combatentes das forças armadas desse partido que possuem uma posição hierárquica comparável e realizam tarefas similares;

c) quem não é cidadão de uma das partes em conflito, nem é residente de uma região controlada por uma das partes em conflito;

d) quem não é membro das forças armadas de uma parte em conflito e

e) quem não foi enviado por um Estado, que não se mostra como uma das partes em conflito, em uma missão oficial como membro de suas forças armadas.

2. além disso, um mercenário é quem, em qualquer outra situação:

a) é alistado no próprio país ou no exterior com a finalidade de participar de um ato militar conjuntamente planejado, que tem por meta o seguinte:

— a queda de um governo ou a destruição da ordem constitucional de um Estado ou

— a destruição da integridade territorial de um Estado;

b) toma parte nisso sobretudo por aspiração a um ganho pessoal significativo e por meio da promessa ou do pagamento de uma remuneração material;

c) não é cidadão de um país contra o qual o ato se dirige, nem é lá residente;

d) não é enviado por um país em uma missão oficial e

e) não é membro das forças armadas do país em cuja região soberana o ato foi realizado.

difícil de ser abarcada, porque tempo e espaço se encontram separados de forma radical e só continuam formando uma unidade virtualmente. Será que o soldado privado que, por exemplo, joga tapetes de bombas no Afeganistão apertando um botão num computador da Flórida, toma parte "de maneira indireta", enquanto o soldado regular que dirige um caminhão com provisões toma parte diretamente nos "atos de guerra"? O direito internacional não tem nenhuma resposta precisa para essa questão.

E também não se pode lançar mão de uma terceira distinção existente. Os funcionários das empresas militares privadas não podem ser subsumidos à definição de "mercenários" que foi concebida de maneira rigorosa na Convenção Internacional contra o Recrutamento, Uso, Financiamento e Treinamento de Mercenários (ver quadro abaixo), uma convenção promulgada pelas Nações Unidas em 1979 — assim como não o podem as empresas das quais eles são empregados —, entre outros motivos porque todas (!) as características apresentadas precisam ser preenchidas e porque normalmente seu contratante é um país que toma parte em um conflito.[22] Advogados especialistas em direito internacional formulam o dilema da seguinte forma: mesmo que os "novos mercenários" façam a mesma coisa que os "antigos mercenários", de qualquer modo não se trata dos mesmos.

Se considerarmos os aspectos jurídicos mais diversos — desde o contrato até o direito internacional —, chegaremos a um resultado paradoxal: é sobretudo o *status* legal dos empregados das empresas militares privadas que torna tão difícil o seu controle jurídico.

---

22. A definição de "mercenário" da Convenção de Genebra de 1949 é retomada ao pé da letra na Convenção da ONU de 1979.

Um Estado dentro do Estado

O debate intenso que ocorreu quando da criação do exército federal na Alemanha, sobre o papel dos militares em um Estado democrático deixou claro como é complicado submeter esse campo a um controle social. Depois das experiências penosas do passado, foram desenvolvidos conceitos, como o de "liderança interior" e de "cidadão em uniforme", com os quais se buscava evitar que o próprio sistema militar abusasse da força ou que grupos civis pudessem abusar do potencial de força característico do sistema militar. Precisava-se de um conjunto de regras concebido para estabelecer normas e princípios democráticos e impor um procedimento obrigatório de controle e de decisão. Somente assim seria possível proteger o primado da política perante a força militar e garantir o monopólio estatal do uso de força. Com a transferência de muitas funções militares para as empresas militares privadas, porém, a construção conjunta, criada com muito esforço e de maneira alguma perfeita, perdeu sua estabilidade, e o monopólio estatal do uso de força passou a correr risco.

O bem público "segurança" (e isso inclui o controle democrático da força armada) e o bem próprio à economia privada "lucro" não se coadunam com a busca de uma mesma meta. Na prática não são compatíveis. Por essa razão, é mais problemático quando o bem público é privatizado e a segurança é confiada à lógica da busca pelo lucro, característica da economia privada. Em uma democracia constitucional marcada pelo Estado de direito, a segurança — diferentemente do que acontece no Estado feudal ou no Estado autoritário — não é apenas uma questão do regente soberano ou do Estado a ser protegido: tão importante quanto isso é saber como os civis podem ser protegidos e como sua segurança pode ser garantida. Deveria ser uma obviedade, em meio às respostas a essas questões, a busca pelo lucro de partes da sociedade desempenhar um papel secundário (ou precisar desempenhar tal papel em uma democracia que funcione).

A problemática da privatização da segurança fica particularmente evidente no âmbito do serviço de informações e do serviço secreto. Se sempre foi um enorme desafio e se ainda hoje não se conseguiu adequar por completo esse setor a um sistema de controle que funcione de maneira democrática, as coisas se tornaram ainda mais difíceis, se não mesmo impossíveis, com o surgimento das empresas militares privadas. Em face dos novos conceitos de condução da guerra, tais como o da guera de inteligência (*information warfare*), é hoje extremamente significativa a posse de informações e de conhecimento. Apesar dos contratos, é muito difícil vigiar um conhecimento transferido. Como empresas prestadoras de serviço militar privadas não estão interessadas em primeiro lugar na segurança, mas sim no lucro, não há como evitar o abuso do conhecimento que elas acumularam. Enquanto o líder da oposição angolana e líder militar da UNITA, Jonas Sawimbi, por exemplo, tinha a cobertura do Ocidente, as empresas militares privadas sul-africanas e de outros países lutaram ao seu lado contra as tropas do governo angolano. Essa foi uma das guerras civis mais sangrentas que já ocorreram em solo africano. Depois do fim da guerra fria, a situação alterou-se abruptamente. Quando o governo angolano deixou de ser apoiado pela União Soviética, que o Ocidente mudou de lado — em última instância pelas imensas reservas de petróleo que se encontravam nas mãos do governo — e deixou que a UNITA sucumbisse, as empresas militares privadas também mudaram de contratante. Com as informações que tinham em mãos, foi fácil para elas prender Sawimbi, destruir a UNITA e usar como propaganda salutar para os negócios o fato de terem acabado com a guerra civil.

E há muitos exemplos como esse: prestadores de serviço militar americanos que, tal como a DynCorp na Colômbia, por solicitação do governo norte-americano, foram colocados em ação no combate às drogas nos países sul-americanos, transmitiram em muitos casos os conhecimentos reunidos por meio de aviões de espionagem para as forças armadas locais e para grupos paramilitares; em seguida, "por engano", aviões civis foram abatidos, aldeias de camponeses foram reduzidas a pó e tropas rebeldes foram atacadas por paramilitares.[23] "É isso que denominamos a terceirização da guerra", explicou, de maneira sarcástica, um deputado do Congresso norte-americano.[24]

O emprego sem controle das informações que as empresas militares privadas reuniram na "guerra contra o terror" e que continuam reunindo diariamente por intermédio de pessoas privadas detentoras das mais novas tecnologias de espionagem, assim como o desrespeito — daí oriundo — de direitos fundamentais e de direitos civis, ainda não foram de modo algum apreendidos e avaliados em sua amplitude. Alguns membros do Congresso norte-americano, entre eles o senador democrata Patrick Leahy, do Vermont, vêem aí um "perigo enorme para a esfera privada dos cidadãos americanos".[25] Desse modo, o Estado, como garantia dos direitos constitucionais do indivíduo, é furtivamente colocado de escanteio pelas empresas militares privadas.

Trata-se de uma característica dos Estados democráticos manter a força militar em vias controláveis e limitar a influência dos militares sobre a política e sobre a sociedade civil. A privatização, contudo, já levou ao seguinte fenômeno: de maneira direta ou indireta, as empresas militares privadas

---

23. A empresa militar privada AirScan forneceu dados para a força aérea colombiana no já descrito massacre de San Domingo e para a força aérea do Peru, quando ela abateu, em maio de 2001, um avião de passageiros com missionários norte-americanos a bordo; cf. Duncan Campbell, "War on Error: A Spy Inc. No Stranger to Controversy" In: *Public Integrity* (ICIJ), 12 jul. 2002. Quanto aos outros acontecimentos, cf. Leslie Wayne, "America's For-Profit Secret Army" In: *The New York Times*, 13 out. 2002; Peter W. Singer, "Have Guns, Will Travel" In: *The New York Times*, 21 jul. 2003.

24. Cit. de Juan O. Tamayo, "Colombian Guerrillas Fire on U.S. Rescues" In: *Miami Herald*, 22 fev. 2001.

25. Cf. Roman Kupchinsky, "The Wild West of American Intelligence" In: *Asia Times Online*, 30 out. 2005.

vêm dirigindo cada vez com mais intensidade as estratégias de intervenção, de tratamento de conflitos e de condução da guerra, tanto pública quanto internacionalmente. Sua influência aumentou muito, sobretudo na realização desses conceitos. Em questões relativas ao modo como se deve proceder detalhadamente em intervenções, quais meios devem ser empregados e quais pontos de vista estão em primeiro plano, as empresas militares privadas passaram a ter voz ativa, muitas vezes decisiva. Por mais estranho que possa soar, o modo como uma ação militar é realizada e que acentos são estabelecidos em termos de política externa são fatores que já dependem hoje das possibilidades de lucro dessas empresas. Essa pressão sobre a política intensifica-se quando os interesses voltados para a economia privada do ramo de prestação de serviços militares se chocam com os interesses oriundos da indústria e do sistema financeiro.

Assim, por exemplo, uma parte considerável dos programas americanos de intervenção e de ajuda à África remonta ao *lobby* conjunto e intenso da indústria petrolífera e dos prestadores de serviços militares. Os estreitos laços que existem nos Estados Unidos entre as empresas militares privadas, a burocracia estatal, as forças armadas, a indústria de armamentos e o governo ganham voz clara na pessoa do vice-presidente Cheney ou da Secretária de Estado Condoleezza Rice, que ocuparam altas posições de direção na Halliburton ou na companhia de petróleo Chevron antes de tomarem posse de seus atuais cargos. Esses, porém, são apenas dois exemplos proeminentes de um sistema que já assumiu formas de um "governo baseado no favorecimento mútuo". Nas associações formadas pelos dirigentes das empresas militares privadas encontramos influentes representantes oriundos da política (antigos representantes do governo, diplomatas, etc.), da burocracia estatal ou antigos militares de alta patente. Assim, por exemplo, a Dilligence LLC foi fundada por agentes secretos da CIA e do MI 5 britânico. Pertencem ao círculo dessa empresa pessoas proeminentes, com as quais a Dilligence também faz propaganda em seu *site*: William Webster, o único homem na história dos Estados Unidos que dirigiu tanto a CIA quanto o FBI; Richard Burt (ex-embaixador americano na Alemanha); Ed Rogers (outrora braço direito do ex-presidente George Bush); Joe Allbough (antigo administrador da campanha do presidente George W. Bush); Nicolas Day (ex-membro do MI 5); Steven Fox (antigo diplomata americano que trabalhou, entre outros lugares, na França; especialista antiterror); Jim Roth (membro da CIA durante quinze anos); Whitley Buttler (realizou operações secretas para a CIA no Iraque nos tempos de Saddam Hussein); lorde Charles Powell (antigo conselheiro de política externa de Margaret Thatcher); Mac McLarty (colaborador da administração de Bill Clinton); Rockwell Schnabel (ex-embaixador americano na União Européia); prof. Kurt Lauck (outrora diretor da Daimler Chrysler, da Feba e da Audi), etc. Na Steele Foundation, na CACI, na Custer Battles, na Ronco Consulting, na Triple Canopy (Vinnell), na Halliburton, na MPRI, na DynCorp e na SAIC, as coisas não são diferentes. Em inglês, utiliza-se o conceito de *revolving door* (porta giratória) para esclarecer como funciona esse princípio do dar e receber.[26]

    Para se aproximar das missões governamentais, para afastar as investigações indesejáveis dos representantes parlamentares ou influenciar decisões administrativas, as empresas militares privadas empregam um exército de lobistas influentes e gastam, com isso, entre 60 e 70 milhões de dólares por ano. Eles também se engajam nas campanhas presidenciais norte-americanas, doando, da última vez, por volta de 12 milhões de dólares, dos quais mais de 80% foram para os republicanos. Como veio à tona, as verbas destinadas ao *lobby* e às doações nunca foram investidas de maneira tão produtiva quanto nesse caso. Sob a presidência de George W. Bush e com uma maioria republicana

---

26. Cf. Silverstein, *Private Warriors*, em especial o capítulo 5: Alexander Haig and the Revolving Door.

no Congresso, o ramo expandiu-se enormemente; os contratos eram tão numerosos e abrangentes que as empresas militares não conseguiam dar conta deles. Elas necessitavam tanto de pessoal que começaram a contratar membros de unidades especiais, como os *Rangers*, os *Seals* e as *Delta Forces* americanos ou a SAS inglesa. Hoje, há mais pessoas da SAS trabalhando nas empresas militares privadas do que nas forças armadas britânicas. Por conta da debandada maciça, algumas unidades da SAS não têm mais capacidade de combate. Em algumas unidades especiais norte-americanas já se passou a conceder um ano de "férias" para os seus membros vinculados a uma empresa privada ("para que eles possam ganhar dinheiro"), contanto que se comprometam a retornar às forças armadas.[27]

As empresas militares privadas abriram lacunas perigosas na estrutura democrática dos "Estados fortes". Ainda não há condições de julgar se a sua estabilidade está ou não ameaçada. O inquietante nisso tudo, porém, é o fato de os danos à política não darem ensejo a reflexões sobre como essas lacunas poderiam ser preenchidas e sobre que "medidas de reparação" precisariam ser tomadas. Perseguir a política do "continuar tudo como foi até aqui" significa colocar a democracia em risco.

---

27. Cf. Ian Bruce, "SAS Veterans Among the Bulldogs of War Cashing in on Boom" In: *The Herald*, 29 mar. 2004; Singer, *Warriors for Hire in Iraq*.

Segurança ilusória — liquidação nacional dos "Estados frágeis"

> *Se chegares a ver uma cabra na caverna do leão,*
> *então é melhor temê-la.*
> Ditado africano

Empresas militares privadas têm sua sede preponderantemente nos países ricos do Ocidente, mas em geral são colocadas em ação no Terceiro Mundo. Elas são pagas pelos "países fortes", mas podem receber seus pagamentos direta ou indiretamente por meio das riquezas naturais dos "Estados frágeis". Na maioria das vezes, elas servem aos interesses das sociedades industriais ocidentais ligados à política externa e só em segundo plano às necessidades dos países nos quais agem. As experiências mostram que a entrada em ação de companhias de prestação de serviços militares nas regiões de conflito não conseguiu estabilizar de maneira duradoura a situação. Isso é demonstrado de modo inequívoco pelo exemplo de Serra Leoa, um país que, por causa de suas imensas reservas de diamantes, sempre foi e continua sendo palco de sangrentos confrontos, nos quais os interesses estrangeiros desempenham um papel importante.

A pedido do ex-presidente Valentine Strasser, a empresa militar privada Executive Outcomes (EO) interveio maciçamente pela primeira vez em março de 1995, a fim de combater os rebeldes do Frente Revolucionária Unida (FRU), um movimento paramilitar brutal de oposição que empregava crianças soldados em grande estilo e que se encontrava sob o comando de Foday Sankoh. A empresa militar deveria expulsar os autodenominados "guerreiros da liberdade" de Cono, uma região rica em diamantes. A EO realizou esse serviço em um curtíssimo espaço de tempo de maneira extremamente eficiente, infligiu ao RUF uma derrota aniquiladora, expulsou-o da região dos diamantes e o impeliu para além da fronteira com a Libéria. Logo depois, houve um golpe de Estado e Strasser caiu. Seguiu-se a isso uma nova revolta e, depois da retirada da EO, a maioria dos jovens e soldados de Serra Leoa se juntou ao RUF, então restabelecido. Em uma ação militar, os rebeldes repeliram as tropas governamentais, que só conseguiram se manter na região em torno da capital Freetown com o auxílio das tropas da ECOMOG, coalizão militar do oeste africano sob a liderança da Nigéria. O resto do país caiu em seu poder. Nos anos subseqüentes, as tropas da Organização da Unidade Africana (OUA) intervieram a serviço das Nações Unidas. E mesmo as empresas militares privadas — de início a EO e, em seguida, a Sandline — voltaram a tomar parte no jogo, chamadas pelos respectivos governos que se orientavam pelo Ocidente. Porém, nada se alterou fundamentalmente na situação além do fato de o país ter mergulhado em um caos e em uma pobreza cada vez mais crescentes.

Uma curta pausa para respiração surgiu quando Foday Sankoh, com anuência internacional, foi nomeado vice-presidente de Serra Leoa. De qualquer modo, porém, os conflitos não resolvidos naquele país logo irromperam uma vez mais e outras intervenções e confrontos bélicos se seguiram. Apesar de se manter um frágil cessar-fogo desde 2002 no país devastado, a situação é hoje tão instável quanto a de há dez anos — e os rebeldes continuam controlando 50% dos campos de diamantes.[1]

Serra Leoa não é um caso particular. Poderíamos relatar fatos semelhantes sobre muitos países da África, como Ruanda, Libéria, Angola ou Uganda. A intervenção de uma empresa

---

1. Cf. Musah, *A Country Under Siege*, pp. 76-117.

militar privada sempre acabou por decidir o conflito bélico em favor de uma das partes. Todavia, nunca se conseguiu alcançar uma alteração das relações de poder em favor de instituições públicas, assim como faltou uma solução duradoura para os conflitos. Em países como a República Democrática do Congo, Filipinas, Chechênia ou Colômbia, podemos observar que esse conceito de intervenção militar pontual, estabelecida com vistas ao curto prazo, chegou a funcionar até mesmo como um desencadeador inicial de uma escalada significativa do conflito, ainda mais no momento em que o lado oposto — guerrilhas, cartéis de drogas ou grupos terroristas — também requisita a ajuda de empresas militares privadas, aumentando, assim, sua força de combate.[2] Se os rebeldes conseguem, tal como aconteceu na Colômbia e no Congo, colocar regiões sob o seu controle e, com a exploração (de coca e respectivos tesouros naturais do solo) dessas regiões, se refinanciar tranqüilamente, o conflito se torna permanente e mais brutal. Mas, mesmo que ele possa ser mantido no limiar de novas confrontações bélicas — como aconteceu na Libéria e em El Salvador, onde os episódios de cessar-fogo foram formalmente mantidos depois da guerra civil —, a sociedade permanece dividida entre os antigos acampamentos de guerra, o que torna ilusória a construção de estruturas conjuntas de segurança. Para a população resta uma vida à beira do vulcão, com todos os fenômenos paralelos estagnantes e recessivos nos campos econômico e social. Conta-se que em El Salvador,

---

2. A colaboração de empresas militares privadas com estes agentes da violência e mesmo com grupos talibãs e com a Al Qaeda está mais do que comprovada. Cf. Mohamad Bazzi, "Training Militants British Say Islamic Group Taught Combat Courses in U.S." In: *Newsday*, 4 out. 2001; Andre Verloy, "The Merchant of Death" *Washington (The Center for Public Integrity)*, 20 jan. 2002; Peter W. Singer, "War, Profits, and the Vacuum of Law: Privatized Military Firms and International Law" In: *Columbia Journal of Transnational Law*, 2004, pp. 521-549; Patrick J. Cullen, "Keeping the New Dog of War on Tight Leash" In: *Conflict Trends*, jun. 2000, pp. 36-39; Andre Linard, "Mercenaries S.A." In: *Le Monde diplomatique*, ago. 1998, p. 31.

por exemplo, houve mais mortos depois do tratado de paz de 1992 do que durante toda a guerra civil. A polícia, a justiça e a execução penal estavam tão enfraquecidas que um especialista em segurança declarou que a violência em El Salvador se encontrava em uma relação direta com o tempo de vida útil de uma metralhadora M-16.

Relação conturbada entre militares, Estado e sociedade civil

Por meio da intervenção de empresas militares privadas, a relação entre militares, liderança política e população civil, que na maioria das vezes já é tensa, é ainda mais prejudicada. Se o Estado traz prestadores de serviços militares estrangeiros para o país, ele não apenas deixa claro para os militares locais o quão baixa é a confiança do governo em sua capacidade, mas também faz o alto escalão dos militares ver freqüentemente como uma humilhação que "mercenários estrangeiros sejam colocados diante de seu nariz". O fato de a liderança política oferecer a estrangeiros uma visão completa desse sensível campo de segurança aumenta ainda mais a desconfiança. O pagamento muito mais elevado destinado pelo próprio governo aos soldados privados recrutados instiga o ressentimento mesmo entre simples soldados. Quando — o que é a regra — as empresas militares privadas recrutam pessoal local, quando retiram essas pessoas até mesmo das forças armadas e empreendem ao mesmo tempo uma seleção segundo grupos étnicos, tal como aconteceu em Ruanda e na República Democrática do Congo, as tensões podem crescer até o limite do incomensurável.[3] A pouco exitosa construção de estruturas democráticas no Afeganistão levou a perigosos desdobramentos no sistema policial do país,

---

3. Cf. Singer, *Corporate Warriors*, pp. 191-205, aqui p. 198.

fazendo com que as forças policiais preferissem trabalhar para as empresas militares estrangeiras lá em atividade a se articular com o aparato público.[4]

Como no caso de Serra Leoa, depois do fim das hostilidades imediatas, não é raro que advenha um golpe de Estado. Para as empresas militares privadas, contudo, caso realmente aceitem tal missão, é difícil se colocarem como "tropas de ajuda" às forças armadas locais.[5] E mesmo quando sua missão se restringe à formação e ao aconselhamento, tensões em relação ao poder executivo e às tendências de autonomização do sistema militar já estão sempre pré-programadas. Junta-se a isso o fato de as forças armadas, que foram um dia formadas por especialistas estrangeiros, continuarem dependentes deles em termos de técnicas, de armamentos e de condução de guerra.[6] A superioridade dos "Estados fortes" nesse campo é tão evidente que os militares de países do Terceiro Mundo não podem senão seguir atrás de maneira cambaleante. Além disso, não é raro a população civil ver os prestadores de serviços militares como "tropas de ocupação" e se portar em relação a eles de maneira extremamente desconfiada, uma desconfiança que se estende para o próprio governo, que levou, afinal, essas tropas estrangeiras para o país. A confiança na liderança política e, por fim, no próprio governo, desaparece. Assim, não diminui o sentimento de insegurança, mas cresce a necessidade de proteção.[7] A tendência para a auto-organização em comunidades particulares intensifica-se, avança a dissolução da sociedade e em seguida crescem as tensões já existentes.

---

4. Algo similar também pode ser observado no Iraque; cf. Ariana Eunjung Cha, "Underclass of Works Created in Iraq" In: *Washington Post*, 1 jul. 2004.

5. Cf. Singer, "Peacekeepers Inc."

6. Cf. Deborah Avant, *The Market for Force. The Consequences of Privatizing Security*, Cambridge, 2005.

7. Cf. Holmquist; *Private Security Companies*, p. 14.

Outra conseqüência da entrada em ação das empresas militares privadas é a "localização espacial da segurança". Quando têm por tarefa apaziguar uma determinada região em conflito, essas empresas criam, na verdade em um curto espaço de tempo, com base em técnicas superiores de guerra e de segurança, "ilhas de paz" nas quais as atividades econômicas por vezes vitais para um Estado podem prosseguir sem serem perturbadas. Todavia, por meio dessa operação o potencial conflituoso só é deslocado e se faz notar em outro lugar do país, ao menos de forma potencial. Assim, em todos os continentes, as regiões exploradoras de petróleo foram transformadas — com o passar do tempo e o auxílio dos especialistas estrangeiros em questões militares — em "zonas de segurança máxima", das quais insurrectos e grupos rebeldes são expulsos. Sua área de operação cobriu, nesse ínterim — vide, por exemplo, o enclave angolano Cabinda entre o Congo e a República Democrática do Congo —, as zonas de prospecção como um arco circundante. O Estado nacional respectivo perdeu o seu poder soberano sobre os dois territórios.[8]

No entanto, mesmo uma ninharia pode ter amplas conseqüências no momento em que as empresas militares privadas intervêm. Na Nigéria, por exemplo, existe há décadas, entre as etnias da região petrolífera no delta do rio Niger, uma luta pela distribuição das receitas oriundas desse negócio e da destruição ecológica dessa região por meio de companhias como a Shell, uma luta que de tempos em tempos experimenta uma nova escalada. Em 2003, quando trabalhadores do setor petrolífero em greve fizeram reféns a fim de dar ênfase às suas reivindicações, a

---

8. Cf. Herbert M. Howe, *Ambigous Order: Military Forces in African States*. Boulder, 2001; Tony Hodges, *Angola from African-Stalinism to Petro-Diamond Capitalism*, Bloomington, 2001; Jakkie Cilliers/Christian Dietrich (Org.), *Angola's War Economy. The Role of Oil and Diamonds*. Pretoria, 2000; Phillip van Niekerk/Laura Peterson, "Greasing the Skids of Corruption" In: *The Center of Public Integrity: Making a Killing*.

empresa militar privada Northbridge Services entrou em cena e resolveu o problema com uma "ação mista", ou seja, usando meios diplomáticos e violentos. A intervenção da empresa britânica desencadeou uma grave crise em termos de política interna na Nigéria, na qual se envolveram o governo, os militares e os partidos de oposição. O ponto de dissensão foi quem havia ordenado a intervenção de uma empresa militar privada nos assuntos internos do país. A questão não foi esclarecida, uma vez que a Northbridge se negou a nomear o seu cliente.[9]

As já citadas zonas industriais "francas" — um conglomerado de produção semelhante a uma cidade — também elucidam o que se define aqui com a expressão "localização da segurança". No interior dessas zonas quase extraterritoriais, as empresas militares privadas imperam segundo as regras das companhias estrangeiras que ali produzem. A proteção externa é assumida, na maioria das vezes, pelas forças de segurança pública (o sistema militar ou a polícia), que são reduzidas, com isso, à função de uma empresa de vigilância. Por toda parte no Terceiro Mundo vêm se formando zonas "globais" — ou seja, âmbitos locais estreitamente limitados, nos quais se produz de forma barata para o mercado global —, cuja segurança pode ser garantida de forma ampla pelas empresas militares privadas. Nessas ilhas e em torno delas formam-se *apartheids* de pobreza e riqueza e só muito raramente o estado consegue canalizar o seu elevado potencial de conflito.[10]

---

9. Cf. John Vidal, "Oil Rig Hostages are Freed by Strikers as Mercenaries Fly Out" In: *The Guardian*, 3 maio 2003.

10. Cf. Peter Lock, "Privatisierung im Zeitalter der Globalisierung" [Privatização na era da globalização] In: *América Latina*, 38/1998, pp. 13-28; Kristine Kern, *Diffusion nachhaltiger Politikmuster, transnationale Netzwerke und globale Governance*. [Difusão de padrões políticos tenazes, de redes transnacionais e de governança global], Berlim, 2002.

A solução fácil: compra de segurança

Com isso, também fica claro um outro problema que prejudica ainda mais as estruturas de segurança dos "Estados frágeis". A entrada em ação de empresas militares privadas nos conflitos atuais oferece, para a liderança política de um país, a vantagem de representar um instrumento à mão para uma solução rápida.[11] Em contrapartida, a construção ou reforma das próprias forças armadas não custaria apenas tempo, mas também vincularia e consumiria uma parte significante do orçamento doméstico. Além disso, o exército e a polícia têm um custo permanente, enquanto a contratação das empresas privadas se restringe a um único pagamento. A tarefa estatal de garantir a segurança de organizações e pessoas estrangeiras em seu próprio território também pode ser transferida. Países como Angola, por exemplo, concedem às empresas militares privadas até mesmo o direito de trazerem consigo estrutura e pessoal de segurança quando elas se dispõem a trabalhar com eles em atividades econômicas.[12] Organizações de ajuda humanitária e companhias passam a depender, assim, da proteção privada das empresas militares. Isso, porém, faz com que as instituições estatais percam cada vez mais o controle e que a transparência e a obrigação de prestar contas não possam mais ser exigidas. A segurança transforma-se de um bem público em uma mercadoria privada, da qual qualquer um que esteja em condições de pagar pode se apropriar. Com isso, a força armada usada para a proteção fica menos controlável: ditadores podem empregar empresas militares privadas contra a oposição e vice-versa; companhias podem se valer dessas empresas a fim de proteger suas instalações de ataques rebeldes, assim

---

11. Cf. Holmquist, *Private security companies*, p. 15.

12. Cf. David Isenberg, *Soldiers of Fortune Ltd*. Washington, 1997; Niekerk/Peterson, *Greasing the Skids of Corruption*.

como os rebeldes podem atacar, com o apoio dessas empresas, os locais de produção.[13]

Apesar de a soberania e o monopólio do uso da força ainda continuarem existindo legalmente e serem apresentados como insígnias da independência nacional na sede das Nações Unidas em Nova York, esses países deixaram de existir como entidades. Por falta de soberania, eles só se mantêm unidos por meio de uma rede de interesses particulares, que asseguram a sobrevivência do Estado enquanto os mais fortes "estiverem lutando pela mesma causa".[14] Tal situação intensifica-se quando os "Estados fortes" permitem que seus programas de ajuda e de desenvolvimento para a melhoria das estruturas de segurança sejam executados pelas empresas militares privadas, sem vincular as atividades dessas empresas a direitos precisos.

No quadro do programa ACOTA, os Estados Unidos, por exemplo, entregaram quase toda a formação e o treinamento de forças públicas de segurança (tanto na sala de aula quanto em campo aberto) nos países africanos a prestadores de serviços militares como a SAIC, a DFI, a MPRI e a Logicon. No que concerne à montagem de estruturas de segurança e à proteção de suas propriedades no estrangeiro, os Ministérios das Relações Exteriores e do Auxílio ao Desenvolvimento britânicos (DFID) também passaram a confiar cada vez mais no trabalho das empresas militares privadas.[15] Em um relatório ao Parlamento britânico de outubro de 2002, o Ministério das Relações Exteriores listou 102 lugares em um número

---

13. Cf. Nalson Ngoma, "Coup and Coup Attempts in Africa" In: *African Security Review*, 13 (2004) 3; Jakkie Cilliers/Richard Cornwell, "Mercenaries and the Privatization of Security in Africa" In: *African Security Review*, 8 (1999) 2.

14. Cf. Doug Brooks, "Write a Cheque, End a War" In: *Conflict Trends*, jun. de 2000, pp. 33-35.

15. O pessoal do DFID no Iraque foi protegido por diversas empresas militares privadas. Cf. Deborah Avant, "The Privatization of Security and Change in the Control of Force" In: *International Studies Perspectives*, 5 (2004) 2, p. 154.

quase idêntico de países nos quais ele empregava, juntamente com o DFID, 121 empresas diferentes.[16] Organizações ligadas aos direitos humanos, como a Anistia Internacional, apontaram muitas vezes para o fato de faltarem aos programas de treinamento e formação conteúdos como direitos humanos internacionais, de não estar previsto o exercício de modos de comportamento — sobretudo em situações críticas — que respeitem os direitos humanos e de nem sequer cair no campo de visão uma instrução sobre prescrições internacionais para o controle de armas.[17] Esses programas favorecem até mesmo países como São Tomé e Príncipe, que foi muitas vezes objeto de investigações jurídicas em virtude do abuso da força por parte da polícia e dos militares contra a própria população e se encontra no último lugar na lista internacional de respeito aos direitos humanos.[18]

Perda do monopólio do uso da força

O "esvaziamento" do Estado, a redução e a dissolução de instituições públicas tanto no campo de segurança externa quanto

---

16. Cf. Governo da Grã-Bretanha: *Companhias militares privadas*, Londres, 2002 (Ninth Report of the Foreign Affairs Committe). Não há nenhuma informação do Ministério das Relações Exteriores britânico sobre quantas empresas militares privadas foram engajadas para realizar missões no exterior ou quais foram tais missões. Ele só informou, no caso do próprio país, quais eram as atividades dos militares que haviam sido privatizadas e quais deveriam ser transferidas. Cf. os dois textos publicados pelo Ministério da Defesa em 2004 "Signed PPP Projects" e "PPP Projects in Procurement" (www.mod.uk/business/ppp/database.htm).
17. Como exemplo, podemos citar: Anistia Internacional (USA): International Trade in Arms and Military Training (www.amnestyusa.org/arms_trade/us-training).
18. Cf. Alex Belida, "Private U.S. Security Firm Assessing São Tomé Military" In: *Global Security*, 6 jun. 2004 (www.globalsecurity.org).

interna, provocados ou intensificados pelas atividades das empresas militares privadas, têm como conseqüência o fato de terem gerado zonas de segurança de qualidade e densidade diversas.[19] Cidadãos abastados vivem em bairros próprios, os chamados condomínios fechados[20], como o condomínio Alphaville, próximo à cidade de São Paulo, cujos limites são protegidos por muros de vários metros de altura, cercas elétricas e portões de segurança, câmeras de vídeo, controle de identidade, etc.; os que se encontram do lado de fora não possuem nenhum acesso, e a vigilância está autorizada a atirar em qualquer "pessoa estranha". No outro pólo da escala encontram-se os guetos de pobreza — as favelas, os bairros de lata, os barracos amontoados, cujos limites também são visíveis à distância e onde nenhum defensor público da ordem ousa entrar, porque ali também se atira em desconhecidos.

Apesar de ser raro os dois extremos se chocarem diretamente ao deixarem essas duas regiões, o Estado criou condições para que conflitos no âmbito da outra parte, ou seja, da parte maior da sociedade, possam desembocar rapidamente em extremos e, então, em geral com estruturas fracas, não sejam mais controláveis. Muitos exemplos oriundos das regiões de conflito mostram que, quando o Estado se apóia cada vez mais intensamente na contratação de segurança, ele perde a capacidade de oferecer à população uma proteção constante, talhada de acordo com suas necessidades. Ele também não está mais em condições de controlar a autoproteção estabelecida em contrapartida pelas comunidades particulares. Conflitos

---

19. Cf. Anna Leander, *Global Ungovernance: Mercenaries, States and the Control Over Violence*, Copenhague, 2002.

20. Condomínios fechados: estas comunidades privadas cercadas não estão mais, há muito tempo, restritas ao Terceiro Mundo. Nos Estados Unidos, elas já existem em grande número desde os anos 1950. Hoje, "essas ilhas de bem-estar e de riqueza", também já podem ser encontradas por toda parte na Europa, inclusive na Alemanha.

em irrupção se chocam com um vácuo na segurança pública; faltam instituições legítimas que possam se apoiar no consenso do conjunto da sociedade; os órgãos políticos perderam toda possibilidade de fazer uma intermediação nos casos conflituosos. Se as partes em conflito não encontram por si mesmas uma solução, a situação corre o risco de se agravar até se transformar em um confronto armado.[21]

Uma conseqüência tão imediata quanto indireta da atividade de empresas militares privadas nos "Estados frágeis" é o crescimento e a enorme difusão da criminalidade organizada. Por um lado, armas de pequeno porte são necessárias nas regiões do *apartheid* da pobreza, a fim de organizar a autoproteção e resistir às lutas internas por concorrência. Por outro lado, o comércio de drogas e armas, a prostituição e o tráfico humano — em um campo no qual o Estado não tem praticamente mais nada a dizer —, são estruturados e ampliados de modo a se tornarem fonte de renda lucrativa. As redes informais e a economia clandestina no setor semilegal contribuem ainda mais para o acesso da criminalidade organizada à economia legal e à burocracia estatal. Corrupção e suborno se propagam. Dessa forma, ganhos almejados no mercado global também podem refluir e a lavagem de dinheiro pode florescer e se transformar em um ramo econômico próprio. Esses lucros, buscados tanto com mercadorias e serviços ilegais quanto com métodos criminosos, podem — uma vez tendo passado pelo processo de "lavagem" — ser reinvestidos na economia legal. Os ramos da construção, do turismo e da diversão são, na maioria das vezes, os primeiros setores da economia legal a serem amplamente dominados e controlados pela criminalidade organizada. Como

---

21. Cf. Mair, *Die Globalisierung privater Gewalt* [A globalização da violência privada]; Stefan Mair, "Intervention und 'state failure': Sind schwache Staaten noch zu retten?" [Intervenção e *state failure*: ainda é possível salvar Estados frágeis?] In: *IPG*, 3/2004, pp. 82-98.

se sabe, mesmo na Europa, por conta da máfia italiana, a posição de poder econômico adquirida cresce juntamente com o apoio social de uma parte da população e se transforma em influência política e até mesmo em poder institucional.[22] A conseqüência disso é que conflitos sociais, que aparecem necessariamente em toda comunidade, não podem mais ser resolvidos por meio de instituições democráticas em sintonia com o Estado de direito, mas passam a ser decididos cada vez mais segundo o direito do mais forte e com uso de violência.

Pilhagem das riquezas naturais

O império da empresa Executive Outcomes mostrou quais são as estreitas relações existentes entre empresas militares privadas e companhias econômicas. Atualmente — em grande parte por conta do protesto internacional que evocou o caso Executive Outcomes — quase não se consegue mais ver empresas militares e empreendimentos que exploram riquezas naturais ou adquirem concessões para a exploração de matérias-primas reunidas em uma *holding*.[23] O desenvolvimento nessa área prosseguiu. Nesse ínterim, a separação entre empresas do campo de segurança e empresas do campo industrial já é claramente feita por razões jurídico-formais. Isso fica particularmente claro junto às companhias transnacionais, que apenas contratam empresas de prestação de serviços militares com as quais, porém, elas não associam nenhum interesse comum em termos de capital. Para os "Estados frágeis", contudo, em geral não faz diferença saber

---

22. Cf. Rolf Uesseler, *Stichwort Mafia* [Palavra-chave máfia], Munique, 1994; Antonio Roccuzzo, *Gli uomini della giustizia nell'Italia che cambia*, Roma, 1993.
23. Cf. Mungo Soggot, "Conflict Diamonds Forever" In: *Washington (Center for Public Integrity)*, 8 nov. 2002.

se empresas militares e empresas de mineração pertencem a uma mesma *holding*, se elas "marcham separadas e atacam juntas" ou se cada uma persegue a sua própria aspiração por lucro.[24]

Para que parquetes, por exemplo, sejam oferecidos aos consumidores a um preço baixo, madeiras tropicais são extraídas da Ásia, do Afeganistão e da América do Sul por companhias madeireiras poderosas com a intervenção das empresas militares privadas. A presença dessas empresas é necessária para repelir ou para quebrar a resistência da população local contra a destruição de seu *habitat*. Os países que distribuem concessões — como Malásia, Libéria e Mianmar — restringem-se à administração das receitas desse lucrativo negócio. Quando isso não acontece, elas deixam as companhias madeireiras administrarem os negócios com os seus exércitos particulares nas regiões das concessões sem serem perturbadas.[25] Mesmo no que diz respeito ao critério de grandeza, essa forma de atividade não se distingue particularmente daquela forma característica das companhias das Índias Orientais inglesas e holandesas de trezentos anos atrás.[26] E essas regiões também voltaram a ser hoje um grande burgo, quando o que está em jogo é a ação conjunta de companhias transnacionais e do ramo de prestação de serviços militares. A empresa militar privada Pacific Architects and Engineers (PA&E),

---

24. Cf. Geoff Harris, "Civilianising Military Functions in Sub-Saharian Africa" In: *African Security Review*, 12 (2003) 4; Mark Taylor, "Law-Abiding or Not. Canadian Firms in Congo Contribute to War" In: *The Globe and Mail*, 31 out. 2002; cf. também as diversas publicações sobre este tema do Instituto Norueguês de Ciências Sociais Aplicadas FAFO (www.fafo.no).

25. Cf. o filme documentário de Patrice Dutertre, *Os novos mercenários*, transmitido pelo canal Arte no dia 21 de junho de 2005.

26. Quanto às condições na Indonésia, cf. Henri Myrttinen, "Alte neue Kriege. Die Privatisierung der Gewalt in Indonesien" [Velhas guerras novas. A privatização da violência na Indonésia] In: Azzellini/Kanzleiter: *Das Unternehmen Krieg* [O empreendimento guerra], pp. 129-142; "International Labor Fund: Exxon Mobil: Genocide, Murder and Torture in Aceh" Washington, 2002 (www.laborrights.org).

da Califórnia, está presente nessa região com duas de suas filiais — uma no Japão e outra em Cingapura. Com a ajuda dessas duas empresas, ela desenvolve seus negócios em todo o território asiático. Entre seus clientes comprovados na Nova Zelândia, no Timor Leste, na Malásia, em Cingapura, na Tailândia, no Vietnã, na Coréia e no Japão estão, por exemplo, a Esso Malásia, a Brunei Shell Petroleum, a Nippon Steel Corporation e também a Microsoft Corporation, a Procter & Gamble e a Walt Disney Corporation. Outros prestadores de serviços militares trabalham no Mianmar para as empresas ocidentais de petróleo e gás no Sri Lanka, Nepal, Camboja, Taiwan, Brunei e Filipinas, sempre em favor dos interesses da economia privada.[27]

Todavia, não são apenas as companhias transnacionais e as empresas militares privadas que participam da liquidação das riquezas naturais no Terceiro Mundo. No quadro da globalização, os governos dos países poderosos passaram a intervir cada vez mais para satisfazer os interesses nacionais ou para criar condições gerais para a economia de "suas" empresas. Nesse caso, tal como na China, Grã-Bretanha, Rússia, França e Estados Unidos, quase não se consegue mais constatar onde cessa o interesse nacional e onde começa o interesse empresarial. Alguns exemplos podem deixar isso mais claro.

Em março de 2004, na Guiné Equatorial, um golpe de Estado realizado por antigos funcionários da empresa Executive Outcomes fracassou. Por meio da tentativa de golpe, o ditador em exercício, Obiang Nguema — apoiado pelos Estados Unidos e pela empresa militar privada MPRI —, deveria cair e ser substituído por Severo Moto, que vivia exilado na Espanha. No pano de fundo dessa tentativa de golpe estavam os interesses conflitantes ligados ao petróleo, que eram próprios às companhias e aos países que as apoiavam. A antiga colônia espanhola é considerada há algum tempo o eldorado africano da economia

---

[27] Cf. David Isenberg, "Security for Sale". In: *Asia Times*, 13 ago. 2005.

petrolífera, e financistas de todo o mundo querem assegurar para si a sua parcela nos lucros astronômicos esperados da prospecção do "ouro negro". A maioria dos mercenários que tomaram parte na revolta fracassada está atualmente cumprindo longas penas. Só Mark Thatcher — um dos homens que deram suporte financeiro à ação — continua livre graças à intervenção de sua mãe, ex-primeira-ministra inglesa.[28]

Na cidade sudanesa de Darfur, onde foram descobertas gigantescas reservas de petróleo, duas empresas militares privadas trabalham para o Departamento de Estado dos Estados Unidos: a DynCorp e a PA&E. De acordo com as bases da missão (que não se encontram detalhadas), essas empresas devem tanto preparar e construir sistemas logísticos quanto disponibilizar capacidades de transporte e de comunicação. Elas são pagas por meio do contrato chamado *open-end*, que permite ao governo americano empregar as duas empresas por um tempo indeterminado não apenas no Sudão, mas em todo o continente africano. Por outro lado, trata-se de um contrato *cost-plus*, o que significa que as duas empresas militares privadas têm cobertos todos os custos que surgirem durante a missão, mais um ganho de 5% da soma total.[29] O Departamento de Estado compreende essa missão como parte de uma missão de paz, para levar a um acordo pacífico o governo sudanês e o movimento de libertação Sudan's People's Liberation Front (SPLF), que se encontram em uma guerra civil não declarada desde 1983. Só na região de Darfur houve, nos últimos anos, mais de 1 milhão de refugiados e mais de 50 mil mortos. De acordo com as palavras de um alto funcionário do governo, a

---

28. Cf. Aldo Pigoli, Mercenari, "Private Military Companies e Contractors" In: *Wargames*, 17 abr. 2004; George Monbiot, "Pedigree Dogs War" In: *Guardian*, 25 jan. 2005.

29. Cf. Daniel C. Lynch, "3.200 Peacekeepers Pledged on Mission to Darfur" In: *Washington Post*, 21 out. 2004.

justificativa de Washington para o fato de o governo ter confiado tal tarefa a duas empresas militares privadas é a seguinte:

> Em razão de nossas leis, não podemos estabelecer lá nenhum partido e nenhuma representação política. Visto que utilizamos empresas militares privadas, podemos contornar essas prescrições. Imagine o todo como um mistura de uma "ação encoberta", tal como a CIA a executa, e uma "ação aberta", tal como essa ação é feita pela Departamento de Desenvolvimento. Trata-se também de uma forma de escapar do controle do Congresso.[30]

A região de Darfur é conhecida nos meios de comunicação internacionais não por conta da luta pelo petróleo, mas pelo drama dos refugiados. A quem caberão no futuro as concessões para a prospecção de petróleo e como serão distribuídas as receitas daí resultantes são questões que ainda não estão regulamentadas em contrato. Atualmente, as principais nações exploradoras no Sudão são, entre outras, China e Paquistão. A partir dos muitos diálogos multilaterais realizados até o momento sobre os problemas e conflitos dessa região — diálogos que envolvem até mesmo as Nações Unidas —, podemos, contudo, concluir que os refugiados ou os expulsos não têm como participar senão muito pouco da espoliação das riquezas em sua (antiga) terra natal.

Quer se trate de madeiras tropicais ou de petróleo, de coltan ou cobre, de diamante ou ouro, de cobalto ou prata, de manganês, urânio, cádmio, germânio, berílio ou outros tesouros naturais dos países do Terceiro Mundo, os métodos e meios para a sua exploração e para o seu transporte para os "Estados

---

30. Cf. Pratap Chatterjee, "Darfur Diplomacy: Enter the Contractors" In: *CorpWatch*, 21 out. 2004 (www.corpwatch.org). Ainda resta mencionar que a empresa americana AirScan apoiou a SPLF em uma "ação encoberta"; cf. Cullen, "Keeping the New Dogs of War on a Tight Lease", pp. 36-39.

fortes" são sempre os mesmos, com as adaptações necessárias. Desde que os mercados se abriram a reboque da globalização e as taxas de exportação desapareceram, os preços das matérias-primas despencaram até o fundo do poço. Assim, cada vez mais as riquezas naturais dos "Estados frágeis" são levadas para fora do país. Os lucros almejados a partir daí caem constantemente e são esgotados pelas elites estatais do local, uma vez que elas transferem imediatamente uma parte das verbas pagas pelo exterior pelas concessões para contas em paraísos fiscais[31]; e uma pequena parte, que vai se tornando cada vez menor, é distribuída entre a população. Contra tal prática, o povo quase não tem como se defender, pois, por causa do "esvaziamento" do Estado, ela não tem mais nenhum meio para exigir seus direitos por vias democráticas e para fazê-los valer. À margem ou abaixo do limiar da subsistência mínimo, com um salário mensal de 1 euro (como em muitos países africanos), só resta muitas vezes a fuga para a violência, a fim de se salvar da inanição.

Por isso, pode-se dizer, em termos gerais: países que estavam em dificuldades e que quiseram resolver seus problemas com o auxílio das empresas militares privadas se tornaram mais fracos ao invés de saírem fortalecidos dessa experiência. Nenhum deles teve um desenvolvimento na direção dos "Estados fortes"; por toda parte, as estruturas de segurança e os mecanismos de resolução dos conflitos se tornaram mais fracos, perdendo cada vez mais poder. Como constatou Enrique Ballesteros, o encarregado das Nações Unidas para a fiscalização do mercenarismo, em suas longas pesquisas em torno do globo terrestre, as empresas militares privadas propagam a ilusão de estabilidade, deixam intocados os problemas fundamentais e as causas dos conflitos e nunca estão em condições de chegar a uma solução duradoura para a população.[32] Para viabilizar a paz

---

31. Cf. Niekerk/Peterson, *Greasing the Skids of Corruption*.
32. Cf. Os relatórios das Nações Unidas UN Doc. E/CN.4/1999-2004.

nesses países e construir estruturas de segurança, é necessária uma abordagem política que não esteja direcionada para a satisfação de interesses imediatos, mas que coloque como meta um programa de reconstrução de instituições estatais e sociais. É verdade que essa meta necessita de uma longa trajetória e não pode ser realizada em pouco tempo, mas pode ser concretizada a longo prazo.

ORGANIZAÇÕES DE AJUDA HUMANITÁRIA — À SOMBRA DOS MILITARES

> *Não reprima a ira,*
> *mas não ceda a ela.*
> Provérbio tibetano

Durante a guerra do Afeganistão, os meios de comunicação norte-americanos difundiram a frase do ex-secretário de Estado Colin Powell de que "organizações humanitárias" seriam "uma parte importante das tropas de combate americanas".[1] Com isso, ele tornou público pela primeira vez o papel que o governo americano atribui às organizações de ajuda humanitária nas regiões em que o país intervém militarmente. Para as organizações não-governamentais, confirma-se assim o receio de estarem sendo instrumentalizadas em nome da política de guerra. Elas protestaram porque viram questionado seu *status* como auxiliares neutros e independentes.[2] Todavia, os protestos logo foram esquecidos pela opinião pública. Com o início da guerra no Iraque, intensificou-se o conflito de interesses. Os governos americano e britânico apresentaram sua

---

1. Cit. segundo Lothar Brock, "Humanitäre Hilfe — Eine Geisel der Außen- und Sicherheitspolitik?" [Ajuda humanitária — um refém da política externa e da política de segurança?] In: Medico International (Org.), *Macht und Ohnmacht der Hilfe* [Poder e impotência da ajuda], Frankfurt/Meno, 2003, pp. 58-63.

2. Quanto à politização crescente da ajuda humanitária e/ou às tentativas cada vez mais intensas da política de absorver as organizações humanitárias, cf. International Alert, *The Politization of Humanitarian Action and Staff Security*, Boston, 2001.

"estratégia de inclusão", pela qual não foram afetados apenas jornalistas, mas também as organizações de ajuda humanitária. Depois do fim da guerra, quando a CPA — o governo civil no Iraque dominado pelos norte-americanos — exigiu das organizações não-governamentais que elas prestassem uma declaração de fidelidade perante as forças armadas da coalizão e se comprometessem a prestar informações de três em três meses, elas se recusaram.[3] Em seguida, a USAID ameaçou as organizações de excluí-las da concessão de auxílios financeiros. Todavia, poucas se curvaram a esse ditame; a maioria retirou seu pessoal, encerrando suas atividades no Iraque.[4] Mas mesmo aqueles que se recusaram e permaneceram, logo fecharam as portas, depois que a coalizão lhes foi retirando cada vez mais a proteção, que consistia principalmente na cobertura por meio de funcionários das empresas militares privadas, apesar de, sob a proteção das Nações Unidas, terem sido fixadas as linhas mestras conjuntas para todas as partes envolvidas.[5] Mesmo o apelo do secretário-geral das Nações Unidas, Kofi Annan, para que a CPA se comprometesse, segundo as regras válidas do direito internacional, a cuidar de proteção e segurança, não mudou em nada a postura dos governos Bush-Blair.

---

3. Cf. Wulf, *Internationalisierung und Privatisierung von Krieg und Frieden* [Internacionalização e privatização de guerra e paz], p. 145; quanto ao complexo conjunto da problemática das organizações não-governamentais em regiões de conflito, cf. ibidem, pp. 139-156.

4. Cf. a Oxfam, organização de ajuda humanitária britânica, ativa no mundo inteiro: Oxfam Suspends all Direct Operations in Iraq. Oxford, 2004 (www.oxfam.org.uk/). Algo semelhante aconteceu no Afeganistão; cf. Mark Joyce, "Medecins Sans Frontières Pull Out of Afghanistan." In: *RUSI News*, 29 jul. 2004.

5. Cf. UN Department of Humanitarian Assistance: "Guidelines for Humanitarian Organization on Interacting with Military and Other Security Actors in Iraq", Nova York, 20 out. 2004.

As ameaças à neutralidade

Essa concepção fundamentalmente diversa acerca do papel daqueles que trabalham na ajuda humanitária não concerne apenas à relação entre governos e organizações não-governamentais, mas também — e com freqüência de forma intensificada — à ligação entre as organizações de ajuda humanitária e as empresas militares privadas. Para as empresas militares privadas, a intervenção é um negócio que tem por finalidade o lucro. Para o governo, ela é um questão política que tem por finalidade propiciar segurança. A finalidade das organizações não-governamentais é, no seu próprio entendimento, trazer auxílio à população civil, independentemente de e, em certos casos, ir contra posições políticas, econômicas ou de qualquer outra ordem. Com isso, formulam-se posicionamentos que, em muitos casos, se não mesmo na maioria deles, são incompatíveis em ações concretas. Por outro lado, com as "novas guerras", nas quais a quantidade de agentes do uso da força envolvidos se elevou, e com as atuais áreas de conflito, nas quais os limites anteriormente bem delimitados entre militares e população civil foram se dissolvendo cada vez mais, as condições de segurança para as organizações não-governamentais tornaram-se diversas, e sua proteção, menor. Nos últimos anos, quase todas as organizações de ajuda humanitária precisaram comunicar baixas entre o seu pessoal e registrar a ocorrência de seqüestros de funcionários. Isso aconteceu, por exemplo, com a agência de refugiados da ONU (UNHCR, na sigla em inglês), com o Comitê Internacional da Cruz Vermelha (CICCV), a CARE USA, os Médicos do Mundo (MDM) e os Médicos sem Fronteiras. Só entre julho de 2003 e julho de 2004, mais de cem civis das Nações Unidas e de organizações não-governamentais foram mortos em regiões de conflito.[6]

---

6. Cf. Robert Muggah/Cate Buchanan, "No Relief: Surveying the Effects of Gun Violence on Aid Workers" In: *Humanitarian Exchange*, nov. 2005 (www.odihpn.org).

As empresas militares privadas se aproveitam do fato de aqueles que trabalham com ajuda humanitária correrem um risco acentuado para oferecer serviços de segurança que os estados se recusam a prestar ou que não estão em condições de disponibilizar. Na verdade, o dilema é discutido por todos os envolvidos, mas o impasse permanece. Em caso de dúvida, os governos e as empresas militares privadas se impõem, tal como nos mostra o exemplo do Iraque. Os prestadores de serviços militares têm aí uma posição forte, porque são muitas vezes os governos que se reportam ao fato de a segurança só poder ser fornecida para as organizações não-governamentais se estas aceitarem a proteção oferecida pelas empresas militares privadas (e não raramente pagas com dinheiro público).

Em acordos internacionais e no código de comportamento, editado em 1994, as organizações não-governamentais insistiram em manter uma neutralidade estrita e em permanecer sem tomar partido, independentemente dos governos.[7] É tanto um temor das organizações não-governamentais quanto uma constatação de que a manutenção de seus princípios fundamentais é colocada em risco ou mesmo impossibilitado pela colaboração com os militares. Não foi apenas no Afeganistão e no Iraque que a população olhou os voluntários com suspeita, quando estes eram acompanhados por soldados privados (sem levar em conta se esses soldados estavam ou não armados), para não falar daqueles para os quais as tropas de coalizão representam uma força de ocupação hostil. Eles vêem sua opinião confirmada pela declaração de Colin Powell citada acima e não consideram os voluntários senão como um braço estendido da máquina de guerra.

Tal visão se difunde na população quando insurretos, grupos de resistência e movimentos rebeldes apontam para o fato de

---

7. O código de comportamento do CICV pode ser obtido no *site* www.icrc.org/port/; sobre o problema das ONGs e da proteção armada cf. ICRC: "Report on the Use of Armed Protection for Humanitarian Assistance". Genebra, 1, 2 dez. 1995; Meinrad Studer, "The ICR and Civil-Military Relations in Armed Conflict" In: *International Review of the Red Cross*, 842/2001, pp. 367-391.

as mesmas empresas militares privadas que trabalham para uma organização de ajuda humanitária também fazerem a segurança do pessoal estrangeiro do governo e protegerem empresas privadas estrangeiras.[8] Quando ainda se descobre, por fim, que os serviços secretos infiltram agentes nessas associações humanitárias a fim de chegar mais facilmente às informações, a suspeita se transforma em hostilidade. Voluntários italianos no Iraque contam que a maioria das organizações não-governamentais, incluindo a Cruz Vermelha, era regularmente "infestada de arapongas".[9] Depois de sua libertação, reféns italianos contaram que os rebeldes iraquianos tinham informações das mais precisas sobre a infiltração por parte dos serviços secretos.[10] Com isso, a pretensa proteção por parte das empresas militares se transforma em uma elevação do risco para as organizações humanitárias.

As empresas militares e o risco para a segurança

Não é apenas o risco que cresce para as organizações de ajuda humanitária. Em muitos casos, o perigo para a população civil, a quem de fato se quer ajudar, também se torna maior.[11] Esse é particularmente o caso quando o conflito é desencadeado por questões ligadas às riquezas naturais e sua exploração por companhias estrangeiras. Como mostram vários exemplos

---

8. Cf. Homquist, *Private Security Companies*, p. 20.
9. Cf. as exposições de Gino Strada, presidente da Emergency (uma organização para auxílio médico e social), depois de suas estadias no Iraque (www.emergency.it).
10. Cf. as declarações da jornalista italiana seqüestrada e mais tarde liberada, Giuliana Sgrena, por exemplo, em: *Il manifesto*, 20 mar. 2005.
11. Cf. quanto a este tema Karen A. Mingst, "Security Firms, Private Contractors, and NGO's: New Issues About Humanitarian Standards". Conferência apresentada na International Studies Association Convention, Honolulu (Havaí), 10 mar. 2005.

oriundos de muitos países abalados pela guerra, há aqui as mais distintas variantes: em um caso, a ajuda a determinados círculos da população, uma ajuda apoiada por uma empresa militar privada, significa tomar o partido de uma das partes em conflito. Assim, essa parte da população civil se transforma automaticamente em alvo de ataques hostis. Em outro caso, a população civil representa um escudo para os rebeldes, seja na medida em que eles se misturam com ela, seja na medida em que utilizam a população como pólvora que espalham entre si e a parte inimiga. Se as organizações humanitárias criam "zonas de proteção" para os civis, elas acabam retirando de uma parte em conflito o "escudo" e elevando, com isso, o risco de que a própria população civil se transforme em alvo de ataque.[12] Em outros casos, senhores de guerra usam a população civil como refém a fim de poder cobrar, por exemplo, uma espécie de imposto para permitir o fornecimento de ajudas internacionais. Se, com o auxílio de empresas militares privadas, as organizações não-governamentais tentam contornar esse tributo por meio do acesso direto àqueles que necessitam da ajuda, a população civil é imediatamente inserida nos confrontos armados ou os caminhos de acesso são totalmente bloqueados. À fome junta-se, nesses casos, o medo de abusos físicos por parte da tropa. Além disso, se as pessoas chegam ainda a descobrir que uma empresa militar privada trabalha tanto para as companhias ativas no país quanto para as organizações de ajuda humanitária, o acesso à população local para aqueles que trabalham em tais organizações se torna quase impossível.[13]

Exemplos menos evidentes da prática das organizações de ajuda humanitária também mostram que a colaboração com

---

12. Cf. Alex Vines, "Mercenaries, Human Rights and Legality" In: Musah/Fayemi, *Mercenaries*, pp. 169-97.
13. Quanto a este problema, ver Toni Vaux, entre outros, *Humanitarian Action and Private Security*. Londres (International Alert), 2002.

Ações de organizações de ajuda humanitária em regiões de crise não podem ser levadas a cabo muitas vezes em áreas de guerra sem proteção militar, para o que são recrutadas esporadicamente até mesmo empresas militares privadas; aqui, refugiados sudaneses em Darfur, no Chade (2005).

empresas militares privadas levanta problemas que desvalorizam seu trabalho ou invertem seu resultado, isto é, transformam-no no contrário daquilo que deveria ser alcançado. Organizações não-governamentais da América Latina que prestam auxílio jurídico, como o Instituto Latinoamericano de Servicios Legales Alternativos (ILSA), o Red de Derechos Humanos en Colombia (CHRN) e o Comité Permanente por la Defensa de los Derechos Humanos (CPDH) contam que sindicalistas e outras pessoas afetadas por atos de desrespeito aos direitos humanos se desligaram imediatamente delas logo que se tornou conhecido que as organizações eram protegidas por soldados privados.[14]

---

14. Cf. quanto a isso, ver as inúmeras publicações das três organizações no endereço www.ilsa.org.co, http://colhrnet.igc.org, http://cpdh.free.fr; cf. a organização

A relação se tornou ainda mais crítica quando se precisou investigar judicialmente práticas ilegais na exploração de matérias-primas.[15] Em seguida, as organizações não-governamentais passaram a ter a mesma má fama das companhias transnacionais e das empresas militares privadas. A confiança nos advogados "independentes" desapareceu quase por completo, o ceticismo e a desconfiança cresceram imensamente, qualquer colaboração foi praticamente excluída e não poucas vezes eles chegaram mesmo a ser considerados como cúmplices do lado oposto. Aqueles que trabalhavam em conjunto com advogados viam-se por expostos à repressão, e mesmo os assistentes jurídicos passaram a se ver ameaçados. Organizações de ajuda humanitária compostas por criadores culturais, por conselheiros econômicos, por instrutores de formação escolar e mesmo por médicos tiveram experiências iguais ou similares.[16]

Em zonas de segurança reduzida ou mesmo de elevada insegurança, a proteção adquirida das empresas militares privadas representa um benefício que coloca em questão a neutralidade e a imparcialidade daqueles que requisitam essa proteção. Organizações de ajuda humanitária são consideradas, neste caso, como as felizardas — ou são vistas pela população civil como tais — que têm dinheiro para comprar segurança para si, uma possibilidade que permanece vedada àqueles que potencialmente deveriam receber a ajuda. A maioria da população não pode se dar a tal "luxo" em regiões em crise.[17] Dessa maneira, já vêm se desenvolvendo, entre os que realizam a ajuda e os que precisam dela, diversas zonas de segurança que guardam

---

Derechos para toda Latinoamérica (www.derechos.org) e as publicações do Instituto de Derechos Humanos de la Universidad Centroamerica (IDHUCA).

15. Cf. Homlquist, *Private Security Companies*, p. 20.
16. Cf. Peter. W. Singer, "Should Humanitarians Use Private Military Services?" In: *Humanitarian Affairs Review*, verão de 2004; Vaux e outros, *Humanitarian Action*, p. 16.
17. Cf. Vaux entre outros, *Humanitarian Action*, p. 17.

em si múltiplas tensões e podem seguir a qualquer momento esta ou aquela direção por conta do ambiente hostil. Para a maioria das organizações não-governamentais, como o CICV, a Oxfam, a Caritas e a Brot für die Welt [Pão para o mundo], esses mecanismos são muito bem conhecidos, razão pela qual elas insistem por princípio em neutralidade, imparcialidade e independência dos governos e recusam uma proteção feita pelas empresas militares privadas.[18]

Elas argumentam que o código de comportamento formulado com vistas a esses princípios representou para elas a maior segurança possível no passado. A imagem assim conquistada, difundida e fixada por toda parte — a imagem de "só existir para os homens" — seria a base para a aceitação de seu trabalho tanto pelas partes beligerantes quanto pela população civil. A "politização" dos conflitos e a tentativa de instrumentalização das pessoas que trabalham com ajuda humanitária por meio da política teriam colocado em questão — segundo a percepção da população — a sua postura imparcial[19], que representa a base para a sua aceitação e, com isso, a sua proteção. Mesmo entre as condições gerais das "novas guerras" — é o que diz a maioria das organizações não-governamentais —, sua maior proteção continua sendo sempre a legitimidade de seu trabalho, a confiabilidade de seu pessoal, a inserção no ambiente sócio-cultural local e a capacidade daí resultante de poder antecipar riscos e perigos. Com as empresas militares privadas, a segurança não é elevada, embora o trabalho seja "militarizado".[20]

---

18. Cf. Paul Voillat do Comitê Internacional da Cruz Vermelha em uma entrevista para a *Deutsche Welle*, 20 abr. 2004, ou Voillat, "Private Military Companies: A World in Caution" In: *Humanitarian Exchange*, nov. 2004 (www.odihpn.org).

19. Cf. *International Alert, The Politization of Humanitarian Action and Staff Security*, p. 5; Koenraad van Brabant, *Good Practice Review, Operational Security Management in Violent Environments*, Londres, 2000.

20. Cf. Paul Keilthy, "Private Security Firms in War Zones Worry NGO's" In: *Alertnet*, 11 ago. 2004.

Esse diagnóstico é corroborado pelo fato de as empresas militares privadas defenderem, em sua grande maioria, uma concepção de trabalho que se orienta pelo lema "dê-me a ordem que eu entro e resolvo o serviço". A segurança das ações humanitárias é, portanto, concebida como uma tarefa militar um pouco diferente. A organização de ajuda humanitária Medico International expressa isso da seguinte forma: "O piloto de helicóptero branco que salva uma criança recém-nascida de uma árvore numa enchente é emblemático para o 'humanitarismo' e simboliza uma ajuda 'intervencionista', que aflui de fora (e que, na maioria das vezes, logo desaparece)".[21] Não são apenas as diferentes representações de metas (lucro por um lado, ajuda por outro) que dificultam o trabalho conjunto entre organizações não-governamentais e empresas militares privadas, são também os diversos modos de ver o mesmo Estado. Assim como podemos considerar um problema ecológico sob uma perspectiva legal, relativa à saúde ou à economia, também se pode ver um problema de proteção sob um ponto de vista humanitário ou militar. O ponto de vista militar faz com que os flancos — no que concerne às condições gerais do trabalho — sejam estabelecidos de maneira diversa do modo como as organizações humanitárias imaginam a realização de suas missões. A insidiosa militarização das soluções dos problemas por elas denunciada tem aqui efetivamente a sua origem. O diretor da Christian Aid, Dominic Nutt, falando por muitas organizações humanitárias, expressou da seguinte forma o que significa para elas contratar soldados privados para fazer sua segurança: "É roubar de Pedro para dar a Saulo."[22]

---

21. Cf. Thomas Gebauer, "Als müsse Rettung erst noch erdacht werden" [Como se a salvação ainda precisasse ser inventada] In: Medico International (Org.), *Macht und Ohnmacht der Hilfe* [Poder e impotência da ajuda], p. 16.

22. Citação da agência de notícias italiana *Adnkronos*, 30 abr. 2004.

A necessidade de novos conceitos de segurança

A colaboração entre as organizações humanitárias e as empresas militares privadas também é dificultada pelo fato de as primeiras praticamente não estarem em condições de exercer um controle efetivo sobre o trabalho das segundas. Quando as empresas são contratadas para a sua segurança, as organizações humanitárias não têm sequer a possibilidade de exercer influência sobre o comportamento do pessoal dessas empresas por meio de um contrato específico. Elas não podem exigir, muito menos impor, transparência.

Quando direitos humanos são desrespeitados pelas empresas militares privadas, esta sombra se abate também sobre as organizações humanitárias que, na pior das hipóteses, são vistas como cúmplices pela população local.[23] Quando as organizações não-governamentais fecham contratos próprios com as empresas militares privadas e se tornam, com isso, responsáveis diretas pelo comportamento dos soldados privados, levanta-se para elas o problema quase insolúvel de como elas podem, afinal, prestar contas. Experiências mostram que um comprometimento de ação profissional por parte das empresas militares privadas — um comprometimento de ação tanto ética quanto política erigido segundo os padrões das organizações de ajuda humanitária — é quase impossível de ser obtido.[24] E mesmo se esse comprometimento é assegurado no papel, ele é muito difícil de ser comprovado na prática. Particularmente em zonas de operação "delicadas", ou seja, em regiões nas quais interesses políticos ou econômicos de poderosos desempenham um papel significativo e onde atividades secretas acompanham

---

23. Assim aconteceu no Kosovo, quando o escândalo sexual (descrito anteriormente) da DynCorp se tornou conhecido pela população local.

24. Cf. Michael Sirak, "ICRC Calls for Contractors Accountability in War" In: *Jane's Defense Weekly*, 19 maio 2004.

tais interesses, organizações de ajuda humanitária nunca podem estar seguras em relação à forma como as empresas militares desempenham de fato suas tarefas. Elas não conseguem saber se, com as suas informações e conhecimentos conquistados em seu trabalho, as empresas militares privadas não se bandeariam, pela perspectiva de um ganho mais elevado, para o outro lado — por exemplo, por meio de uma empresa afiliada.[25] Tais receios não surgiram do nada. Sabe-se que alguns prestadores de serviços militares, como as empresas britânicas ArmorGroup ou mesmo a Global Risk, utilizam seus contratos e contatos governamentais para fazer ofertas às organizações de ajuda humanitária talhadas diretamente para o modo de colocação das tarefas por parte dos países ou organizações doadores e para as normas de distribuição das verbas voltadas para a ajuda humanitária.[26]

Desde 1989, quando a ajuda humanitária passou a ser intensamente "politizada" e "militarizada", como constataram institutos internacionais de pesquisa[27], as empresas militares privadas foram se tornando cada vez mais um elemento presente na distribuição de verbas para ajuda humanitária destinadas pelos governos. Com isso, o risco de segurança para as organizações de ajuda humanitária se elevou enormemente. Sem dúvida, os perigos nas regiões em conflito também aumentaram muito na última década, em grande parte porque as causas estruturais se

---

25. Cf. Damian Lilly, *The Privatization of Security and Peacebuilding.* London (International Alert), set. 2000, p. 23s.; David Shearer, "Privatization Protection: Military Companies and Human Security" In: *World Today*, 30 jul. 2001; Zarate, *The Emergence of a New Dog of War*, pp. 75-156.

26. Cf. Vaux entre outros, *Humanitarian Action*, p. 14.

27. Como, por exemplo, o Centre for International Studies in Toronto (www.utoronto.ca/cis), o Overseas Development Institute (www.odihpn.org) ou International Alert. Cf. quanto ao último ponto, por exemplo, Damian Lilly, *The Peacebuilding Dimensions of Civil-Military Relations*, Londres, 2002 (Alert Briefing Paper).

tornaram mais complexas. Fazer frente a esses perigos com o envio de empresas militares privadas significa, para os "Estados fortes", eximir-se de responsabilidade. As organizações não-governamentais têm boas razões para duvidar se podem reduzir o fator de risco por meio da contratação de empresas militares. A prática, até aqui, aponta para o contrário. É raro que organizações de ajuda humanitária se deparem com soldados como Zlatan M.[28]; talvez isso possa acontecer com maior freqüência em empresas militares privadas que se dedicam principalmente a "tarefas humanitárias", como a retirada de minas terrestres de antigos locais de guerra e tarefas relativas à segurança em regiões em conflito; é isso que fazem, por exemplo, as empresas britânicas Mine Tech e Bactec. Todavia, o que mostra a organização não-governamental People's Aid, uma associação independente apoiada pela central sindical norueguesa e que tem atividades em mais de trinta países, é o fato de mesmo tais desafios poderem ser enfrentados por organizações civis (eventualmente de forma melhor). Em Moçambique, por exemplo, foi essa associação que realizou o trabalho de retirada das minas terrestres, antes de todas as empresas estrangeiras do ramo de prestação de serviços militares que lá estavam operando.[29]

Empresas militares privadas só conseguem corrigir parcialmente as falhas nas estruturas públicas de segurança; o que elas podem realizar é uma ajuda limitada e pontual que tem, na maioria das vezes, pelas razões já indicadas, o efeito contrário. Na situação atual, não se pode senão constatar que há uma incompatibilidade quase completa entre organizações de ajuda humanitária e empresas militares.[30] Para as organizações não-governamentais, a alternativa consiste apenas em abdicar dos

---

28. Zlatan M. foi apresentado no primeiro capítulo cf. Parte 1, p. 32.

29. Quanto à organização People's Aid e seus locais de atuação cf. www.npaid.org.

30. É a esta conclusão a que chega o estudo da International Alert; cf. Vaux, entre outros, *Humanitarian Action*.

serviços das empresas militares privadas, erigindo e concebendo de maneira nova o seu modelo de proteção com vistas às condições transformadas. Algumas delas, como o Comitê Internacional da Cruz Vermelha, mas sobretudo organizações de ajuda humanitária norte-americanas, como a CARE, a International Rescue Committe, a Save the Children e a World Vision — de acordo com suas próprias necessidades —, já se adaptaram a novas estratégias.[31] Elas estão começando a formar seus próprios departamentos de segurança, que fazem análises de risco ou de ameaça, empreendem treinamentos para seu pessoal e aconselhamento voltado para o gerenciamento de guerra, etc. Em "regiões críticas", elas recorrem a forças de segurança locais, com instrução policial, que elas mesmas testam para checar sua aptidão. Não obstante, as organizações de ajuda humanitária e as organizações não-governamentais em geral têm "dificuldades de encontrar seu lugar num mundo transformado", e, sobretudo, não falam mais com uma única voz.[32]

---

31. Cf. Gregg Nakano/Chris Seiple: "American Humanitarian Agencies and Their Use of Private Security Companies" In: Vaux, entre outros: *Humanitarian Action*.

32. Cf. Mingst, *Security Firms*, p. 16.

Parte 4

CONTROLE DE CONFLITOS SEM EMPRESAS MILITARES PRIVADAS?

MERCADO DA FORÇA OU MONOPÓLIO DO USO DA FORÇA

Não se vê quando os peixes choram.
Ditado africano

A entrada em ação de empresas militares privadas trouxe consigo problemas em diversos âmbitos, que ainda não foram resolvidos satisfatoriamente. Segundo o ponto de vista do ramo militar privado de segurança e de muitos contratantes desses serviços, há alguns argumentos a favor de uma privatização de serviços públicos no âmbito da segurança. Na visão dos cidadãos ou da população afetada pelas ações militares, há no mínimo o mesmo número de argumentos contra tal privatização. Na tabela abaixo temos reunidos uma vez mais os argumentos mais importantes a favor e contra a privatização.

Âmbito	A favor	Contra
Economia	• Empresas militares privadas trabalham de maneira mais barata.	• Ainda não foi provada, até o momento, a redução de custos; evidência/experiência contraditórias. • Ausência de teste de qualidade; relação custo-benefício obscura. • EMPs estão orientadas prioritariamente para o lucro. • Os negócios das EMPs não são transparentes. • EMPs não precisam prestar contas. • Os custos reais das ações militares são camuflados.

Âmbito	A favor	Contra
Sistema militar	• Militares podem se concentrar nas tarefas centrais. • EMPs agem de maneira mais flexível e podem enviar pessoal mais rapidamente. • Efeito sinérgico entre EMPs e sistema militar.	• Dependência dos militares em relação às EMPs. • EMPs não são confiáveis em situações de guerra. • Armazenamento de curto prazo inadequado no abastecimento de situações de guerra. • Cooperação falha entre militares e EMPs. • Tarefas adicionais para os militares (entre outras, proteção do pessoal das EMPs).
Manutenção da paz e ações humanitárias	• Reações rápidas das EMPs em crises. • A qualidade e o raio de ação das missões das Nações Unidas são elevados. • Proteção para organizações de ajuda humanitária. • A entrada em ação dos contingentes de tropas nacionais pode ser reduzida.	• O compromisso de proteção de Estados nacionais e da ONU é delegado e privatizado. • EMPs nada transparentes são legitimadas pela ONU. • Atos de desrespeito aos direitos humanos não têm como ser descobertos e punidos. • Deslegitimação de organizações não-governamentais. • Segurança frágil para organizações não-governamentais.
Crises internacionais	• Estabilização de países em colapso. • Utilização do setor privado em sociedades pós-conflitos.	• É do interesse das EMPs que as lutas continuem. • EMPs podem colocar em descrédito a política externa de sua pátria. • Elimina-se a distinção entre civis e soldados. • EMPs funcionam como representantes encobertos do governo.

Âmbito	A favor	Contra
Tecnologia	• EMPs dispõem de melhor experiência técnica.	• Experiência pode não ser disponibilizada ou ser negada em situações de guerra. • Experiência pode ser mal utilizada e empregada contra o próprio cliente.
Política	• Por meio de contratos com as EMPs, os governos podem transferir tarefas ligadas à segurança e colocar em ação de maneira mais flexível as próprias forças armadas.	• EMPs não estão submetidas a nenhum controle democrático. • EMPs não são democraticamente controláveis. • É tarefa do Estado garantir a segurança. • O difícil equilíbrio entre a sociedade civil e os militares é destruído.
Direito	• EMPs trabalham com concessões por parte dos governos. • Os códigos de comportamento podem regular as ações legais das EMPs.	• Faltam regras jurídicas para as ações das EMPs, que não têm como ser checadas juridicamente. • EMPs e seus funcionários em geral não podem ser acusados judicialmente por violações de códigos penais. • A Convenção de Genebra (combatentes — não-combatentes) não é respeitada.

Fonte: Modulação de um quadro de H. Wulf (*Internationalisierung und Privatisierung* [Internacionalização e privatização, p. 74). EMP: empresa militar privada.

Os argumentos a favor e contra a intervenção de empresas militares privadas contêm problemas que ainda necessitam de mais esclarecimento e discussão. Uma primeira problemática denominaremos com a expressão "ordem democrática" e procura responder como a privatização precisa ser configurada para que se possa evitar que aconteça algo em nome do cidadão que ele não consegue ou não quer apoiar. A segunda problemática diz respeito ao problema do "monopólio do uso da força" e de sua diluição por meio das atividades das empresas militares privadas. A terceira envolve um conjunto de questões em aberto, sintetizadas aqui sob a designação "ordem de paz".

A discussão desses três pontos acontece a partir da situação na Alemanha, apesar de esta também poder ser substituída aqui em princípio por qualquer outra democracia da União Européia.

Desprezo da ordem democrática

O exercício militar e policial da força por parte das empresas militares e das empresas de segurança privadas subtrai-se amplamente a todo controle legal e público. Sua lei é o mercado, e sua esfera pública é o cliente. Enquanto esse princípio da economia privada funciona até certo ponto no âmbito dos bens e dos serviços civis, faltam, no âmbito da segurança, quase todos os pressupostos para que isso aconteça. O cidadão não está em condições nem de checar nem de constatar a qualidade da oferta e de saber se a qualidade dos serviços está numa relação razoável com o preço exigido. Mas, sobretudo, ele não tem ao alcance nenhum meio de sanção com o qual poderia interferir indiretamente na qualidade e nos preços — a saber, recusando a compra, ou seja, não efetuando qualquer contrato de compra.

Se o cidadão, por um lado, pode influenciar indiretamente a realização de serviços públicos por intermédio de seu voto, por outro todas as possibilidades de influência lhe são negadas quanto à realização dos serviços privados de segurança. Todavia, isso não acontece apenas com o cidadão. Como o maior cliente das empresas militares privadas, o Estado também não tem nenhuma possibilidade de controle. O setor privado na Alemanha não possui sequer o compromisso direto de prestar contas ao Estado. Assim, com a criação da g.e.b.b., o governo alemão passou a privatização para as mãos de uma "parceria público-privada". Aqui, não há transparência: não se pode sequer checar quais contratos foram firmados e quais são os seus conteúdos em particular, nem saber de que modo eles foram cumpridos. A falta de transparência torna todo e qualquer controle, desde o princípio, impossível. Como foi, por exemplo, comprovado se os uniformes confeccionados e fornecidos nesse ínterim pela iniciativa privada para os soldados do exército alemão foram e continuam sendo baratos? Os relatórios acessíveis da g.e.b.b. não esclarecem quanto a isso. Ou quem garante que a empresa militar privada DynCorp, em colaboração com a sua empresa mãe CSC — duas empresas que receberam suas maiores missões do Pentágono e dos serviços secretos americanos —, não cometerá nenhum abuso em relação ao banco de dados do exército pelo qual ela será provavelmente responsável depois da privatização? Nem o respectivo governo nem o Estado como um todo podem dar essa garantia ao cidadão.

O dilema da falta de transparência e de compromisso quanto à prestação de contas e de controle é conhecido há bastante tempo. Nos países anglo-saxões, ele foi tematizado logo depois das primeiras experiências com as empresas militares privadas, ou seja, antes ainda de se ter iniciado na Alemanha a privatização. Nesse ínterim, acumulam-se as publicações[1] e os seminários nos quais são discutidos regulamentações e modelos, decretos e leis sobre como se poderia fazer frente a esse dilema. Ainda não se conseguiu, até o presente momento, encontrar uma

---

1. Cf. "UK Government: Private Military Companies: Options for Regulation ('Green Paper')", Londres, 12 fev. 2003; Chaloka Beyani/Damian Lilly, *Regulating Private Military Companies*, Londres (International Alert), 2001; Elke Krahman, *Controlling Private Military Companies: The United Kingdom and Germany*, Portland, 2003; Kevin A. O'Brian, *Private Military Companies: Options for Regulation*, Cambridge (Rand Corporation), 2002; Fred Scheier/Marina Caparini, *Privatizing Security: Law, Practice and Governance of Private Military and Security Companies*, Genebra (DCAF), 2005.

solução em alguma medida satisfatória para esse dilema, nem mesmo em suas linhas gerais. O critério hoje dominante para a transparência, o compromisso de prestar contas e o controle, tal como é válido para o exército, a polícia, a alfândega, a polícia de fronteiras e os diversos serviços secretos, não é de maneira alguma estabelecido no momento da contratação das empresas militares privadas.

Para os órgãos públicos de segurança previu-se e implementou-se um mecanismo de controle em cinco níveis. Ele consiste em controle interno (a polícia vigia a si mesma da maneira mais multifacetada possível), controle legal (promotoria e tribunal), controle governamental (ministérios), controle por meio do poder legislativo (parlamento) e controle público pelos cidadãos e meios de comunicação. O desrespeito às regras previamente estabelecidas traz consigo, em cada um dos níveis, um conjunto de penas previstas que podem ser impostas graças a um aparato de sanções correspondentes. Em relação às empresas militares privadas, falta algo correspondente a esse mecanismo complexo de "controle circular", que funciona tanto vertical quanto horizontalmente. Mas não apenas isso. Não há nada que siga nessa direção. Assim, na Alemanha, por exemplo, o já citado debate do Parlamento federal em setembro de 2004 permaneceu sem conseqüências. Não se tomou nenhuma providência legal, uma vez que o governo alemão, "para além do estado jurídico atual", não vê "nenhuma necessidade de regulamentação nacional das companhias militares ou de segurança privadas".[2]

Assim, as empresas militares privadas agem atualmente em um espaço sem regras, que não é limitado por leis e que

---

2. Resposta do governo federal à inquirição da facção do Partido Liberal-Democrata. In: *Parlamento Alemão*, Documento impresso 15/5824, 24 jun. 2005, p. 25. A resposta (em 25 páginas) do governo, cuja argumentação jurídica parece elucidativa à primeira vista, parte, porém, do pressuposto ingênuo de que todos seguem as leis nacionais existentes e as normas do direito internacional.

lhes permite uma ação quase arbitrária.³ A ordem democrática, contudo, exige um controle circular. Uma vez em que esse controle não pode ser garantido com vistas ao ramo dos serviços militares, nenhuma missão poderia ser confiada a esse ramo segundo os critérios vigentes. Mas mesmo que se fizessem regulamentações, o todo fracassaria por conta da factibilidade econômica. O aparato que precisaria ser construído segundo o modelo democrático atual para transparência, compromisso de prestação de contas e controle junto a centenas de empresas militares privadas — ativas em milhares de lugares em torno do globo — seria tão grande e tão caro que nenhum Estado poderia pagá-lo. Ou seja, o controle da privatização já fracassa por si só na viabilidade financeira.

Tal como sempre se acentua no lado político, se o que está em questão é reduzir os custos militares, outros caminhos além da transferência para as empresas militares privadas seriam dotados de custos muito menores. Sem dúvida, a administração dos interesses econômicos das forças armadas da Alemanha, que obedeceu até aqui em larga escala a pontos de vista meramente burocráticos e militares, é uma relíquia que sobreviveu. Nada se opõe a uma separação dos pontos de vista econômico e militar no interior do exército alemão, ou seja, nada se opõe a uma renúncia ao modelo vigente e uma reorganização empresarial dos interesses econômicos nas forças armadas. Administradores formados, que operam no campo militar e se servem de empresas de fornecimento privadas — tal como já acontecia até aqui —, dirigiriam o enorme conglomerado, que é o exército alemão, de maneira muito mais barata do que

---

3. Com isto concordam todos os autores que se ocupam com esta problemática. Mesmo a associação de lobistas das EMPs exige condições legais gerais. Deborah Avant e Peter W. Singer definem em seus escritos a política dos Estados Unidos da América em relação às EMPs "um sistema ineficiente cheio de abusos" ou como "bad policy and bad business" (política ruim e negócio ruim); cf., por exemplo, Singer, *Outsourcing War*.

se nós decompuséssemos essa companhia em partes isoladas e entregássemos seus serviços a empresas de médio porte.

Agora, aqueles que defendem a crença de que "privado é mais barato" se tornaram notoriamente mais discretos, uma vez que diversas pesquisas foram incapazes de ratificar a validade dessa afirmação.[4] Tudo aponta, hoje, para o fato de o mais pertinente ser o contrário e de a transferência de serviços militares para a economia privada se tornar mais dispendiosa para os contribuintes. Observadores militares críticos supõem desde o início, contudo, a existência de uma outra razão por trás da terceirização: através da porta dos fundos da privatização, as forças armadas reduzidas deveriam ser novamente ampliadas. Se isso realmente procede, seria de qualquer modo mais barato empreender diretamente a ampliação, em vez de percorrer um desvio aventureiro por intermédio de empresas militares privadas. Isso condiz muito bem com a Alemanha (mas também com a França, a Itália e a maioria das democracias européias), onde a privatização ainda está se iniciando lentamente. Há à disposição alternativas suficientes com a reestruturação das forças armadas, com tropas de ataque mais rápidas, com os chamados *battle-groups*[5], com as unidades policiais européias, etc. Erros cometidos em países anglo-saxões não precisam ser repetidos nos demais.

Risco da perda de monopólio do uso da força

Com a Paz de Vestfália, em 1648, o monopólio do uso da força foi definitivamente fixado por escrito na Europa. Hoje, quase

---

4. Cf. Wulf, *Internationalisierung und Privatisierung von Krieg und Frieden* [Internacionalização e privatização de guerra e paz], pp. 190-197.

5. Cf. Klaus Olshausen, *Das Battle-Group Konzept der Europäischen Union* [O conceito de *Battle-Group* da União Européia] (www.sipotec.net/X/S_0556.html).

400 anos depois, o exercício da força vem se tornando uma vez mais um fenômeno de mercado. A história do mercenarismo, esboçada na parte 2, mostrou a que perigos a privatização do uso da força estava ligada no passado, os quais abrangiam desde a intervenção de agentes militares do uso da força nas questões de uma coletividade até a tomada violenta do poder. Desse modo, por um número significativo de boas razões, com a democratização crescente dos países europeus toda força — sobretudo a armada — foi arrancada das esferas privadas e colocada nas mãos do Estado. Se atualmente esse monopólio se encontra em parte foi quebrado, isso significa que se está incentivando novamente interesses particulares a buscar a violência armada. As conseqüências são as mais multifacetadas e podem ser devastadoras na hipótese de se desenvolverem até o ponto de desestabilizarem o Estado em seu cerne.

Com base em muitos exemplos, mostramos neste livro como as empresas militares privadas intervêm nas questões políticas. Não foi apenas nos "Estados frágeis" que elas contribuíram de maneira preponderante para colocar um governo no poder ou para fazer outro cair. Mesmo nos "Estados fortes", como os Estados Unidos, elas codefiniram em muitos casos direta ou indiretamente a política externa. O poder crescente das empresas militares, fortalecido ainda por sua vinculação ao complexo militar-industrial, leva a um condicionamento de setores cada vez mais extensos do Estado. Tal fato concerne da forma mais evidente possível ao âmbito militar. Sobretudo nos Estados Unidos, o desenvolvimento chegou a tal ponto que cumpre aos prestadores de serviços militares privados definir que tipo de condução da guerra e de política de segurança podem ser concretizados e quais não podem. Lá já se pode observar como o setor militar privado faz valer politicamente e de forma imediata seu poder e sua influência — seja por meio de enormes doações nas campanhas eleitorais em favor de determinado partido, seja por meio de um trabalho de *lobby* agressivo, ao qual os diversos representantes populares quase não têm como resistir.[6]

No passado da Alemanha, tivemos a oportunidade de perceber da maneira mais multifacetada possível quais conseqüências surgem quando o sistema militar se transforma em um Estado dentro do Estado. Em tal caso, o sistema militar não condiciona apenas as decisões dos governos, mas também a vida cultural da sociedade e a vida cotidiana de cada cidadão. Ainda mais graves se mostraram as conseqüências quando, tal como aconteceu na República de Weimar com os *freikorps*[7] e os diversos grupos paramilitares, a força militar foi privatizada. Ao final desses desdobramentos, no início da década de 1930, havia uma aliança entre agentes militares privados do uso da força, uma ampla parcela das forças armadas estatais e a indústria de armamentos privada. As repercussões políticas logo se tornaram visíveis em toda a Alemanha e para além de suas fronteiras. As experiências reunidas durante os quase 25 anos até a capitulação em 1945 fizeram com que, depois da Segunda Guerra Mundial, não houvesse mais, a princípio, nenhum sistema militar na Alemanha. Quando o exército alemão foi novamente constituído, a partir da metade da década de 1950, a vontade declarada e compartilhada por todos os lados era a de submetê-lo a um controle e a uma liderança civil, fazendo com que ele fosse formado por "cidadãos em uniforme". Uma reprivatização, tal como começa a ser empreendida atualmente com a finalidade de transferir "tudo aquilo que não pertence ao âmbito central", não reconduzirá, na verdade, à "conjuntura da República de

---

6. Cf. as diversas investigações do Center for Public Integrity, sobretudo Larry Mackinson, *Outsourcing the Pentagon. Who Benefits from the Politics and Economics of National Security?* Washington, 2005.

7. Agrupamentos paramilitares formados por voluntários no período da República de Weimar. [N.T.]

Weimar", mas avançará com toda a probabilidade para uma "conjuntura norte-americana".

Tais conjunturas possuem em países "médios" como a Alemanha, a Itália, a Polônia ou a Espanha uma significação diversa da que elas possuem em grandes potências que agem de maneira global, como os Estados Unidos. A contratação de empresas militares privadas que têm sede principalmente nos países anglo-saxões, mas que desempenham atividades ao redor do mundo, leva a uma perda de soberania por parte das nações menores. Não altera nada em relação a essa situação o fato de esses países estarem todos reunidos na OTAN. A guerra do Iraque mostrou o quão importante é, precisamente para uma potência "média" como a Alemanha, manter sua soberania a ponto de poder agir, em certa medida, de forma politicamente autônoma. Como os prestadores de serviços militares são empresas privadas que aspiram ao lucro, elas se dirigem para aqueles que lhes propiciam os mais numerosos e benéficos contratos. Isso implica o aproveitamento e o repasse das experiências reunidas por elas em todo o mundo para aqueles que oferecem mais ou para os mais fortes. E, até onde podemos ver, estes continuarão sendo por um bom tempo, sem dúvida, os Estados Unidos. Ou seja, por meio desse "desvio", a dependência dos países de médio porte em relação à grande potência Estados Unidos é mais uma vez intensa.

Internamente, a perda parcial do monopólio do uso de força tem conseqüências de largo espectro para a convivência social. Na Alemanha, essa perda não precisa levar e não levará a condições como, por exemplo, as do Brasil, onde a sociedade foi fragmentada em três grandes "zonas de segurança". Todavia, o fato de o bem público segurança se encontrar em parte nas mãos de empresas privadas torna possível essa distribuição desigual. Com a imposição da parceria público-privada (PPP) no interior do espaço público (por exemplo, nos *shopping centers*) e o estabelecimento de condomínios fechados foram dados, na Alemanha, os primeiros passos nessa direção.⁸ Os países anglo-saxões que já empreenderam em larga escala a privatização no âmbito da segurança interna mostram que a distribuição desigual não é apenas possível, mas também já é realidade. Certamente um dos exemplos atuais mais impressionantes é a privatização dos presídios. Sua infra-estrutura em termos de pessoal e de espaço, assim como as condições de vida reinantes em suas instalações, variam de acordo com o que as empresas militares privadas consideram como apropriado com vistas à sua remuneração e com o que os contratantes pagam. Por razões relativas a custos, algumas empresas — como a Wackenhut, que pertence à companhia G4S e é a maior administradora mundial de prisões privadas — nos Estados Unidos passaram a transferir as prisões administradas por elas para o exterior (para o México, por exemplo), uma vez que os custos com pessoal e as despesas com serviços são mais baratos em outros países. O lema "prisões em países com políticas salariais mais baratas" acabou fazendo escola, sobretudo nos diversos Estados federativos dos Estados Unidos.⁹

Com a partilha desigual da segurança, ocorre uma segregação no interior da sociedade. E onde o direito à mesma segurança — independentemente da renda — não é mais passível de ser imposto ao cidadão, este perde a confiança nas instituições estatais. A crença da população na isenção e na superioridade do Estado é minada quando ela passa a precisar

---

8. Cf. a lei de aceleração da parceria público-privada, 8 set. 2005; Werner Rügemer, "Gesamtdeutscher Ausverkauf" [A liquidação total alemã]. In: *Blätter für deutsche und internationale Politik*, 11/2005, pp. 1315-1324; Volcker Eick, "Integrative Strategien der Ausgrenzung: Der exclusive Charme des privaten Sicherheitsgewerbes" [Estratégias integrativas de exclusão. O charme exclusivo da indústria privada da segurança]. In: *Berliner Debatte Initial*, 2/2004, pp. 22-33.

9. Cf. Fox Butterfield, "Privatized 'Prison-for-Profit' Attacked for Abusing Teenage Inmates". In: *The New York Times*, 16 mar. 2000.

obedecer a agentes privados do exercício da força. Se, além disso, esses defensores privados da ordem não podem ser controlados democraticamente, a paz social é colocada em jogo. Graves conflitos são pré-programados. Por fim, não está sequer excluída a possibilidade de que agentes de poder privados oriundos das empresas militares privadas e pessoas vindas dos órgãos públicos de segurança se contraponham como "inimigos". Já podemos observar tais circunstâncias em alguns países do Terceiro Mundo e é de se temer que elas também acabem um dia por se tornar realidade nos "Estados fortes" se não se puser politicamente um limite à ascensão do ramo de prestação de serviços militares.[10]

Política de paz à sombra dos militares

Em alguns "Estados fortes", as empresas militares privadas transformaram-se em um sólido componente da política de segurança. Em outros Estados, elas têm uma existência mais modesta. A diferença baseia-se nos conceitos divergentes de resolução de conflitos perseguidos por cada país no quadro internacional. Para poder esclarecer as diversas posições dos prestadores de serviços militares numa sociedade, precisamos nos deter rapidamente na análise de como se pensa hoje o controle de crises.

Num mundo globalizado, interdependente em todos os planos, é um disparate moral e um sintoma de miopia política acreditar que a manutenção das condições de vida ou a segurança nos países ultra-industrializados poderia representar o centro em torno do qual tudo gira. Não pode haver "paz no

---

10. Quanto às vozes de advertência sobre a perda do monopólio do uso da força, ver Erhard Eppler, *Vom Gewaltmonopol zum Gewaltmarkt* [Do monopólio da força ao mercado da força], Frankfurt/Meno, 2002; Wulf, *Internationalisierung und Privatisierung von Krieg und Frieden* [Internacionalização e privatização de guerra e paz], pp. 71-78, 203-218.

Norte e guerra no resto do mundo". Tal como a paz, a segurança é, por princípio, indivisível e só pode ser alcançada se a ação política for dirigida pela meta de uma mesma distribuição da segurança pelo mundo. Uma aproximação gradual em relação a essa meta exige contribuição tanto da comunidade internacional de Estados quanto de qualquer Estado nacional, para que conflitos possam ser progressivamente dirimidos de maneira menos violenta e cada vez mais raramente com o uso das armas. Isso exige o estabelecimento de um primado para a prevenção de crises que comprometam a estabilidade militar de toda uma região. Essa última opção, porém, parece ser majoritária hoje em alguns países ricos, sobretudo nos países anglo-saxões, e tende para um "neocolonialismo democrático" que não pode mais garantir qualquer estabilidade duradoura e, além disso, já não é mais financeiramente viável a médio prazo.[11]

Na comunidade das nações, a segurança hoje é distribuída de maneira desigual. Tal como já mostramos, em função da falta de certos pressupostos, grande parte dos países não está atualmente em condições de controlar conflitos pacificamente. Intervenções militares não são um meio apropriado, uma vez que não podem, por princípio, criar paz alguma. Na melhor das hipóteses, elas podem silenciar as armas por certo tempo, tal como ficou claro nos casos de Serra Leoa e do Congo. Crises podem experimentar uma escalada e se transformar em guerras, mas não têm suas causas nos confrontos armados. Por isso, os principais esforços precisam ser feitos antes de as divergências se ampliarem no interior da sociedade e se tornarem conflitos violentos.

---

11. Cf. o Ministério para a Cooperação Econômica e para o Desenvolvimento (BMZ), "Zum Verhältnis von entwickungspolitischen und militärischen Antworten auf neue sicherheitspolitische Herausforderungen" [Sobre a relação entre respostas político-desenvolvimentistas e militares a novas exigências políticas de segurança]. Bonn, 2004 (BMZ-Discurso, N.1); Sadako Ogata/Amartya Sen, *Final Report of the Commission on Human Security*, Nova York, 2003.

É raro que na teoria se conteste essa lógica no Hemisfério Norte, mas na prática ela é exercida permanentemente *ad absurdum*. Assim, os cinco membros permanentes do Conselho de Segurança da ONU, que devem cuidar da manutenção da paz, produzem e distribuem cerca de 90% de todas as armas no mundo.[12]

Apesar de os países ricos do Hemisfério Norte terem mobilizado, nos últimos anos, mais de 600 bilhões de dólares para intervenções militares, não se dispuseram a contribuir para a duplicação da ajuda pública ao desenvolvimento, de aproximadamente 60 bilhões de dólares. Só a quantia que a empresa militar privada Kellogg, Brown & Root recebeu por serviços no Iraque provavelmente teria sido suficiente para tornar supérfluas as intervenções militares em muitos conflitos pelo mundo. E teria sido possível evitar algumas guerras no Hemisfério Sul se os países ricos tivessem estabelecido os instrumentos civis, por exemplo, para o controle das armas de extermínio em massa, para a punição internacional de crimes de guerra ou para a vigilância de fluxos de pagamento em conexão com a extração de matérias-primas.[13] Todavia, "quem se exime da tarefa de instaurar os instrumentos civis preventivos, mas está pronto para a intervenção militar, precisa estar pronto para ver seus motivos serem questionados."[14]

Apesar da existência de alguns pontos em comum entre os países ricos, também há diferenças bastante significativas entre eles. Alguns — como a Alemanha — reconhecem pelo menos a primazia da prevenção civil contra crises, como veremos adiante.

---

12. Cf. Anistia Internacional, *Shattered Lives*, Nova York, 8 out. 2002.
13. Cf. United Nations, "Human Security Now", Nova York, 1 mai. 2003; Anistia Internacional, *Shattered Lives*, Nova York, 8 out. 2002.
14. BMZ (Ministério para a Cooperação Econômica e para o Desenvolvimento), para a relação entre respostas ligadas a políticas de desenvolvimento e respostas militares, p. 9.

E tanto em missões de paz quanto em processos relativos à "construção de nações", eles colocam em ação os militares estatais ou as forças policiais que colaboram com organizações civis em um quadro organizacional comum. Outros — sobretudo os Estados Unidos e a Grã-Bretanha — priorizam a intervenção militar e consideram as organizações civis de ajuda humanitária como parte importante das equipes de combate.[15] Se olharmos para esses dois países, teremos hoje a impressão de que só se intervém militarmente onde existe algum benefício a ser buscado. A mudança de paradigmas da política de desenvolvimento nos Estados Unidos e na Grã-Bretanha, introduzida no final dos anos de 1990 e definitivamente levada a cabo depois do 11 de Setembro de 2001 com a "guerra contra o terror", é um sinal significativo disso.[16] Essa política é cada vez mais marcada por uma ótica militar. Ou seja: em uma medida crescente, a política de desenvolvimento vem sendo planejada estrategicamente para o controle das conseqüências de intervenções e de guerras e colocada em ação para a "reconstrução espetacular". As autoridades britânicas e norte-americanas (DFID e USAID) passaram a deixar que as missões de segurança no quadro da política de desenvolvimento fossem amplamente realizadas pelas empresas militares privadas.

---

15. De resto, no quadro do conceito de *force protection*, a OTAN (que com isso também fala em nome de seus países-membros, como a Alemanha) desenvolveu uma estratégia que prevê uma execução de programas de ajuda humanitária paralelamente às ações militares, a fim de elevar a aceitação por parte da população tanto no país em que se dá a intervenção quanto no país que a empreende. Cf. OTAN, "Can Soldiers be Peacekeepers and Warriors?" In: *NATO Review*, 49 (2001) 2.
16. Cf. Grã-Bretanha, UK Government, *The White Paper. Eliminating World Poverty: A Challenge for the 21st Century*. Londres, nov. 1997; UK Government, *Making Government Work for Poor People*. Londres, jun. 2001; DFID, *Policy Statement on Safety, Security and Accessible Justice*. Londres, 12 out. 2000.

Controle de crises e empresas militares privadas

Nessa concepção do controle de crises por meio de intervenções militares, as empresas militares privadas insistem em ter uma inserção cada vez mais intensa. Elas não favorecem apenas uma solução militar de curto prazo para os conflitos em detrimento de uma opção de longo prazo que vise ao equilíbrio justo de interesses, mas também se oferecem, ao mesmo tempo, como o meio apropriado para alcançar essa meta. A solução propagada para o afastamento de tal perigo consiste na ação com uso de força externa, em uma "paz vinda de cima". Nesse contexto, as empresas militares privadas passam a ter um papel cada vez maior: durante a intervenção — como deixou claro a guerra nos Bálcãs e a guerra contra o Afeganistão — e sobretudo depois, uma vez que são principalmente elas que cuidam da segurança armada, como o demonstra o exemplo do Iraque.

Todavia, como mostram experiências de décadas, a paz não pode ser prescrita "de cima", mas precisa crescer "de baixo". Dirimir tensões e não deixar que conflitos experimentem uma escalada e se transformem em guerras é um trabalho complexo, que precisa ser estabelecido muitas vezes nos níveis mais diversos. O que está em questão não é dotar uma figura de Estado com estruturas de segurança tal como propagam as empresas militares privadas; em vez disso, é preciso dar apoio, com os mais variados meios civis, para que se alcance um equilíbrio de longo prazo nos interesses no seio da população em questão. Naturalmente, órgãos de segurança estatais suprapartidários ligados ao Estado de direito desempenham um papel prestimoso e às vezes decisivo. No entanto, eles são um meio, não a solução.[17] E os prestadores de

---

17. Organizações internacionais como a UNDP, o Banco Mundial e a OCDE passaram, com isso, a prestar contas deste conhecimento com o conceito da reforma das estruturas de segurança (SSR). Cf. as publicações do Development Assistance Committee (DAC) da OCDE, *DAC: Security System Reform and Governance: Policy and Good Practice*, Paris, 2004.

serviços militares sequer podem se arvorar como tal instrumento, porque como empresas privadas estrangeiras não possuem legitimidade para tanto, nem gozam da confiança da população.

Sem que haja acesso igualitário a um atendimento de saúde ou a uma oferta suficiente de instrução; sem que seja empreendida uma distribuição aceitável da riqueza que assegure a existência básica; sem que seja criada uma segurança social que não recuse a grandes parcelas da população a participação na vida da sociedade; sem que seja iniciada e desenvolvida uma cultura que aposte na dissolução do ressentimento e das imagens hostis e que atue de maneira a fomentar confiança entre os diversos partidos em conflito — sem tudo isso não se chegará a nenhum equilíbrio de interesses. O ex-presidente do Banco Mundial, James D. Wolfensohn, expressou esse fato da seguinte forma: "Sem uma maior sensibilidade para a justiça social, as cidades não serão seguras e as sociedades não serão estáveis. Sem participação, um número grande demais de nós será condenado a levar uma vida segregada, armada e marcada pelo medo."[18]

No processo de equilíbrio de interesses, as empresas militares privadas são supérfluas. Por isso, é mais do que coerente que organizações humanitárias e não-governamentais ativas nesse campo há bastante tempo se recusem categoricamente colaborar com essas empresas "à sombra das intervenções militares". Para elas, tal modo de procedimento se mostra absurdo e contraproducente, porque não faz outra coisa senão combater, militarmente, os sintomas, mas não tem como meta alijar as causas.[19]

---

18. Citação segundo o Banco Mundial, *Sicherheit Armutsbekämpfung und nachhaltige Entwicklung* [Segurança, combate à pobreza e desenvolvimento sustentado], Bonn, 1999, p. 8.

19. Cf. a página alemã: VENRO: Streitkräfte als humanitäre Helfer? Positionspapier [Forças armadas como ajuda humanitária? Documento de posições], Bonn, mai. 2003; VENRO, Entwicklungspolitik im Windschatten militärischer Interventionen? [Política de desenvolvimento à sombra das intervenções militares?] Aachen/Bonn/Stuttgart, 31 jul. 2003.

PREVENÇÃO DE CRISES E MANUTENÇÃO DA PAZ

> *É somente em função dos desesperançados
> que a esperança nos é dada.*
> Walter Benjamin

Com o seu papel de "polícia do mundo", os Estados Unidos dominam hoje a consciência pública em relação à solução de conflitos e crises. Assim, surge a impressão de que não haveria nenhuma alternativa para a estratégia militar intervencionista dos norte-americanos hoje e para a entrada em ação maciça, ligada a essa estratégia, das empresas militares privadas nos países do Terceiro Mundo. Outros modos de procedimento para o controle de crises, porém, existem não apenas em teoria, mas já são praticados. Nos meios de comunicação, contudo, eles estão menos presentes e nem tão espetaculares quanto a aparição dos mercenários diante da câmera ao vivo. Além disso, há ainda o fato de os esforços alternativos para dirimir conflitos violentos nos "Estados frágeis" se basearem em outra concepção e, por isso, só se encontrarem muito raramente em conexão com intervenções armadas.

A produção ou a reprodução de segurança e paz não são assuntos militares. E a entrada em cena de empresas militares privadas nesse processo não é apenas uma questão de oportunidade. Trata-se, em primeira linha, de um problema político saber como a paz pode ser alcançada e que segurança se almeja. Sobre esse ponto há opiniões divergentes, que dominam os debates no plano internacional nas Nações Unidas, no plano transnacional na OTAN ou na OUA, e no plano nacional entre os diversos partidos.

Duas opções: "paz vinda de cima" e "paz vinda de baixo"

Exprimindo-se de maneira acentuada e simplificada, há aqui duas concepções fundamentais diversas. A primeira opção persegue a estratégia da paz, da segurança, da estabilização "vinda de cima". O meio apropriado para alcançar essas metas consiste no uso de uma força legitimada (de um tipo militar e policial). Empresas militares privadas desempenham um papel significativo e orgânico. A solução de conflitos, a busca da paz e o desenvolvimento duradouro são aqui problemas secundários. Junto ao desenvolvimento da paz, a construção das estruturas de segurança e a estabilização de sociedades, a segunda opção aposta, por sua vez, em uma estratégia "vinda de baixo". Essas metas devem ser alcançadas agora por meio da prevenção da guerra e do apaziguamento dos conflitos, sendo que se atribui um papel primário para os meios civis. O uso da força está previsto apenas em situações excepcionais. Empresas militares privadas não têm, nesse caso, nenhuma função orgânica e só são previstas — quando o são — em medidas de apoio (como a vigilância de edifícios públicos).[1]

As opções descritas acima representam tipos ideais, que não se entrelaçam à realidade. Entre essas duas posições, contudo, há uma continuidade, na qual podemos representar a presença dos países atuais com suas estratégias políticas.

---

1. Quanto à problemática da intervenção, ver Tobias Debiel, "Souveränität verpflichtet: Spielregeln für den neuen Interventionismus" [Soberania comprometida: Regras para o novo intervencionismo]. In: *IPG*, 3/2004, pp. 61-81; Stefan Mair, *Intervention und 'state failure'*, pp. 82-98; ICISS (International Commission on Intervention and State Sovereignty): *The Responsibility to Protect*. Ottawa (International Research Centre for ICISS), dez. 2001.

CONTINUIDADE ENTRE "PAZ VINDA DE CIMA" E "PAZ VINDA DE BAIXO"

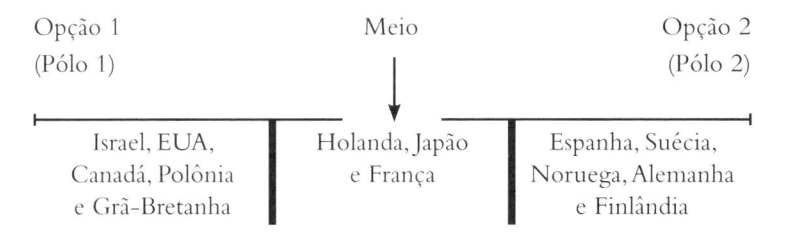

Opção 1 (Pólo 1)	Meio ↓	Opção 2 (Pólo 2)
Israel, EUA, Canadá, Polônia e Grã-Bretanha	Holanda, Japão e França	Espanha, Suécia, Noruega, Alemanha e Finlândia

Se considerarmos a concentração de empresas militares privadas nos diversos países e por quais governos elas são colocadas em ação na maioria das vezes, teremos uma idéia muito clara sobre o assunto. Mais de 80% de todas as empresas do setor de prestação de serviços militares estão nos países que se encontram no meio e no pólo 1 (primado de intervenções militares) e é desses governos que elas recebem também a maior parte dos contratos. Quase 10% das empresas militares privadas distribuem-se nos países que se encontram do meio para a direita; e o resto está alocado nos países do Terceiro Mundo. Os países que tendem mais para a primeira opção se valem das empresas militares no interior e fora das fronteiras de seu país. Os países que tendem para a segunda opção utilizam — se é que o fazem — as empresas no interior do país, buscando transferir tarefas militares para a economia privada ("privatização"), mas colocam em ação no exterior quase que exclusivamente tropas estatais. Tanto organizações internacionais como a ONU (com os seus diversos subdepartamentos), a OCDE ou o Banco Mundial, assim como o grande número de ONGs ou organizações humanitárias — no que concerne à sua estratégia — estão todas alocadas à direita, em direção ao ou nas proximidades do pólo 2.

Os esforços para alcançar estabilidade e condições pacíficas nos países do Terceiro Mundo são estabelecidos pela primeira opção, buscando-se a construção de um "Estado forte", que pode se apoiar tanto em força policial e militar maciça quanto em instituições consolidadas. Elas devem forjar as garantias para a regulação de conflitos na sociedade civil. Os países que fomentam o desenvolvimento e se encontram próximos dessa opção — como os Estados Unidos — concentram sua ajuda, por isso, na formação e no fortalecimento do exército e das forças armadas. Por razões de oportunidade política e econômica, tais tarefas são amplamente transferidas para empresas militares privadas.[2]

O destaque na segunda opção é a prevenção de crises, o tratamento de conflitos e o estabelecimento da paz. Temos aqui uma ação integrada, que inclui os diversos campos políticos (como por exemplo, política externa, financeira, de desenvolvimento, jurídica, de meio ambiente e cultural). A realização dessa ação acontece ao longo de procedimentos que abarcam muitos planos de intervenção e têm diversas janelas temporais. O pessoal exigido para tanto é recrutado quase que exclusivamente no âmbito civil. Apesar de haver, na maioria das vezes, uma continuidade entre a prevenção da guerra e o estabelecimento da paz, podemos diferenciar duas grandes fases do trabalho civil de intervenção. O primeiro relaciona-se a todos os esforços que, nos diversos campos, estão dirigidos para evitar a escalada dos conflitos. O segundo abarca todos os trabalhos que são empreendidos depois de um conflito armado (entre essas duas fases temos ainda intervenções que são levadas a cabo durante a fase de guerra).

As condições gerais levadas em conta nas intervenções são normalmente definidas tal como o Ministério Federal de Cooperação Econômica e Desenvolvimento (BMZ) o fez: 1) Respeito aos direitos humanos; 2) Participação da população nas decisões políticas; 3) Manutenção do Estado de direito e segurança jurídica; 4) Criação de uma ordem econômica marcada pela economia de mercado e socialmente orientada; 5) Orientação do agir estatal pelo desenvolvimento.[3]

---

2. As conseqüências correlatas foram discutidas detalhadamente nos capítulos anteriores e elucidadas por meio de exemplos.

3. BMZ, "Krisenprävention und Konfliktbeilegung" [Prevenção de crises e solução de conflitos]. In: *BMZ Spezial*, 17/2000.

A ilustração a seguir mostra os três níveis de intervenção (local, intra-estatal e nacional), os parceiros de diálogo locais ("agentes") e exemplos de quem, nos países que fomentam o desenvolvimento, fornece apoio, em que plano e com que instrumentos esse apoio é concedido.[4]

As janelas temporais mantêm relação com as metas que devem ser alcançadas a curto, médio e longo prazo sob a visão de futuro de uma estabilidade duradoura da sociedade e do Estado, de um desenvolvimento socioeconômico sustentável e de uma "paz sustentável". Entre as medidas de curto prazo temos, por exemplo, a ajuda emergencial aos refugiados, o fornecimento de auxílio aos que passam fome e o tratamento médico de doentes e feridos. Medidas de médio prazo abrangem, entre outras coisas, programas escolares para crianças, reintegração de antigos soldados na sociedade civil, ações de proteção e de concessão de direitos iguais às mulheres, o abastecimento de água e a melhoria da produção agrária. Medidas de longo prazo contêm todos os tipos de mudanças estruturais, como o estabelecimento de um sistema de saúde acessível para todos, um sistema financeiro público transparente e comprometido com a prestação de contas, assim como a construção de estruturas administrativas, um sistema jurídico igual para todos e um sistema político participativo.[5]

---

4. Cf. Angelika Spelten, *Instrumente zur Erfassung von Konflikt- und Krisenpotentialen in Partnerländern der Entwicklungspolitik* [Instrumentos para a apreensão de potenciais de conflito e de crises nos países que compartilham da política de desenvolvimento], Bonn, 1999 (Relatórios de pesquisa da BMZ, vol. 126).

5. Cf. GTZ, *Friedensentwicklung, Krisenprävention und Konfliktbearbeitung* [Desenvolvimento da paz, prevenção de crises e tratamento de conflitos], Eschborn, 2002; European Platform for Conflict Prevention and Transformation (Org.), *Prevention and Management of Violent Conflicts. An International Directory*, Utrecht, 1998.

Condições gerais para intervenções

AGENTES

INTERVENÇÃO

Altos funcionários e membros de: →

NÍVEL SUPERIOR
Estado, governo, partidos

Diplomacia oficial; por exemplo negociações de cessar-fogo

Representantes e personalidades ilustres de: →

NÍVEL MÉDIO
Administração, economia, meios de comunicação, cultura, instituições regionais

Diplomacia inoficial, ajudas estruturais, por exemplo estabelecimento da paz por meio de mesas-redondas com representantes do nível médio; perfuração de fontes, construção de um sistema jurídico

Líderes locais, professores, médicos de: →

NÍVEL INFERIOR
Instituições locais, sistema de saúde, sistema educacional, abastecimento básico

Ajuda prática e técnica; por exemplo abastecimento básico (água, alimentos), hospitais, escolas, etc.

O plano de ação alemão

A Suécia, por exemplo, empreendeu em 1999 um delineamento concreto desse princípio de abordagem da segunda opção em um plano de ação.[6] Em maio de 2004, o governo da coalizão verde-vermelho[7] na Alemanha apresentou um plano de ação para a "prevenção civil de crises, a resolução de conflitos e a consolidação da paz".[8] Em sua análise das regiões em tensão, o governo parte do fato de que os confrontos armados são tanto o efeito quanto a causa de inconvenientes sociais, políticos, econômicos e ecológicos de largo espectro. No que concerne aos grupos beligerantes enredados em confrontos armados, o plano de ação constata o seguinte: "Agentes não estatais desempenham um papel significativo nos conflitos atuais. A chamada 'privatização da guerra' distingue-se por meio de um entrelaçamento complexo de senhores de guerra, milícias, grupos rebeldes, terroristas e agrupamentos criminosos, mas também de *tropas de mercenários* e *empresas de segurança privadas*[9], que resistem à imposição do monopólio estatal do uso da força". E no que diz respeito à dimensão econômica das "novas guerras", o governo parte do fato de que o cultivo e o tráfico de drogas, a venda de armas de baixo calibre, o seqüestro, o comércio de mulheres e crianças, assim como a escravidão, são pilares da economia da violência. Mas mesmo o negócio com recursos naturais comercializados legalmente, tais como petróleo, diamantes, madeira e coltan, torna

---

6. Suécia, Ministry for Foreign Affairs, *Preventing Violent Conflict. A Swedish Action Plan*. Estocolmo, 1999.

7. A coalizão entre o Partido Verde e o Partido Socialdemocrata Alemão (SPD), que governou a Alemanha de 1999 a 2006. [N.T.]

8. Cf. Governo federal alemão, *Aktionsplan. Zivile Krisenprävention, Konfliktlösung und Friedenskonsolidierung* [Plano de ação: prevenção civil de crises, resolução de conflitos e consolidação da paz], Berlin, 12 maio 2004. Desta fonte foram retiradas todas as citações desta parte.

9. Grifo do autor.

"racional a inserção do uso da força e pode consolidar suas estruturas". A interação crescente entre guerras civis e criminalidade organizada, as ligações estreitas entre o âmbito econômico legal e ilegal formam, de acordo com o plano de ação, "novos desafios, centrais para a resolução de conflitos".

Com base nessa análise, as seguintes metas são formuladas: por um lado, deve ser perseguida uma política de prevenção civil das crises, de resolução de conflitos e de consolidação da paz. Por outro, partindo de um "conceito mais amplo de segurança", as estruturas públicas necessárias para evitar os conflitos não devem ser apenas construídas e fortalecidas nas regiões de crises factuais ou potenciais, mas também na sociedade civil, nos meios de comunicação, na cultura e na educação, assim como as oportunidades de vida da população afetada pelas crises por meio de medidas apropriadas nos âmbitos da economia, da sociedade e do meio ambiente.

Para alcançar essas metas, denominam-se, entre outros, três âmbitos estratégicos. O primeiro aponta para a criação de estruturas estatais confiáveis e contém o fomento ao Estado de direito, à democracia e à condução responsável do governo, assim como o fortalecimento do controle do setor de segurança por meio do Estado de direito e da sociedade civil. O segundo refere-se ao fomento de iniciativas de paz e abarca o fortalecimento e o desenvolvimento da sociedade civil, a construção e a ampliação de meios de comunicação profissionais e independentes, assim como o fomento à cultura e a sistemas educacionais. O terceiro dirige-se para uma configuração justa da economia e do social, assim como para a preservação do meio ambiente e dos recursos naturais.

No que diz respeito ao setor de segurança, o plano de ação parte do fato de a quantidade preponderante das confrontações armadas ser de natureza intra-estatal.[10] O desenvolvimento

---

10. Esta descoberta está em sintonia com inúmeras pesquisas da ONU; cf. "United Nations, "In Larger Freedom. Toward Development, Security and Human

econômico e social não seria possível se o cidadão não fosse protegido contra a violência e a criminalidade pelo "bom funcionamento do monopólio da força". "Grupos sociais prejudicados dependem urgentemente de uma medida mínima de segurança física e jurídica". Por isso, no plano de ação, estabelece-se, para a reforma do setor de segurança, um papel-chave na construção da paz e no desenvolvimento duradouro. Nesse caso, porém, o que está em questão não é apenas a reforma das instituições públicas, tais como a polícia, o exército e os serviços secretos, que devem garantir a segurança do Estado e dos cidadãos contra a coerção e a violência. Tão importante quanto essa reforma é, de acordo com o plano de ação, um controle civil dessas instituições — por meio do parlamento, do executivo e da justiça — que funcione. À sociedade civil e aos meios de comunicação cabe, portanto, uma importante função de controle e de advertência. Não está prevista uma vinculação de empresas militares privadas no projeto de reforma do setor de segurança.

Chama a atenção, no plano de ação, o fato de ele ser redigido a partir de uma lógica da segunda opção, que privilegia a prevenção civil de crises, a solução de conflitos e a manutenção da paz, mas ser extremamente vago e ambivalente nas idéias e sugestões para a sua realização, permanecendo preso a uma lógica intervencionista tradicional, típica da primeira opção. O plano não trata, de maneira detalhada, do modo como deve ser a relação entre colaboradores civis e militares. Na verdade, estabelece-se teoricamente o primado para o civil, mas na prática e na distribuição dos meios (sob a forma de títulos domésticos) as relações se invertem em favor dos militares e da polícia. Hoje, por exemplo, há muito mais soldados do exército alemão (8 mil) em atividade nos três principais focos no exterior que voluntários

---

Rights for All. Report of the Secretary-General", Nova York, 2005 (Doc. A/59/2005).

alemães (5 mil) no apoio ao desenvolvimento em mais de 130 países do mundo. Há muito mais verbas à disposição (1,5 bilhão de euros) para as ações das forças armadas alemãs no exterior e para o "programa antiterror" que para a prevenção civil de crises e a manutenção da paz. É muito difícil esperar que isso se altere e que o plano de ação não se revele, por fim, um tigre de papel, visto que lá está escrito que, em razão das "economias na administração federal, nem todas as medidas positivas no âmbito da prevenção civil de crises, que vão além do combate ao terrorismo em sentido estrito(!), poderão ser postas em prática".

Com isso, só restam, em princípio, duas coisas. Em primeiro lugar, que o exército alemão continue instruindo a formação de militares nos países do Terceiro Mundo com o intuito de operar "uma reforma democrática no setor de segurança". E, em segundo lugar, há, com o plano, uma vantagem política para as instituições e organizações que (como ocorria até aqui) trabalham na prevenção civil de crises e na manutenção da paz, entretanto sem a perspectiva de que haja pessoal adicional ou meios financeiros à sua disposição.

A crítica das organizações não-governamentais

A associação Entwicklungspolitik deutscher Nichtregierungsorganisationen[11] (VENRO) que, representando a Igreja Católica e a Evangélica (com as obras de caridade Misereor e o Serviço evangélico de desenvolvimento), possui mais de 100 membros, aponta o seguinte[12]: "Em diversos capítulos e ações,

---

11. Política de desenvolvimento das organizações não-governamentais alemãs. [N.T.]
12. Ver quanto a este ponto a tomada de posição da VENRO em relação ao "plano de ação para a prevenção civil de crises, a solução de conflitos e a

a colaboração civil-militar é comentada. No plano de ação, na verdade, faz-se referência ao fato de haver pontos de ruptura entre a prevenção civil e a militar, mas não se empreende uma clara demarcação entre esses dois âmbitos". E o texto prossegue: "Segundo a nossa convicção, as forças armadas e as ONGs são dirigidas por objetivos, interesses e modos de procedimento diversos. A colaboração com as forças armadas em suas medidas de apoio civil e de acompanhamento do serviço é excluída pelas ONGs por causa do estabelecimento de metas militares". O fato de ser possível, em que medida e até que ponto é possível uma colaboração com as forças armadas é algo que, para as ONGs, varia caso a caso. Elas recusam, contudo, fundamentalmente uma ação conjunta, quando "sua autocompreensão é ameaçada por meio dos estabelecimentos de metas políticas e militares e, com isso, quando a sua independência é colocada em questão".

Além disso, a associação critica o fato de o plano de ação conter, na verdade, uma multiplicidade de declarações de intenção sob a forma de 160 ações, mas não prever nenhum recurso para o financiamento de tais medidas. Aos olhos da associação, esta é a maior fraqueza do plano de ação.

Ao lado de diversas observações críticas, a VENRO aponta para dois outros pontos importantes, que também dizem respeito às atividades das empresas militares privadas. Por um lado, a associação observa positivamente o fato de o papel de agentes não estatais armados ser colocado no plano de ação como um fator importante nos conflitos atuais: "Nos combates violentos, grupos armados não estatais também desempenham um papel que é apoiado, conferido e/ou estabelecido pelos Estados com o intuito de impor seus interesses". Por essa razão, a VENRO exige que se preste maior atenção a esse desenvolvimento. Por outro lado, ela destaca a responsabilidade dos empreendimentos

---

consolidação da paz" do governo federal alemão. Bonn, 9 set. 2004. Dessa tomada de posição são retiradas as citações seguintes.

econômicos e o controle das empresas militares privadas: assim, "a responsabilidade do setor privado nas regiões em conflito" — tal como estabelecido no plano de ação — é tão sublinhada quanto os esforços do governo federal alemão em elevar, nos países com que mantém parcerias, a transparência das receitas oriundas da exploração de matérias-primas e em submeter seu emprego a um compromisso de prestação de contas. Esses esforços precisariam ser estendidos à "privatização de tarefas ligadas à segurança, que cresce de maneira preocupante". A VENRO exige, por isso, a criação de instrumentos que permitam transparência, o compromisso de prestação de contas e o controle nesse âmbito.

Em contraposição à "ótica marcadamente militar" que cresce na política e na esfera pública, as ONGs insistem no primado da prevenção civil. Elas temem que, com o acréscimo de intervenções militares, aumente a aceitação desse modo de procedimento como meio normal de política e, com isso, também possa ser produzida a imagem de que a paz pode ser estabelecida "de cima". Em contraposição a isso, eles ressaltam:

> Intervenções militares nunca podem produzir, por si mesmas, a paz. Na melhor das hipóteses, elas podem levar a um cessar-fogo. A tarefa penosa do equilíbrio justo de interesses, de reconciliação e de criação de estruturas políticas e sociais aptas à paz só pode ser resolvida politicamente e precisa ser realizada essencialmente pela própria sociedade em questão. A paz precisa crescer "de baixo".[13]

---

13. Ver, quanto a este ponto, VENRO, *Entwicklungspolitik im Windschatten militärischer Interventionen?* [Política de desenvolvimento no abrigo de intervenções militares?], p. 3.

Tratamento de conflitos como tarefa concreta

Uma das instituições ou ONGs na Alemanha que empreende a prevenção civil de crises e também realiza essa prevenção concretamente *in loco* nos países do Terceiro Mundo é a Deutsche Gesellschaft für Technische Zusammenarbeit (GTZ, Agência Alemão de Cooperação Técnica). Ela recebe a maior parte de suas missões do Ministério Federal de Cooperação Econômica e Desenvolvimento. Sua meta é a "prevenção de crises" e o "tratamento de conflitos", a fim de promover uma "estabilidade estrutural" e uma "manutenção duradoura da paz".[14] Seus principais campos de trabalho são direito, administração, desenvolvimento agrário, aconselhamento no âmbito de organização e comunicação, proteção ao meio ambiente e aos recursos naturais, assim como educação e saúde.

A reforma do setor de segurança, por exemplo, um projeto que abarca e atinge praticamente todos os campos de trabalho, é apoiada pela GTZ quando "o sistema militar, a polícia, a justiça, os serviços de informação e os departamentos responsáveis pela autuação (...) não conseguem mais fazer frente à sua tarefa original — a saber, a produção e a garantia de segurança —, mas passam a representar eles mesmos um risco para os cidadãos". Para a instituição, este é sempre o caso, quando fica visível que esse setor "se gerencia como Estado no Estado", que ele se subtrai a todo controle civil e que se tornam cada vez mais freqüentes sintomas como a economia baseada no favorecimento e a corrupção.[15] Para esses casos, a GTZ desenvolve

---

14. Quanto ao trabalho da GTZ, ver as inúmeras publicações da sociedade com sede em Eschborn no endereço www.gtz.de. Quanto à presente problemática, ver GTZ, *Fridensentwicklung, Krisenprävention und Konfliktbearbeitung* [Desenvolvimento da paz, prevenção de crises e tratamento de conflitos].

15. Cf. Andreas Mehler/Claude Ribaux, *Krisenprävention und Konfliktbearbeitung in der Technischen Zusammenarbeit* [Prevenção de crises e tratamento de conflitos na colaboração técnica], Wiesbaden, 2000, em particular Cap. 4.7.

um programa de trabalho que tem por meta a criação de um setor de segurança democraticamente controlado, de dimensões adequadas, com base na inserção apropriada de recursos, com uma missão precisa e atuando com profissionalismo", um plano que tem lugar tanto no plano político e institucional quanto no plano econômico e social.[16]

Outro campo de atividades ao qual se dedica a GTZ, e que é o extremo oposto daquilo que as empresas militares entendem como "controle de conflitos", é o campo do domínio do passado e do trabalho de reconciliação. Esse trabalho é de grande importância no quadro da consolidação da paz, porque a "injustiça passada pode contribuir rapidamente para uma nova irrupção da violência".[17] Ao lado da orientação individual de vítimas da violência (envio de especialistas em traumas, construção de locais de encontro e centros de informação), a GTZ se dedica a cinco campos de tarefas. Por um lado, dá apoio à solução de problemas típicos que surgem após conflitos violentos e colapsos de sistemas. Nesse contexto, presta consultoria jurídica para a legislação voltada à anistia e à concessão de indenizações financeiras, assim como tudo relacionado à reabilitação de vítimas de injustiças ou ao controle de funcionários do Estado, entre outras coisas. Por outro lado, ela cria instituições que tenham condições de tratar de conflitos. A esse campo pertence a criação de comissões de investigação e de reconciliação. Para dar apoio a esse trabalho, a GTZ processa os materiais informativos e prepara trabalhadores dessas comissões metodicamente, tendo em vista a execução de interrogatórios e processos de consultas nacionais. Em terceiro lugar, atua no despacho de processos penais ligados a injustiças do passado e fomenta a criação de instituições alternativas para a solução de litígios jurídicos. Fornece apoio aos ministérios públicos e às

---

16. Cf. GTZ, *Fridensentwicklung, Krisenprävention und Konfliktbearbeitung*, pp. 82-85.
17. Cf. ibidem, pp. 75-80.

Vera Bohle, desativadora de minas alemã, verifica regiões evacuadas em busca de possíveis munições remanescentes, a pedido da GTZ, na fronteira do Zimbábue e de Moçambique, em 2001.

unidades de averiguação, à formação de juízes e advogados, à organização de observadores dos processos — que vêm das ONGs ativas nacional e internacionalmente — e ao estabelecimento de estruturas que possibilitem ou facilitem o acesso de toda a população às instituições formais de investigação, queixa e julgamento. Em quarto lugar, a organização se ocupa com um conjunto de medidas para a acomodação da polícia na sociedade civil por meio de "fóruns de cidadãos e policiais" locais. E, em quinto lugar, auxilia na construção de iniciativas de reconciliação na sociedade civil e na criação de "alianças pela paz".[18]

O trabalho de uma ONG como a GTZ revela o quão diversos o controle de crises e a manutenção da paz podem parecer quando são realizados de uma perspectiva civil e não

---

18. Cf. Andres Mehler/Claude Ribauz, Ibidem.

militar, como acontece no caso das empresas militares privadas. As reflexões alcançadas na prática também deixam claro que a solução de conflitos é um problema complexo demais para ser controlado com força armada e com uma "paz vinda de cima". A ação de empresas militares privadas representa uma opção primitiva para resolver uma problemática que possui muitas camadas e que se encontra à base da maioria dos conflitos armados no interior dos países do Terceiro Mundo. Tal opção não oferece nenhum caminho para uma consolidação duradoura da paz, mas eterniza os conflitos existentes, conforme ilustramos com vários exemplos.

OBSERVAÇÕES FINAIS

> *A resignação é
> a pior de todas as virtudes.*
> Gustave Flaubert

Com os horrores e os atos de crueldade inimagináveis ocorridos na Segunda Guerra Mundial ainda diante de seus olhos, os fundadores da Organização das Nações Unidas resolveram desprezar a guerra: eles suspenderam o direito, até então vigente, de Estados soberanos conduzirem guerras — como prosseguimento da política com outros meios — e declararam a guerra de ataque como contrário ao direito internacional. Esse princípio foi ancorado na Carta das Nações Unidas e é, até hoje, uma diretriz normativa para o direito internacional.

Com tal mudança de paradigmas — ou seja, com o fato de um Estado soberano passar a ter "somente" o direito de se defender —, também se impõe o reconhecimento de que a guerra é importante e perigosa demais para ser deixada a cargo dos generais. A política deveria, em outras palavras, atar a lógica militar. Hoje seria preciso reformular essa posição: a administração de conflitos e a manutenção da paz são importantes demais para serem entregues à lógica econômico-militar das empresas militares privadas. Se a lógica do sistema militar já pode trazer consigo conseqüências indesejáveis, quão mais perigosa não seria essa lógica quando associada à aspiração ao lucro característica da economia privada.

No entanto, nenhum dos envolvidos discute um aspecto: empresas militares privadas devem a sua existência à guerra e ganham com conflitos bélicos e com a insegurança. O agir estatal e político é estabelecido geralmente — ao menos depois da promulgação da Carta das Nações Unidas — com vistas ao contrário, isto é, com vistas à paz e à segurança. Mas o setor de prestação de serviços militares não está interessado na paz e na segurança: para ele, paz e segurança são ruins para os seus negócios. Se elas imperassem, as empresas militares privadas perderiam seu direito à existência.

Não obstante, do ponto de vista político argumenta-se que as empresas militares privadas seriam necessárias. Isso é espantoso. Na verdade, depois do fim da guerra fria, parte do mundo se transformou profundamente. No entanto, não há nenhum campo de atividade ocupado nesse ínterim pelas empresas militares privadas que não possa ser preenchido sem elas — e, com efeito, de maneira mais barata, mais efetiva, mais controlada e mais justa em seu funcionamento — por outras instâncias. E não apenas isso; sem elas, não seria preciso haver mais temores de que o monopólio do uso da força por parte do Estado fosse sub-repticiamente esvaziado e de que a segurança ou a esfera privada dos cidadãos fossem ameaçadas por meio dos serviços secretos privados das empresas militares. Podemos formular isso de um modo ainda mais drástico: empresas militares privadas são supérfluas e, além disso, perigosas para uma convivência democrática entre homens e povos.

Se tais prestadores de serviço não são necessários, se eles são até mesmo supérfluos, por que são, apesar de tudo, contratados e por que experimentaram um *boom*? A resposta é relativamente simples. Mesmo quem tenta vender por aí o argumento de que a privatização seria mais barata revela — quando os microfones estão desligados — as verdadeiras razões. Os executivos ou grupos políticos dominantes gostariam — por interesses nacionais, econômicos ou ligados ao poder — de enviar mais tropas para o cumprimento de suas metas do que aquelas que se encontram oficialmente à sua disposição com as forças armadas oficiais; eles gostariam de subtrair ao controle do Parlamento a entrada em ação das tropas militares; gostariam de se imiscuir militarmente mesmo onde, de acordo com as normas do direito internacional, não teriam o direito de interferir; gostariam de ajudar os governantes, os partidos ou os grupos políticos amigos ou bem-intencionados em relação a eles no confronto com os seus opositores em meio à política interna; gostariam de assegurar as condições gerais para a própria economia ou para o fornecimento de energia sem que o sistema militar oficial — amplamente visível e identificável — entrasse em cena.

Portanto, a pretensa necessidade da entrada em ação de empresas militares privadas não é, em última instância, senão uma questão de cálculo político, de oportunidade política. E, como vimos, as pessoas se utilizam dessas empresas exatamente por tais razões. Com isso, as empresas de prestação de serviços militares representam um problema político para além de toda a dimensão jurídica — também ligada ao direito internacional — que não pode permanecer sem ser tratado pelos próprios cidadãos numa democracia.

Em relação às empresas militares privadas, como dissemos, o governo federal alemão não vê necessidade de ação legal, porque acha que as normas do direito civil, do direito penal e do direito internacional são suficientes para resolver de maneira satisfatória eventuais problemas que venham a surgir. Diante de tal enunciado — francamente apolítico —, é possível apresentar objeções claras. Podemos lembrar simplesmente, por exemplo, que há uma concordância por toda parte — apesar de todas as diferenças que possam existir — quanto ao fato de as empresas militares privadas se moverem em uma zona legal obscura: as pessoas contratadas por elas não são nem "mercenários", no sentido mais restrito, nem combatentes. No entanto, também não são civis.

Os últimos governos alemães, porém, deixaram — e isso é interessante no presente contexto — de comunicar à opinião pública se eles vêem a necessidade de ação das empresas militares privadas. Se podemos deduzir de seu silêncio o fato de este não ser o caso, é preciso que haja uma discussão sobre o assunto junto ao público e nos meios de comunicação, pois na Alemanha também há uma enorme carência de ação política.

A já descrita "privatização" do exército alemão pela g.e.b.b. ainda se encontra, na verdade, engatinhando, e alguns aspectos, como a transferência da produção de uniformes ou a exploração privada de uma série de refeitórios do exército, podem parecer antes inofensivas. Todavia, o fato de participações majoritárias serem entregues à economia privada em parcerias público-privadas é de uma realidade preocupante. A questão não é apenas saber se esse procedimento é constitucional, mas se é efetivamente dotado de sentido em termos políticos. Poder-se-ia mostrar, daqui a bem pouco tempo, que essa decisão apresenta problemas para a segurança dos cidadãos — por exemplo, nas ações do exército alemão no exterior ou nos âmbitos da tecnologia de informação — e que, então, as conseqüências provocadas por esse tipo de privatização trariam consigo uma necessidade de ação não apenas política, mas também judicial.

Outro problema diz respeito aos soldados privados alemães que trabalham em diversas regiões de guerra e de conflito ao redor do mundo a cargo de empresas militares privadas estrangeiras — a maioria deles com armas na mão. Tal como já aconteceu antes com outros países, a Alemanha também poderia se ver confrontada com o fato de um de seus cidadãos ser aprisionado ou seqüestrado e de sua liberação ser condicionada a uma contrapartida do governo alemão. Tal exigência poderia vir até mesmo acompanhada da ameaça de que, caso a exigência não fosse cumprida, cometer-se-ia, por exemplo, um atentado terrorista em solo alemão. Para resolver esse problema, não é de modo algum suficiente apontar para as respectivas normas sobre a livre escolha do local de trabalho, para o direito comercial ou para o amplo dever estatal de proteção da vida, um dever constitucionalmente estabelecido, que também se estende aos alemães que se encontram no exterior. Foi nesse ponto, porém, que o governo encerrou suas reflexões políticas.

Um problema político semelhante se apresenta no caso da proteção à ajuda humanitária alemã que — quer trabalhando para a Cruz Vermelha, para os Médicos sem Fronteiras, para a Brot für die Welt (Pão para o Mundo), para a Caritas ou para qualquer outra organização não-governamental — desenvolve atividades em regiões em guerra. Quando se lhes retira a proteção ou quando essa proteção é imposta juntamente com as empresas militares privadas, o que fere sua autocompreensão e prejudica sua imagem, como aconteceu não apenas no Afeganistão ou no Iraque, não se questiona mais se a política alemã está disposta a agir politicamente, mas surge de imediato uma ordem de ação. Não fazer nada desqualifica o governo alemão e está em crassa contradição com a própria política anunciada no plano de ação.

Quando agem nos Bálcãs, na Ásia ou em qualquer outro continente, as empresas militares privadas de origem alemã são tratadas pela política alemã como qualquer outra empresa, como se elas produzissem algum bem de consumo! O que elas fazem em suas ações subtrai-se completamente ao controle e ao conhecimento político. No caso de um cidadão alemão civil, é preciso um comportamento bem menos discutível para que ele caia sob a suspeita de macular a imagem da República Federal Alemã. Será que essas empresas militares privadas precisam primeiro cometer graves crimes contra os direitos humanos para que o governo veja a necessidade de uma ação política?

Quase todas as grandes empresas militares privadas estrangeiras, muitas vezes mencionadas aqui em outros contextos, possuem atividades em solo alemão: seja a Halliburton ou a Kroll, a ArmorGroup ou a CSC, a SAIC, a G4S ou a CACI. A "empresa" número 1 do "serviço secreto" nesse ramo — a SAIC — tem 33 representações na Alemanha. Em algumas dessas empresas chega mesmo a predominar pessoal alemão. Não se pode imaginar que a política alemã saiba como essas pessoas são colocadas em ação por seus empregadores. Mas não há como excluir a possibilidade de a empresa CACI, por exemplo, que estava envolvida no escândalo da prisão de Abu Ghraib, ter usado alemães nos interrogatórios ou como "tradutores" em uma das muitas prisões norte-americanas no estrangeiro. Independentemente disso, porém, levanta-se a seguinte questão: se não há uma necessidade política de ação para a proteção dos próprios cidadãos (uma tarefa originária do Estado que, com base na constituição, não pode ser delegada à iniciativa privada), se é sabido que os serviços secretos privados estrangeiros desempenham atividades sob a forma de empresas militares para quem quer que seja. Saber o que essas empresas fazem nos países latino-americanos, asiáticos ou africanos ou no Iraque deveria levar a política alemã efetivamente a buscar descobrir quais são as atividades que partem do solo alemão por intermédio dessas empresas. Ou será que ela está à espera de que terceiros o façam?

Empresas privadas alemãs contratam empresas militares privadas para proteger seus interesses comerciais no exterior. Não precisamos discutir aqui e também não devemos supor implicitamente que se procede nesse caso de maneira semelhante à que descrevemos em relação à BP na Colômbia. O ponto é outro. Isso saltaria imediatamente aos olhos de qualquer político alemão que soubesse, por exemplo, que uma companhia africana vinha contratando uma empresa militar privada para assegurar seus interesses econômicos em solo alemão por meio de pessoal armado. Abstraindo-se do fato que essa companhia seria passível de punição criminal sob o direito alemão, podemos concluir o seguinte: os mesmos políticos certamente se apressariam em chamar a atenção da direção comercial (mesmo que se tratasse do respectivo consulado) para o fato de que ela deveria demitir a empresa militar, ou seja, deixar a Alemanha. É quase impossível fazer o mesmo em um país destruído pela guerra civil ou por crises. É provável que seu povo fique até mesmo feliz com o fato de que empresas alemãs não fechem suas filiais. Será que isso não exige alguma ação política? As coisas não se dão de modo que tais circunstâncias sejam desconhecidas da política em Berlim, pois, de forma geral, o próprio governo aponta para isso no plano de ação. E, contudo, com essa referência, o governo deixou a cargo das empresas privadas alemãs decidir se, em suas atividades no exterior, elas também têm responsabilidades em relação à sua terra natal. Isso não faz jus, de maneira alguma, ao problema. Afirmamos mais uma vez: empresas militares privadas não ganham com a paz, mas com a guerra e os conflitos. Desenvolver uma política no plano nacional, europeu e internacional que torne supérfluas essas empresas estaria em consonância com a política de paz declarada e com as metas estabelecidas por escrito no plano de ação. Não trabalhar nessa direção seria contradizer a própria política. Mas não apenas isso: tal atitude colocaria, a longo prazo e provavelmente de maneira séria, a democracia em risco e prejudicaria a imagem do país no plano internacional — sobretudo nos países do Terceiro Mundo. É de se supor que os cidadãos alemães não queiram que nenhuma dessas duas coisas aconteça.

APÊNDICES

BIBLIOGRAFIA COMPLEMENTAR

ADAMO, Alberto. *I nuovi mercenari*. Milão, 2003.

ADAMS, Thomas. "The New Mercenaries and the Privatisation of Conflict" In: *Parameters*, 1999. pp. 103-116.

AVANT, Deborah. "From Mercenaries to Citizen Armies: Explaining Change in the Practice of War" In: *International Organization*, 54 (2001) 1.

_____. *The Market of Force. The Consequences of Privatizing Security*. Cambridge, 2005.

AZZELINI, Dario; KANZLEITER, Boris (Org.). *Das Unternehmen Krieg. Paramilitärs, Warlords und Privatarmeen als Akteure der neuen Kriegsordnung*. Berlin, 2003.

BALESTEROS, Enrique B. *Report of the Use of Mercenaries*. Nova York, 2004.

BENEGAS, Richard. "De la Privatisation de la guerre à la privatisation du peacekeeping" In: *Le Boom de mercenariat: defi ou fatalité?* Document de Damocles. Lyon, 2001.

BEYANI, Chaloka; LILLY, Damian. *Regulating Private Military Companies*. Londres (International Alert), 2001.

BMZ. *Zum Verhältnis von entwicklungspolitischen und militärischen Antworten auf neue sicherheitspolitische Herausforderungen*. Bonn, mai. 2004 (BMZ-discurso, Nr.1).

BRAUER, Jürgen. "An Economic Perspective on Mercenaries, Military Companies and the Privatisation of Force" In: *Cambridge Review of International Affairs*, 13/1999.

BROOKS, Doug. *Creating the Renaissance Peace*. Pretoria, 2000.

BUNDESREGIERUNG, Aktionsplan. *Zivile Krisenprävention, Konfliktlösung und Friedenskonsolidierung* Berlin, 12 mai. 2004.

BURROWS, Gideon. *Il commercio delle armi*. Roma, 2003.

CHOJNACKI, Sven. *Wandel der Kriesformen: Die Dimensionen neuer privatisierter Kriege*. Berlin, 2001 (WZB-Studos).

CILLIERS, Jakkie; MASON, Peggy (Org.). *Peace, Profit or Plunder?* Pretoria, 1999.

COLLIER, Paul; HOEFFLER, Anke. *Greed and Grievance in Civil War*, mai. 2001 (World Bank Policy Research Paper, Nr. 2355).

CREVELD, Martin von. *The Rise and Decline of the State*. Cambridge, 1999.

DAC. *Security System Reform and Governance: Policy and Good Practice*. Paris, 2004.

DACLON, Corrado M.. *Aspetti strategici della questione idrica*, junho de 2002 (Centro Studi per la Difesa e la Sicurezza).

DCAF. *Intelligence, Practice and Democratic Oversight — A Practitioner's View*. Genebra, 2003 (Occasional Paper, Nr. 3).

DEBIEL, Tobias. "Souveränität verpflichtet: Spielregel für den neuen Interventionismus" In: *IPG*, 3/2004. pp. 61-81.

DORN, Walter A. *The Cloak and the Blue Beret: The Limits of Intelligence-Gathering in UN Peace-Keeping*. Clementsport, 1999 (Pearson Papers, Nr. 4).

DUFFIELD, Mark. *Global Governance and New Wars. The Merging of Development and Security*. Londres, 2001.

EPPLER, Erhard. *Auslaufmodell Staat?*. Frankfurt/Meno, 2005.

_____. *Vom Gewaltmonopol zum Gewaltmarkt*. Frankfurt/Meno, 2002.

EUROPEAN PLATFORM FOR CONFLICT PREVENTION AND TRANSFORMATION (Org.). *Prevention and Management of Violent Conflicts. An International Directory*. Utrecht, 1998.

FAWCETT, Bill. *True Stories of Mercenaries in Action*. Nova York, 1999.

FINARDI, Sergio; TOMBOLA, Carlo. *Le stradi delle armi*. Milão, 2002.

GLOBAL WITNESS. *For a Few Dollars More. How Al Qaeda Moved Into the Diamond Trade*, abr. 2003 (SIPRI Policy Paper, Nr. 9).

GTZ. *Fridensentwicklung, Krisenprävention und Konfliktbearbeitung*. Eschborn, 2002.

HODGES, Tony. *Angola from Afro-Stalinism to Petro-Diamond Capitalism*. Bloomington, 2001.

HOLMQUIST, Caroline. *Private Security Companies. The Case for Regulation*. Estocolmo, 2005 (SIPRI Policy Paper, Nr. 9).

HUMAN RIGHTS WATCH. *Colombia: Human Rights Concerns Raised by the Security Arrangements of Transnational Oil Companies*. Londres, abr. 1998.

ISENBERG, David. "A Fistful of Contractors: The Case for a Pragmatic Assessment of Private Military Companies in Iraq" In: *BASIC, Research Report*, set. 2004.

_____. *Soldiers of Fortune Ltd*. Washington, 1997.

KALDOR, Mary. *New and Old Wars, Organized Violence in a Global Era*. Cambridge, 1999.

KLINGEBIEL, Stephan; ROEHDER, Katja. "Entiwicklungspolitisch-militärische Schnittstellen. Neuer Herausforderungen in Krisen und Post-Konflikt-Situationen" In: Deutsches Institut für Entwicklungspolitik (Org.). Berichte und Gutachten, 3/2004.

KRAHMANN, Elke. *The Privatisation of Security Governance: Developments, Problems and Solutions*. Colônia, 2003 (AIPA 1/2003).

KU, Charlotte; JACOBSEN, Harold K. (Org.). *Democratic Accountability and the Use of Force in International Law*. Cambridge, 2003.

KURTENBACH, Sabine; LOCK, Peter (Org.). *Kriege als (Über) Lebenswelten*. Bonn, 2004.

LEANDER, Anna. *Global Ungovernance: Mercenaries, States and the Control Over Violence*. Copenhague, 2002.

LEONHARDT, Manuela. *Konfliktbezogene Wirkungsbeobachtung von Entwicklungsvorhaben. Eine praktische Handreichung*. Eschborn, 2001.

LILLY, Damian; VON TANGEN PAGE, Michael (Org.). *Security Sector Reform: The Challenges and Opportunities of the Privatisation of Security*. Londres, 2002.

LILLY, Damian. *The Privatisation of Security and Peacebuilding*. Londres (International Alert), 2001.

LOCK, Peter. *Ökonomien des Krieges*. Hamburgo, 2001.

LUMPE, Lora. "U.S. Foreign Military Training: Global Reach, Global Power and Oversight Issues" In: *Foreign Policy in Focus Special Report*, mai. 2002.

MAIR, Stefan. *Die Globalisierung privater Gewalt*. Berlim, 2002 (SWP-Estudo).

MAKKI, Sami et al. *Private Military Companies and the Proliferation of Small Arms*. Londres, 2002.

MARKUSEN, Ann R. "The Case against Privatizing National Security" In: *Governance*, 16 (Out. 2003) 4. pp. 471-501.

MCPEAK, Michael; ELLIS, Sandra N. "Managing Contractors in Joint Operations: Filling the Gaps in Doctrine" In: *Army Logistician*, 36 (2004)2. pp. 6-9.

MEDICO INTERNATIONAL (Org.). *Macht und Ohnmacht der Hilfe*. Frankfurt/Meno, 2003 (Medico Report, 25).

MEHLER, Andreas; RIBAUX, Claude. *Krisenprävention und Konfliktbearbeitung in der Technischen Zusammenarbeit*. Wiesbaden, 2000.

METZ, Steven. *Armed Conflict in the Twenty-First Century: The Information Revolution and Post-Modern Warfare*, abr. 2002 (Strategic Studies Institute, U.S. Army War College).

MISSER, François. "Les Mercenaires: en quete de legitimation" In: *Le Boom de mercenariat: defi ou fatalité? Document de Damocles*. Lyon, 2001.

MÜNKLER, Herfried. *Neue Kriege*. Reinbek, 2002.

MUSAH, Abdel-Fatau; FAYEMI, J'Kajode (Org.). *Mercenaries. An African Security Dilema*. Londres, 2000.

O'BRIAN, Kevin. "Military-Advisory Groups and African Securities: Privatices Peacekeeping" In: *International Peacekeeping*, 5 (1998) 3.

OCDE. *Guidelines to Prevent Violent Conflicts*. Paris, 2001.

_____. *Multinational Enterprises in Situations of Violent Conflict and Widespread Human Rights Abuses*. Paris, 2002.

OFFE, Klaus. "Die Neudefinition der Sicherheit" In: *Blätter für deutsche internationale Politik*, 12/2001.

PAES, Wulf-Christian. "Zur Konversion von Gewaltökonomien" In: *Wissenschaft und Frieden*, 3/2001.

PAGLIANI, Gabriella. *Il mestieri della guerra*. Milão, 2004.

QUIAO, Liang; WANG, Xiangsiu. *Guerra sensa limiti. L'arte della guerra asimetrica fra terrorismo e globalizzazione*. Gorozia, 2001.

RENO, William. *Private Security Companies and Multinational Corporations*. Wilton Park Conference. Londres (International Alert), 2000.

SCHREIER, Fred; CAPARINI, Marina. *Privatizing Security: Law, Practice and Governance of Private Military and Security Companies*. Genebra, 2005.

SCHWARTZ, Nelson D. "The War Business. The Pentagon's Private Army" In: *Fortune* 3, mar. 2003.

SCHEARER, David. *Private Armies and Military Intervention*. Londres, 1999 (International Institute for Strategic Studies; Adelphi Paper, Nr. 316).

SILVERSTEIN, Ken. *Private Warriors*. Nova York, 2000.

SINGER, Peter W. *Corporate Warriors*. Ithaka/Londres, 2003.

_____. "War, Profits, and the Vacuum of Law: Privatized Military Firms and International Law" In: *Columbia Journal of Transnational Law*, 2004. pp. 521-549.

SPELTEN, Angelika. *Gewaltökonomie. Möglichkeiten und Grenzen entwicklungspolitischer Handlungsoptionen. Eine Frient Handreichung*. Bonn, jun. 2004.

SPICER, Tim. *An Unorthodox Soldier. Peace and War and the Sandline Affair*. Edimburgo, 2003.

THE CENTER FOR PUBLIC INTEGRITY. *Windfalls of War*. Washington, 2004.

_____. *Making a Killing. The Business of War*. Washington, 2004.

THOMPSON, William. *The Grievances of Military Coup Makers*. Beverly Hills, 1973.

TREVERTON, Gregory F. *Reshaping National Intelligence for an Age of Information*. Nova York, 2001.

UESSELER, Rolf. "Neue Kriege, neue Söldner. Private Partnerships. Private Militärfirmen und globale Interventionssestrategien" In: *Blätter für deutsche und internationale Politik*, 3/2005. pp. 323-333.

UNDP. *Human Development Report. Millennium Development Goals: A Compact Among Nations to End Human Poverty*. Nova York, 2003.

UNITED KINGDOM GOVERNMENT. *Public Private Partnerships. Changing the Way We Do Business.* Elements of PPP in Defense. Londres, 2004.

_____. *Private Military Companies: Options for Regulations.* Londres, 2003.

UNITED NATIONS. *Human Security — Now. Commission on Human Security.* Nova York, 2003.

_____. In Larger Freedom: Towards Development, Security and Human Rights for All. Report of the Secretary-General. Nova York, 2005. (Documento A/59/2005).

UNITED STATES GENERAL ACCOUNTING OFFICE: GA0/NSIAD-00-107. Washington, 1997.

UNITED STATES SENATE. *Contractors Overseeing Contractors. Conflicts of Interest Undermining Accountability in Iraq. Joint Report by Special Investigations Division.* Washington, 18 mai. 2004.

VAUX, Tony et al. *Humanitarian Action and Private Security Companies.* Londres (International Alert), 2002.

VENRO. *Stellungnahme zum "Aktionsplan Zivile Krisenprävention, Konfliktlösung und Friedenskonsolidierung" der Bundesregierung.* Bonn, 9 set. 2004.

VENTER, Al J. "Market Forces: How Hired Guns Succeeded Where the United Nations Failed" In: *Jane's International Defense Review*, mar. 1998.

VIGNARCA, Francesco. *Mercenari S. p. A.* Milão, 2004.

WELTBANK. *Sicherheit, Armutsbekämpfung und nachhaltige Entwicklung.* Bonn, 1999.

WULF, Herbert. *Internationalisierung und Privatisierung von Krieg und Frieden.* Baden-Baden, 2005.

WYNN, Donald T. "Managing the Logistic-Support. Contract in the Balkans Theatre" In: *Engineer*, jul. 2000.

ZARATE, Juan C. "The Emergence of a New Dog of War: Private International Security Companies, International Law and the New World Order" In: *Standford Journal of International Law* 34, 1998. pp. 75-156.

ÍNDICE DE SIGLAS

ACNUR	Alto Comissariado das Nações Unidas para Refugiados
ACOTA	African Contingency Operations Training and Assistance
ACRI	African Crisis Response Initiative
ACS	Allied Computer Solutions Inc.
AES	All Electric Services
AKE	Andrew Kain Enterprises
AFL-CIO	American Federation of Labor-Congress of Industrial Organizations
AG	Aktiengesellschaft (Sociedade Anônima)
AIPA	Arbeitspapiere zur Internationalen Politik und Aussenpolitik (Documentos de trabalho para a política internacional e para a política externa)
AMBO	Albanian-Macedonian-Bulgarian Oil
ASC	Advanced System Communication
ASEDAR	Asociación de Educadores del Arauca
BASIC	British American Security Information Council
BBC	British Broadcasting Corporation
BG/CP	Bodyguard/Close Protection
BHg	Branch-Heritage Group
BMW	Bayerische Motoren Werke
BMZ	Bundesministerium für wirtschaftliche Entwicklung und Zusammenarbeit (Ministério Federal de Cooperação Econômica e Desenvolvimento da Alemanha)
BP	British Petroleum
BTC	Baku-Tiflis-Ceyhan
C2W	Command and Control Warfare
CACI	Consolidated Analysis Centers Inc.
CalPERS	California Public Employees' Retirement System
CalSTRS	California State Teachers' Retirement System
CBS	Columbia Broadcasting System

CDU	Christliche-Demokratische Union (União Democrata-Cristã)
CIA	Central Intelligence Agency
CPA	Coalition Provisional Authority
CSC	Computer Sciences Corporation
CSU	Christlich-Soziale Union (União Social-Cristã)
DAC	Development Assistance Committee
D.C.	District of Columbia (Distrito de Columbia)
DCAF	Geneva Centre for the Democratic Control of Armed Forces
DDR	Deutsche Demokratische Republik (República Democrática Alemã)
DFID	Department for International Development (Departamento para o Desenvolvimento Internacional)
DoD	Department of Defense (Departamento de Defesa)
DoE	Department of Energy (Departamento de Energia)
DSL	Defense Systems Ltd.
DTS	Defense Technology Systems
DW	Deutsche Welle
ECOMOG	Economic Community of West African States Monitoring Group
EDV	Elektronische Datenverarbeitung (Processamento Eletrônico de Dados)
ELK	Exército de Libertação do Kosovo
ELN	Ejército de Liberación Nacional
EMP	Empresa Militar Privada
EO	Executive Outcomes
EUBSA	European Brillstein Security Academy
F + E	Forschung und Entwicklung (Pesquisa e Desenvolvimento)
FAFO	Instituto Norueguês de Ciências Sociais Aplicadas
FDP	Freie Demokratische Partei (Partido Democrático Liberal)
FARC	Fuerzas Armadas Revolucionarias de Colombia
FBI	Federal Bureau of Investigation
FMS	Foreign Military Sales
GAO	Government Accounting Office
g.e.b.b.	Gesellschaft für Entwicklung, Beschaffung und Betrieb GmbH

GmbH	Gesellschaft mit beschränkter Haftung (Sociedade de Responsabilidade Limitada)
GTZ	Deutsche Gesellschaft für Technische Zusammenarbeit (Sociedade Alemã para Cooperação Técnica)
G4S	Group 4 Securicor
HUMINT	Human Intelligence
ICI	International Charter Incorporated
ICIJ	International Consortium of Investigative Journalists
IDIQ	Indefinite-Delivery, Indefinite-Quantity
IFOR	International Fellowship of Reconciliation
IMINT	Imagery Intelligence
IPG	Internationale Politik und Gesellschaft (Política e Sociedade Internacional)
IPOA	International Peace Operations Association
ISI	International Strategy & Investment
IT	Information Technology
IW	Information Warfare
KBR	Kellogg, Brown & Root
KFOR	Kosovo Force
MPRI	Military Professional Resources Incorporated
MSS	MISYS — MicroSystems
NCW	Network Centric Warfare
NEP	National Energy Policy
NSA	National Security Agency (Agência de Segurança Nacional)
OCDE	Organização para a Cooperação e Desenvolvimento Econômico
OS&S	Optimal Solution Services
OTAN	Organização do Tratado do Atlântico Norte (NATO)
OUA	Organização da Unidade Africana
PA&E	Pacific Architects and Engineers
PBS	Public Broadcasting Service
PNUD	Programa das Nações Unidas para o Desenvolvimento
PPP	Parceria público-privada
RAI	Radiotelevisione Italiana
RMA	Revolution in Military Affairs
RU	Reino Unido
RUF	Revolutionary United Front
RUSI	Royal United Services Institute

SAIC	Science Applications International Corporation
SAS	Special Air Service
SASPF	Standart-Anwendungs Software Produkt Familien
SIGINT	Signals Intelligence
SIPRI	Stockholm International Peace Research Institute
SOC-SMG	Special Operation Consulting — Security Management Group
S.p.A.	Societá per Azioni
SPLF	Sudanese People's Liberation Front
SRC	Strategic Resources Corporation
SS	Schutzstaffel (Esquadrilha de Segurança)
SSR	Security Sector Reform
TRADOC	US-Army Training and Doctrine Command
TRW	Thompson-Ramo-Wooldridge Automotive
UN	United Nations
UNICEF	Fundo das Nações Unidas para a Infância
UNITA	União Nacional para a Independência Total de Angola
USAID	Agência Norte-americana para o Desenvolvimento Internacional
VENRO	Verband Entwicklungspolitik deutscher Nichtregierungsorganisationen (Associação das Organizações Não-governamentais Alemãs)
VOC	Vereenigde Oostindische Compagnie (Companhia Holandesa das Índias Orientais)
ZPE	Zona de processamento de exportação
WACAN	Wassa Association of Communities Affected by Mining
WIC	West-Indische Compagnie (Companhia das Índias Ocidentais)
WWLR	World Wide Language Resources

Empresas militares privadas na internet

Nome	País	Focos de trabalho★	Site
Aegis Defence Service	UK	BSB	www.aegisworld.com
AKE Limited	UK	Int.	www.akegroup.com
Applied Marine Technology Inc.	USA	Int.	www.amti.net
ArmorGroup	UK	BSB	www.armorgroup.com
Beni Tal	Israel	ABT, BSB	www.beni-tal.co.il
BH Defence	USA	LNW	www.bhdefence.com
Blackwater USA	USA	NSB	www.blackwaterusa.com
Blue Sky	UK	Int.	www.blueskysc.org
Booz Allen Hamilton	USA	LNW	www.boozallen.com
CACI International	USA	Int.	www.caci.com
Centurion Risk Assessment Services	UK	ABT	www.centurionsafety.net
Cochise Consultancy	USA	BSB	www.cochiseconsult.com
Combat Support Associates	USA	BSB, LNW	www.csakuwait.com
Control Risks Group	UK	Int.	www.crg.com
Cubic	USA	ABT	www.cubic.com
Custer Battles	USA	BSB, Int.	www.custerbattles.com
Defense Technology Systems (DTS) Security	USA	BSB, Int.	www.dtssecurity.com
Diligence LLC	USA/UK	Int.	www.diligencellc.com

323

DynCorp	USA	ABT, Int.	www.csc.com
EFFACT	D	ABT	www.effact.i110.de
Erinys	UK	BSB	www.erinysinternational.com
EUBSA	D	ABT	www.eubsa.de
Executive Outcomes (EO)	USA	ABT, BSB, Int., LNW	www.web.archive.org/web/19980703122204/http://www.eo.com
Fluor	USA	LNW	www.fluor.com
Genric	UK	BSB	www.genricholdings.com
Global Risk Strategies	UK	LNW	www.globalrsl.com
Group 4 Falck (G4S)	DK/UK	BSB	www.group4falck.fr
Hart Group Ltd.	UK	BSB	www.hartgrouplimited.com
International Charter, Inc. (ICI)	USA	ABT	www.icioregon.com
I-Defense	USA	ABT	www.labs.idefense.com
Janusian Security Risk Management	UK	BSB	www.janusian.com
Kellogg, Brown & Root (KBR)	USA	LNW	www.halliburton.com
Kroll Security International	USA	BSB, Int.	www.krollworldwide.com
ManTech International	USA	Int.	www.mantech.com
Meyer & Associates	USA	ABT	www.meyerglobalforce.com
Military Professional Resources Inc. (MPRI)	USA	ABT, BSB	www.mpri.com
Northbridge Service Group Ltd.	USA	ABT, Int.	www.northbridgeservices.com
Olive Security	UK	ABT	www.olivesecurity.com
Pacific Architects and Engineers (PA&E)	USA	LNW	www.paechl.com
Paladin Risk	D	BSB	www.paladin-risk.de
Parsons	USA	BSB, LNW	www.parsons.com
Pilgrims Group	UK	BSB	www.pilgrimsgroup.com
Pistris	USA	ABT	www.pistris.com
Ronco Consulting Corp.	USA	ABT	www.roncoconsulting.com

APÊNDICES

Saladin Security	UK	Int.	www.saladin-security.com
Sandline International	UK	BSB	www.sandline.com
Science Applications International Corporation (SAIC)	USA	Int.	www.saic.com
Secopex	F	ABT	www.secopex.com
SOC-SMG	USA	BSB, Int.	www.soc-smg.com
Steele Foundantion	USA	BSB	www.steelefoundation.com
Triple Canopy	USA	BSB, LNW	www.triplecanopy.com
Trojan Securities	USA	ABT, Int.	www.trojansecurities.com
Vance Internacional	USA	ABT, BSB	www.vancesecurity.com
Vinnell	USA	ABT, BSB	www.vinnel.com
Wade-Boyd and Associates	USA	BSB	www..wade.boyd.com

★ ABT = Formação, Aconselhamento e Treinamento
  BSP = Unidades Armadas, Segurança e Proteção
  Int. = Inteligência
  LNW = Logística, Abastecimento e Segurança

ESTE LIVRO FOI COMPOSTO EM BEMBO CORPO
11,5 POR 13,8 E IMPRESSO SOBRE PAPEL OFF-
SET 75 g/m² NAS OFICINAS DA ASSAHI
GRÁFICA, SÃO BERNARDO DO CAMPO – SP, EM
DEZEMBRO DE 2008